Sur les chemins de Jérusalem

Du même auteur

« Superstition » : histoire d'un mot (XVIe-XXIe siècle), Paris, Fayard, 2024.

Les Catholiques et leurs livres, Paris, Éditions du Cerf, 2023.

Rencontres avec le diable. Anthologie d'un personnage obscur, avec Nicolas Diochon, Paris, Éditions du Cerf, 2022.

Les Religions face aux épidémies. De la peste à la Covid-19, Paris, Éditions du Cerf, 2020.

Les Secrets de Saint-Jacques-de-Compostelle, Paris, Librairie Vuibert, 2018.

Pèlerins (XVe-XXIe siècle), Paris, CNRS Éditions, « Biblis », 2016.

Direction d'ouvrage

Contre les moines, avec Fabienne Henryot, Paris, Éditions du Cerf, 2023.

Dictionnaire des temps sacrés, Paris, CNRS Éditions, 2023.

Philippe Martin

SUR LES CHEMINS DE JÉRUSALEM

Juifs, chrétiens et musulmans en pèlerinage vers la Ville sainte

TALLANDIER

Ouvrage publié sous la direction d'Alexandre Maujean

48, rue du Faubourg-Montmartre – 75009 Paris
www.tallandier.com

Pour Pierre-François et Jean-Nicolas
afin qu'ils trouvent de beaux chemins

Pour ma sirène qui m'offre la plus belle des promenades

Tout passe et tout demeure
Mais notre affaire est de passer.
De passer en traçant des chemins,
Des chemins sur la mer.
Toi qui marches, le chemin
C'est les traces de tes pas et rien de plus ;
Toi qui marches, il n'y a pas de chemin,
Le chemin se fait en marchant.
En marchant, on fait le chemin.
Et quand tu regardes en arrière
Tu vois le sentier que jamais
Tu ne dois à nouveau fouler
Toi qui marches ! Il n'y a pas de chemins
Rien que des sillages sur la mer...

Antonio Machado, *Campos de Castilla* (1912).

Introduction

Il est des lieux qui s'imposent brutalement. Jérusalem en fait partie. La voiture avait emprunté des autoroutes, avait circulé dans des gorges, s'était perdue dans des banlieues comme il y a tant dans le monde. Je désespérais. Où était cette ville ? Soudain, l'horizon s'est ouvert et je la vis. Mon ami avait su ménager son effet. À mes pieds, de sévères pentes où se perdaient des tombes et une église russe. Au fond, un ravin. Au-delà, un rempart, dominé par un dôme doré. Des minarets et des clochers pour rompre la monotonie des toits. Jérusalem s'offrait au regard comme une page d'histoire aux couleurs de pierre blonde. J'avais l'impression de voir le spectacle que Bernhard von Breydenbach a décrit à ses lecteurs en 1488, que Dom Loupvent a dessiné en 1531, que Moïse Montefiore a contemplé en 1839, que les princes anglais ont perçu en 1892… Un panorama qui se pense dans l'intemporalité.

La puissance d'un lieu

Comme ville, Jérusalem n'a de valeur que parce qu'elle a été un centre politique et un sanctuaire. En effet, le climat y est rude, elle n'est pas placée sur un axe stratégique et l'approvisionnement en eau est problématique. Le site, une élévation de 768 mètres, est occupé à l'âge du bronze autour de la source de Gihôn. Selon la tradition, en 1020 av. J.-C.,

Saül fonde le premier royaume israélite et le roi David choisit ce lieu pour capitale. S'il y a là des raisons géographiques et politiques, le plus important relève d'un discours religieux. C'est ici qu'aurait eu lieu l'événement fondateur : le sacrifice d'Abraham. Le patriarche accepta de sacrifier son fils Isaac à Dieu en remerciement de ses bienfaits. Au moment où il allait trancher la gorge de son enfant, l'archange l'empêcha de commettre l'irréparable et lui offrit un mouton. Une Alliance était née entre un peuple obéissant et une divinité qui pourvoirait à tout. La Bible indique qu'elle eut lieu sur le mont Moriah, sans plus d'indications. Les Samaritains pensent qu'il s'agit du mont Gerizim, près de l'actuelle Naplouse. Hypothèse repoussée par les rabbins, qui estiment que la montagne plus tard occupée par Jérusalem fut le théâtre de l'Alliance.

La sainteté de la ville est immédiatement inscrite dans la pierre avec la construction par Salomon du Premier Temple au xe siècle av. J.-C. Il y place l'Arche d'Alliance donnée par Dieu à Moïse et procède à des sacrifices pour la divinité. Le sanctuaire est pillé par les Égyptiens (927 av. J.-C.) et détruit par les armées de Nabuchodonosor (586 av. J.-C.). Le Second Temple est construit vers 536 av. J.-C. avec l'accord des autorités perses. Il est terminé en 515 av. J.-C. et étendu par Hérode Ier (73-4 av. J.-C.). Il est rasé en 70 par les armées romaines. Depuis, le Temple est un souvenir glorieux.

Venir au Temple est une obligation biblique. L'Exode (23, 14-17) ordonne : « Trois fois par année, tu célébreras des fêtes en Mon honneur. […] Trois fois par année, tous les mâles se présenteront devant le Seigneur, l'Éternel. » Le Deutéronome (16, 16) précise : « Trois fois par année, tous les mâles d'entre vous se présenteront devant l'Éternel, ton Dieu, dans le lieu qu'Il choisira : à la fête des pains sans levain, à la fête des semaines, et à la fête des tabernacles. On ne paraîtra point devant l'Éternel les mains vides. » Aujourd'hui, le judaïsme célèbre toujours le Shalosh Regalim, les trois fêtes

Le Temple de Salomon, imaginé en 1784.

du Pèlerinage : Pessa'h [Pâque], Chavouot [Pentecôte], Souccot [Tabernacles]. Le christianisme hérite de cet intérêt pour Jérusalem, lieu de miracles de Jésus et de sa Passion. C'est de là que sont partis les apôtres pour convertir le monde. Le prophète de l'islam, Mahomet, y vient aussi pour rencontrer les prophètes et s'élever au Ciel lors du Voyage nocturne.

Le lieu saint est une construction mentale pour des religions qui s'épanouissent hors de la Terre sainte. Si elles étaient demeurées enfermées dans des groupes locaux, elles n'auraient sans doute jamais investi l'espace avec une telle force. Or, le judaïsme, en raison de la diaspora, a besoin d'un point d'ancrage où se fixent le regret et l'espoir. Le christianisme et l'islam ayant une visée universaliste, il leur faut passer du monde des textes à une inscription dans un univers familier que les fidèles peuvent reconnaître. Cette édification d'un espace sacré exige trois composantes. À la base se trouve le récit qui va être incarné dans des lieux. Puis intervient l'organisation d'un culte avec ses rituels et son calendrier. Enfin, c'est la volonté de rassembler régulièrement la communauté soit par des pèlerinages effectifs, soit par des rappels lors de cérémonies qui se déroulent partout où il y a des croyants.

Le pèlerinage de Jérusalem doit composer avec des dynamiques centrifuges. Pour le christianisme et l'islam, il y a la concurrence avec d'autres sites. Comment un musulman doit-il gérer le lien avec La Mecque ? Comment un chrétien fait-il avec Rome ? Ce sont aussi des relations avec des espaces proches. Pour un chrétien, la Galilée et Jérusalem sont les deux hauts lieux de la dévotion en Terre sainte, ce qui peut provoquer une compétition mémorielle : la première sera dévolue à la naissance et l'enfance, la seconde à la Passion. Une autre tension s'inscrit dans le temps. Le christianisme relie sa vision des lieux christiques avec le message de l'Ancien Testament, des sites sont rattachés à deux légendaires. Dans l'islam, lors de son Voyage nocturne, Mahomet rencontre les prophètes des deux autres religions. L'espace se construit donc sur cette double tension : s'affirmer dans un réseau de hauts lieux hors de Jérusalem ; attester une spécificité tout en s'inscrivant dans une longue tradition. La magie de la Ville sainte est d'avoir réussi à composer avec cette alchimie subtile.

Jérusalem au Moyen Âge, imaginée par une gravure de 1891.

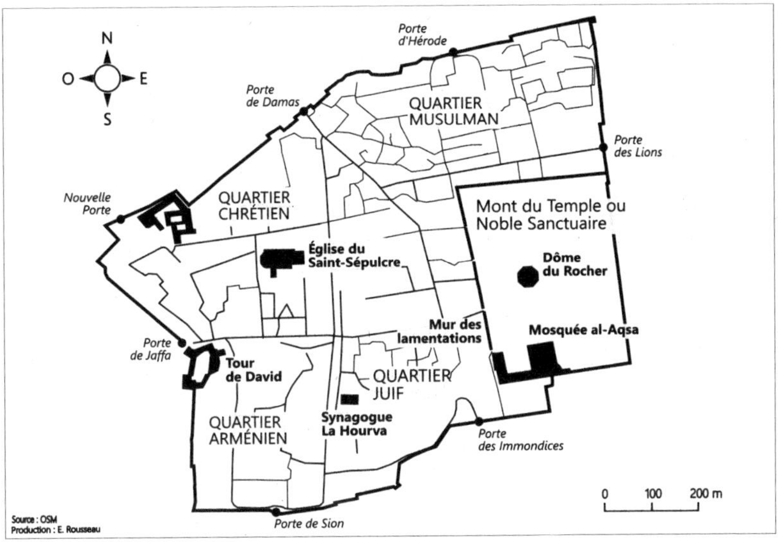

Plan de Jérusalem

Un labyrinthe de sacralités

Traditionnellement, la Vieille Ville est divisée en quatre quartiers. Toutes les religions s'y retrouvent. Lors d'une année « normale », plus de 1,5 million de pèlerins s'y pressent, en parcourent les rues et y prient. Compter le nombre actuel des lieux saints de la cité est une tâche quasiment impossible, encore plus si on envisage la ville sur ses trois mille ans d'existence, car Jérusalem ne cesse d'inventer de nouveaux sites de sacralité. Un dénombrement rapide nous en présente 56 majeurs, il faudrait y ajouter les autels, les sites de souvenir, les pierres et les colonnes. Tous sont essentiellement concentrés dans la partie orientale de la cité. Pour simplifier, regroupons-les en fonction des trois grandes religions.

Les juifs se retrouvent au Mur des lamentations, appelé Kotel hamaaravi ou Mur occidental. Ce n'est pas un mur du Temple mais un élément de la muraille qui entourait le Second Temple. Longtemps, il a été admis qu'il avait été dressé par le roi Hérode Ier. Des fouilles archéologiques menées en 2011 laissent penser qu'il pourrait être plus tardif. Avec la réunification de la ville en 1967, conséquence de la guerre des Six-Jours, il est, en Israël, un monument autant national que religieux. Il est le haut lieu du judaïsme. Ceux qui ne peuvent pas venir s'y recueillir le contemplent en direct sur Internet ou lui envoient des messages.

Un pèlerin devant le Mur des lamentations, gravure de 1864.

Les chrétiens se sont approprié la Terre sainte et y ont déployé une mémoire collective fondatrice. L'effort de visualisation permet de donner une cohérence qui n'existe pas toujours dans les Évangiles. Ainsi, Jean ne parle pas de Gethsémani et place l'angoisse du Christ à un autre endroit. Il est le seul à rapporter la résurrection de Lazare. Matthieu affirme que Jésus, après sa mort, apparut aux apôtres une seule fois, sur une montagne de Galilée. Bien d'autres exemples pourraient être donnés. Visualiser les lieux permet de figer un récit qui n'était pas cohérent dans les textes, surtout si nous ajoutons les apocryphes si importants en ces débuts du christianisme. Fixer les choses dans l'espace permet d'effacer les éventuelles contradictions. Le lieu sacré fournit un récit alternatif qui puise sa force dans sa matérialité au-delà des divergences des textes. Cela s'ancre dans les croyances à cause de la liturgie, spécialement les processions, qui rend vivant le souvenir. Le sociologue Maurice Halbwachs conclut très justement : « Les lieux sacrés commémorent donc, non pas des faits certifiés par des témoins contemporains, mais des croyances nées peut-être non loin de ces lieux, et qui se sont fortifiées en s'y enracinant. » Cette construction mentale donne un « accord frappant des textes et des lieux », selon l'expression d'Ernest Renan. Elle est à peu près fixée au IVe siècle, avec un réseau liturgique de 73 stations. Celui qui les visite voit l'histoire, il la touche et la parcourt. Le système du pèlerinage se constitue sur quatre ensembles disséminés dans la Vieille Ville et les campagnes des alentours.

Le premier concerne les sites d'avant la naissance de Jésus, ceux qui se rattachent à l'Ancien Testament et en font une préfiguration de la mission qui fondera le christianisme : le village d'Anathoth où naquit le prophète Jérémie ; le Kariathiarim où fut déposée l'Arche d'Alliance avant son installation au Temple ; le tombeau de Rachel, mis en parallèle avec la Vierge ; le bourg d'Ein Kerem, lieu de naissance de saint Jean-Baptiste ;

le monastère de la Théotokos édifié là où Joachim demanda à Dieu un enfant, la future Marie.

Le deuxième ensemble concerne la vie de Jésus. À Bethléem, le pèlerin voit le lieu de sa naissance ; à Poimnion, le champ où les bergers furent appelés par l'ange pour aller adorer l'Enfant Dieu ; à Béthanie, le site de la résurrection de Lazare ; à Bethesda, la piscine de la guérison d'un paralytique ; à Siloé, le bassin où l'aveugle se lava les yeux et fut guéri…

L'ensemble le plus important est en rapport avec la Passion. Ce sont : Gethsémani, où Jésus pria avant son arrestation ; la maison de Caïphe où il fut amené ; Sainte-Sophie, emplacement de la maison de Pilate… L'actuelle Via Dolorosa, chemin suivi par Jésus pour se rendre au lieu de son supplice, n'est fixée qu'au XIVe siècle ; auparavant, les pèlerins empruntaient un autre itinéraire. L'endroit majeur est le sanctuaire du Saint-Sépulcre, vaste édifice qui rassemble ce qui, aux origines, étaient trois sites proches mais bien distincts : le Golgotha où fut plantée la Croix ; le Tombeau, jadis Anastasis ; la grotte où sainte Hélène retrouva la Croix. Ce sanctuaire est le plus important de la chrétienté et chaque confession tient à y être associée, ce qui donne lieu à une cacophonie architecturale et liturgique.

Le dernier groupe de lieux rappelle des épisodes postérieurs à la mort du Christ : au Diakonikon, le pèlerin fait souvenir du martyre de saint Étienne ; à l'Apostoleion, de l'invention de la prière du *Pater Noster* donnée aux apôtres ; à Sainte-Sion, de la Pentecôte ; à Bethphagé, des apôtres Thomas et Philippe…

Peu de croyants font la totalité du circuit ; celui-ci évolue d'ailleurs d'une période à l'autre. L'étape incontournable, le cœur même du pèlerinage, est le Saint-Sépulcre.

L'espace musulman est ramassé autour de l'esplanade des Mosquées, qu'il serait plus juste d'appeler le Haram al-Sharif (« le noble sanctuaire »). Sur une plate-forme de 14 hectares s'élèvent le Dôme du Rocher construit autour de la *sakhra*

Le Saint-Sépulcre, gravure de 1891.

(rocher de la fondation, du sacrifice d'Abraham, de l'Ascension de Mahomet), la mosquée al-Aqsa, des portiques, des madrassa (écoles religieuses), des fontaines... Un ensemble complexe géré par le conseil du Waqf, qui, depuis février 2019, compte 18 membres (responsables de l'Autorité palestinienne, religieux et proches de la Jordanie, qui demeure la protectrice de ces lieux).

Ces trois espaces ne sont pas clos. Bien des lieux sont communs aux trois religions. Juifs, chrétiens et musulmans se retrouvent à la tour de David, ancienne citadelle couvrant l'ouest de la Vieille Ville. Beaucoup veulent croire que le roi David y chantait les psaumes alors qu'il s'agit d'une construction bien plus tardive, une tour demandée au Ier siècle av. J.-C. par Hérode. Histoire et religion ne font pas toujours bon ménage, mais le légendaire les réunit. Nous allons nous promener entre les faits et les légendes, le réel et le merveilleux. Cela nous permet de comprendre les âmes. Pourquoi tant de

Le Dôme du Rocher (au centre) et le minaret de la mosquée d'Omar, gravure de 1891.

risques et de fatigues pour se prosterner vers le Ciel ? Que cherchent ces pèlerins ? Ce n'est pas objectif, ce sont leurs désirs et leurs rêves.

Dans ces lieux, les hommes se comprennent et se détestent. Même les noms des sites brouillent l'esprit : mont du Temple pour un juif ; Haram al-Sharif pour un musulman. L'équilibre est précaire. Après des siècles de prières et de massacres, un *statu quo* a été instauré en 1967. Depuis son entrée en vigueur, il est régulièrement remis en cause. Créé en 1987 par le rabbin Ysrael Ariel (né en 1939), l'Institut du Temple milite pour un « futur Troisième Temple ». Dans une interview, Yehuda Glick, député israélien ultranationaliste à la Knesset (2016-2019), s'exclame devant la caméra : « Alléluia. Nous savons que Dieu veut que nous retournions tous sur le mont du Temple. La ville de Jérusalem. Juste entendre ce mot, Jérusalem ! C'est le centre de nos prières. C'est écrit 600 fois dans la Bible. C'est écrit. C'est là. C'est le rêve, le désir de tout juif du monde. » Que faire alors des sites musulmans ? Des extrémistes ont proposé de les détruire. Les provocations et la violence vont de pair. En septembre 2015, des émeutes éclatent parce qu'un officiel israélien a voulu déambuler sur l'esplanade. Nouvelles manifestations en juillet 2017, août 2019, janvier 2023. En août 2024, le ministre israélien Itamar Ben-Gvir, membre d'un parti qualifié d'extrême droite, revendique la possibilité de construire une synagogue sur l'esplanade des mosquées.

Ce qui se passe à Jérusalem ne reste jamais à Jérusalem : tout résonne avec bruit sur la scène internationale. Le 15 avril 2016, l'Unesco condamne les violations du *statu quo* de 1967. Les États arabes se déclarent « profondément préoccupés du fait de la non-application des décisions relatives à la Palestine et aux territoires arabes occupés malgré leur accumulation, notamment les décisions concernant le Haram al-Qudsi al-Sharif et la mission de suivi réactif de l'Unesco sur le site de la Vieille Ville de Jérusalem et ses remparts ». Le 13 octobre 2016, ils prennent une résolution pour nier tout lien entre les juifs et le mont du Temple, dédiant le site aux seuls musulmans. Cela engendre des motions qui, en 2018 et 2021, exigent le strict respect du *statu quo*. Jérusalem est bien évidemment en jeu, mais plus profondément se posent les questions de l'avenir d'Israël et du sort des Palestiniens ; la Ville sainte n'est qu'une des scènes où se joue depuis près de soixante-dix ans cette histoire douloureuse.

Ici, tout est précieux, le moindre geste est scruté. En mars 2000, le pape Jean-Paul II est le premier pontife à se rendre au Mur des lamentations. Il touche les pierres séculaires et demande pardon à Dieu des souffrances subies par les juifs dans l'histoire. Geste de réconciliation ? Non, des ultra-orthodoxes juifs protestent car il a gardé sa croix.

La voix des pèlerins

Cette histoire a plus de trois mille ans. Elle est faite de beaucoup de sang et de trahisons, mais aussi de joies et de réconciliations. Nous n'allons pas faire cette histoire, celle d'une ville disputée, déchirée, qui continue à être un des points chauds du globe. Nous nous concentrons sur les Lieux saints, ceux qui attirent les pèlerins. Ils n'ont de force que parce que des hommes et des femmes viennent prier, apporter leurs espoirs, vivre à l'ombre des légendes. Ce sont eux que nous allons rencontrer.

L'acte pèlerin est une réalité complexe. Le pèlerin comme type social simple n'existe pas. Il y a tant de raisons de prendre la route. Le romancier britannique David Lodge distingue trois types de voyageurs. D'abord l'esthète, qui se soucie « principalement de prendre du bon temps, de goûter les plaisirs pittoresques et culturels » dans les régions qu'il traverse. Pour l'éthicien, en revanche, le déplacement est « un test de résistance morale et d'autodiscipline ». Quant au « vrai pèlerin », il a décidé de « croire sans y être poussé par la raison, de faire un saut dans le vide ». Dans son étude sur Compostelle, Elena Zapponi propose aussi une tripartition. Les « fidèles » sont des adeptes du croire affirmatif ; pratiquants, ils se reconnaissent dans une religion et la lignée de sa tradition. Les « rêveurs » sont partisans du « croire possible ». Ils ont reçu une éducation religieuse mais s'en sont détachés ; ils ne baignent pas dans un passé collectif qui s'imposerait. Ce sont des adeptes d'une individualisation du croire. Enfin arrivent les « errants », qui n'appartiennent pas à une religion. Le chemin est plus important que le sanctuaire d'arrivée. Ils cheminent en dehors du réseau des hauts lieux imposés par les clergés. Ils amplifient l'individualisation de la démarche.

Si chaque pèlerin est différent, ils ont en commun la quête d'une performance liminoïde, c'est-à-dire qu'elle suppose quatre étapes. Elle commence par une séparation ; le pèlerin quitte son quotidien, sa famille et ses repères. Dans l'Europe moderne, avant de se mettre en chemin, il devait obtenir l'autorisation des autorités civiles et religieuses, participer à une cérémonie dans l'église et recevoir un passeport. Le pèlerinage est une phase d'arrachement qui brouille le statut social des individus, contraints d'abandonner leurs repères habituels. La deuxième étape est celle du cheminement au cours duquel le fidèle gagne le statut de pèlerin. Une vision simpliste veut enfermer ce geste dans des « chemins » imposés. Le tourisme mémoriel actuel favorise cette tendance qui canalise les flux sur des parcours équipés et surveillés. En fait, le pèlerin ancien manifeste sa liberté ; il n'y a pas un chemin, mais des cheminements. Ses conditions de déplacement dépendent de la géopolitique, de son argent et de ses envies. Pendant le voyage, plus d'un pèlerin s'est « perdu » ; incapables de quitter ce statut, ils errent. Le but n'a pas d'importance, seul compte le chemin. Les plus nombreux atteignent cependant le sanctuaire où ils vivent le troisième temps : la rencontre. Elle est une chaîne de mémoire. Plus que tout autre geste religieux, elle relie le fidèle. Elle le relie au divin qui est présent dans le lieu, le prouvant par des miracles, actuels ou anciens. Elle le relie aussi au passé puisqu'il plonge dans une histoire que sa venue rend actuelle. Elle le relie enfin aux autres ; ils partagent des expériences communes mais ont chacun des temps d'appropriation personnelle des lieux. Collectif et individuel se combinent. En reprenant le chemin pour rentrer chez lui, le pèlerin vit la quatrième phase, celle de son changement de statut. Il n'est plus celui qui s'est mis en route. Il est différent ! Dans la Nièvre, le Vaucluse, le Pas-de-Calais ou le Rhône, des fermes ou des hameaux se nomment Jérusalem parce qu'il y a bien longtemps un des habitants s'est rendu sur le tombeau du Christ.

Arrachement, déplacement, rencontre, réappropriation sont les quatre éléments constitutifs de tout pèlerinage. L'expérience est de toutes les religions, l'islam faisant même du pèlerinage à La Mecque une obligation.

Dans l'univers des dévotions, Jérusalem est un pèlerinage particulier. D'abord parce que les strates de spiritualité s'y superposent depuis trois mille ans. Ensuite parce que la ville est le creuset des trois grands monothéismes. Pas simplement la juxtaposition de sites dans un même espace, mais une sacralité double. Sont présents des souvenirs chers à chaque religion, comme celui d'Abraham et celui du Temple. S'y superposent des sanctuaires propres à chacune : Mur des lamentations, Saint-Sépulcre et mosquée al-Aqsa. Pour chaque religion, Jérusalem n'est pas simplement un haut lieu, c'est une porte. Adam y aurait été enterré, Abraham y aurait rencontré Dieu, Jésus y meurt, Mahomet s'y élève jusqu'au Paradis. Jérusalem se vit aussi au futur. Elle sera le centre des événements annoncés dans la Bible au moment de la fin des temps. C'est là que commencera le Jugement dernier. Les morts sortiront de leurs tombes pour regarder en direction de la Ville sainte. Les chrétiens aspirent à l'éternité dans la Jérusalem céleste tellement représentée depuis le Moyen Âge. Dans l'Apocalypse, saint Jean a une vision : « L'Esprit se saisit de moi et l'ange me transporta au sommet d'une très haute montagne. Il me montra la ville sainte, Jérusalem, qui descendait du ciel, envoyée par Dieu, resplendissante de la gloire de Dieu. » Le pèlerinage se vit au passé, au présent et au futur. Aucune autre ville ne possède ces trois dimensions spirituelles.

Chaque pèlerin les comprend comme il le souhaite ou comme il le peut. Inutile de vouloir résumer cette expérience. Il convient de la présenter comme un kaléidoscope. Pour laisser chaque pèlerin dans ce qu'il pense, nous en avons choisi vingt-huit : vingt-huit personnages, mais aussi vingt-sept moments particuliers qui disent une histoire de trois mille ans pendant laquelle la cité change de mains et de couleurs, s'épanouit ou se flétrit, sachant toujours demeurer un haut lieu religieux.

Chaque pèlerinage est unique. C'est ce qui fait son importance pour l'historien qui voit s'y déployer les stratégies individuelles du croire. Comment, à l'intérieur d'un espace défini, maintenir sa part d'autonomie ? Cette individualité est essentielle. Nous allons rencontrer des rois ou des inconnus. Une majorité d'hommes, car les femmes ont rarement pris la plume. Ils sont juifs, chrétiens et musulmans. Certains viennent pour ne plus repartir ; ils attendent la fin des temps, ne peuvent vivre ailleurs que près de leur Dieu, ont conquis de haute lutte la ville, ont fui les pogroms et espèrent trouver la paix. D'autres ne passent que quelques jours, avides d'avoir un contact avec le divin. Quelques-uns entrent dans des groupes à dérive sectaire, d'autres ne sont pas touchés par la grâce, d'autres encore y vivent une conversion. Certains de nos personnages auraient pu se croiser, car ils sont en même temps dans la Ville sainte. Pourtant que de différences entre ce qu'ils ont vécu !

Nous leur laissons la parole en utilisant de nombreuses citations de leurs livres de voyage, de leurs prières, de leurs discours, de leurs prédications ou de leurs actes officiels. Nous ne devons pas chercher la véracité de ce qu'ils disent. Ils font des fautes d'orthographe, défendent leurs opinions, traduisent mal, portent des jugements impératifs. Certains s'ouvrent à la diversité du monde, d'autres demeurent figés dans leurs préjugés. Certains sont pacifistes, rêvant de la fraternité sur cette terre chère à tous les hommes, d'autres sont exclusifs, prêts à en découdre avec des adversaires qu'ils se créent. Ils croient connaître l'histoire, mais, souvent, colportent le légendaire. Nous ne faisons pas l'histoire de la ville à travers ces personnages. Nous sommes à leurs côtés pour les voir rêver la Ville sainte. L'œil n'est pas tout. Ils écoutent, ils raffolent des histoires, ils lisent des guides ou les pancartes. Ils voyagent avec les récits religieux si souvent entendus dans leurs synagogues, églises ou mosquées : Jérusalem est si fréquemment invoquée. Le pèlerinage est une expérience sensorielle totale. Ils sentent l'encens, la poussière, mais aussi le sacré, car il semble qu'il ait une odeur. Ils touchent. Ici, la pierre semble être une cire où s'imprègne le légendaire. Jésus a laissé l'empreinte de son torse sur la colonne où il fut fouetté et le pied de Mahomet est encore inscrit dans la *sakhra*. Être à Jérusalem, c'est entrer dans une ville totalement sacrée. En 557, dans la *Vie de saint Sabas*, Cyrille de Scythopolis (525-559) envie les habitants qui « touchent pour ainsi dire de leurs mains la vérité chaque jour par le moyen des lieux vénérables où s'est accompli le mystère de l'Incarnation ». Les juifs y trouvent la *Shekhina* (présence divine) et les musulmans la *baraka* (chance, bénédiction). Vivre ici est une rare opportunité.

Nous ne nous intéressons pas à ceux qui rêvent Jérusalem, elle a si souvent inspiré poètes et romanciers. Le Tasse (1544-1595), dans *La Jérusalem délivrée* (1581), y place les efforts des croisés écartelés entre leur devoir et l'amour de belles païennes ; il y chante des combats héroïques et des paysages fabuleux. La trame est historique, mais cela demeure de l'histoire romancée. Prenant acte de la destruction du Temple, bien des religions espèrent construire la Nouvelle Jérusalem. Les mormons l'ont fait à Independance (Missouri), Nauvoo (Illinois)… En d'autres temps, les rituels des francs-maçons sont emplis de références à la cité ; il y a le Souverain commandeur de Jérusalem (27e degré du Rite écossais ancien et accepté) ou le Prince de Jérusalem (6e grade du rite des Philadelphes), termes toujours mis en parallèle avec la reconstruction du Temple. Nous ne négligeons pas la puissance de ces imaginaires. Lorsque Chateaubriand se rend à Jérusalem, il déambule dans les campagnes un volume du Tasse à la main : « Je passai environ cinq heures à examiner le théâtre des combats du Tasse. Ce théâtre n'occupe guère plus d'une demi-lieue de terrain, et le poète a si bien marqué les divers lieux de son action, qu'il ne faut qu'un coup d'œil pour les reconnaître. » Le poète qui se pique d'être historien regarde le paysage pour y trouver des traces d'une réalité romanesque. Le récit de ces Jérusalem de papier forme un imaginaire collectif qui prend vie dans des lieux bien réels. Malgré leur importance, nous ne prenons pas en compte ceux qui restent chez eux ou qui prient devant une réplique d'un sanctuaire. La difficulté du voyage a, en effet, provoqué la multiplication des répliques du Saint-Sépulcre en Europe. Même loin de la Terre sainte, le croyant y est en pensée.

Dans ce livre, nous suivons ceux qui prennent la route pour essayer d'atteindre un idéal. Combien ont-ils été ? Il est impossible de le savoir. Les flux n'ont jamais été continus. Les Européens ont été nombreux au XIe siècle, sans doute autant croisés que pèlerins. Après la disparition des États latins, les voyageurs restent nombreux. À partir du XVIe siècle, leur nombre décroît ; nous sommes face au crépuscule du Grand Voyage. Les orthodoxes ont toujours été présents, mais les foules russes n'arrivent qu'à partir de la seconde moitié du XIXe siècle. Les juifs surviennent en foule dans le cadre de l'*aliya*.

Derrière les chiffres se dissimulent des individus. C'est eux que nous suivons. Nous partageons leur vécu, leurs avis, leurs croyances. Ils nous content des histoires merveilleuses ; nous ne les croyons pas aveuglément mais nous comprenons ce qu'ils ressentent. Le mythe est plus éclairant que les faits, car il s'adresse à l'âme. Ces pèlerins nous disent que Jérusalem est une cité qui ne cesse de se réinventer pour se donner à chacun selon ses espoirs.

Vers 970 av. J.-C.
Salomon, la fondation du Temple

> « Je t'ai édifié ce Temple consacré à ton nom,
> pour que de ce lieu nous puissions élever dans l'espace
> nos prières vers toi. »

L'histoire demeure nimbée de mystères. Elle est plus un mythe qu'une réalité, mais un mythe est souvent bien plus puissant que la réalité.

Nous n'avons pas de certitudes sur la fondation du Temple de Jérusalem. Les fouilles archéologiques sont impossibles, car le site actuel est occupé par tant de lieux saints. Il nous reste la Bible. Les livres I Rois, I Chroniques, II Chroniques et II Samuel donnent des indications sur les matériaux, les dimensions, les ouvriers et les maîtres d'œuvre. Quelques objets semblent en parler. Des ostraca, tessons de poteries portant des écritures, mentionnent la « Maison de Yahweh » ou le « Temple de Yahweh ». Une grenade en ivoire, haute de 44 mm, porte l'inscription : « Sacré pour les prêtres de la Maison de Yahweh. » Des témoignages du Premier Temple ?

Si le Temple nous reste en partie caché, ceux qui y prièrent et y offrirent des sacrifices nous demeurent inconnus. Pour les faire vivre, ne les cherchons pas dans les documents ; découvrons-les dans la mémoire juive. Celle qui, pendant des siècles, décrit et chante la demeure divine. Il ne nous importe pas de savoir si elle est juste. Pour nous, elle est la marque de la ferveur envers Jérusalem. Un de ceux qui l'ont le mieux chantée est postérieur de près de mille ans aux événements qui nous intéressent. Flavius Josèphe (v. 37-v. 100) est né à Jérusalem dans une famille sacerdotale. Après une éducation très soignée, il serait allé vivre pendant trois ans auprès d'un ermite. Vers 63, il remplit à Rome une mission diplomatique pour le compte des juifs et se fait remarquer par les autorités impériales. Rentré en Palestine, il participe à la guerre judéo-romaine. Après deux ans de captivité dans un camp romain, il rejoint Rome, devient un lettré protégé par l'empereur et écrit une œuvre importante. Il est le plus grand historiographe juif du Iᵉʳ siècle. Ses *Antiquités judaïques* (93) sont une adaptation des *Antiquités romaines* de Denys d'Halicarnasse, une tentative pour élever son peuple au niveau de l'occupant. Le début de son ouvrage reprend tout ce qu'affirme la Bible, il y ajoute des traditions aujourd'hui perdues et des textes non canoniques. Mémoire vivante des cérémonies de la création du Temple, il nous dit ce que, des dizaines de générations plus tard, les juifs veulent rappeler, ce qui fonde leur histoire et leur identité.

La demeure de Dieu

Le Temple est immédiatement replacé dans le temps mythique et sacré de la Bible. Il aurait été construit 3 102 ans après la naissance d'Adam, 1 020 ans après l'arrivée d'Abraham en Terre sainte, 592 ans après la fuite des juifs d'Égypte.

David s'était emparé de Jérusalem, chassant les Jébuséens qui l'occupaient. Au bout de quelques mois, il décida d'y apporter l'Arche d'Alliance qui contenait les Tables de la Loi données à Moïse par Dieu. Elle fut placée sur un char qui avançait entouré de danseuses et de chanteurs. Un chaos perturba la progression, l'Arche risquait-elle de tomber ? Ozias se précipita pour la soutenir. Il fut immédiatement foudroyé : nul ne peut toucher la force divine sans risque. David s'interrogea : en plaçant ce saint dépôt dans sa demeure, n'allait-elle pas être détruite ? Par prudence, il la laissa dans le champ d'Obédam, un pauvre paysan de race lévitique. Très vite, il fut béni de Dieu, ses troupeaux prospérèrent, ses récoltes germèrent. Au bout de trois mois, David, rassuré, choisit de reprendre l'Arche. Elle fut installée sur un char, précédée de sept chœurs suivis par le roi « qui lui-même jouait de la cithare et frappait le sol de ses pieds ». L'Arche fut rangée sous la tente du roi, qui « offrit des sacrifices somptueux, immola des victimes de paix et donna à manger à tout le peuple ». Son fils, Salomon (m. 931 av. J.-C.), décide de lui offrir un véritable temple, un édifice qui symboliserait la pérennité du pouvoir hébreu dans la ville. Il choisit la montagne de la Moriah où Abraham a rencontré Dieu. Il comble les ravins qui l'environnent pour disposer d'une vaste plate-forme. Dessus, il dresse trois ensembles emboîtés les uns dans les autres.

Au centre, un édifice double. Au plus profond se tient le Saint des Saints ; en son centre deux chérubins aux ailes étendues entre lesquelles reposera l'Arche. Personne n'y pénètre. Devant, le Sanctuaire qui a le double de sa longueur. L'ensemble est enserré dans un portique avec des chambres sur les côtés et l'arrière. La construction est une merveille, aucune trace d'outil n'est visible : « Il semblait que, sans l'intervention d'instruments, tous les matériaux s'étaient congrûment ajustés les uns aux autres et que les parties avaient réglé leur harmonie d'elles-mêmes plutôt qu'en subissant la contrainte de l'ouvrier. » Les textes se plaisent à décrire les murs de cèdre, les plaques d'or, la richesse des ornements : « Les yeux de ceux qui y pénétraient étaient éblouis par l'éclat de l'or répandu de toutes parts. » Dans la cour, maître Hiram, venu de la lointaine Tyr, dresse la mer d'Airain, une gigantesque vasque reposant sur le dos de 12 taureaux regroupés par trois face aux quatre points cardinaux. À la porte du Temple, il érige Jakin et Boaz, deux colonnes de métal hautes de 18 mètres. Salomon enrichit le Temple d'innombrables objets que les commentateurs énumèrent : 10 000 candélabres ; un autel de cuivre long de 10 mètres ; des chaudrons en cuivre « pareils à l'or par l'éclat et la beauté » ; des tables, dont une en or, pour poser les offrandes… Une accumulation fantaisiste pour dire la piété des juifs, leur richesse et leur volonté d'honorer dignement Dieu, car aucun autre peuple ne peut rassembler tant de richesses. Seuls les prêtres pénètrent dans ce premier ensemble fermé par un haut mur.

Une deuxième enceinte définit un espace bien plus grand où accèdent « tous les gens du peuple à condition d'être purs et de préserver les Lois ». Il y a là des autels pour déposer des offrandes et un portique jalonné de somptueuses colonnes de bois de cèdre. Autour, un troisième espace ouvert à tous. Un enchâssement de trois ensembles qui traduit une hiérarchie ethnique et sociale qui place le culte au centre de l'univers mais rend Dieu invisible.

Au bout de sept ans, chiffre ô combien symbolique, le chantier est achevé. Il est temps d'y porter l'Arche. Cette cérémonie est le premier pèlerinage à Jérusalem. Salomon y convoque l'ensemble des peuples. Le rituel met en scène un ordre politique strict. Le roi marche en tête, accompagné par les animaux qui seront sacrifiés. Il est suivi des Lévites, membres d'une tribu d'Israël et descendants directs d'Abraham, qui sont voués au culte, plus spécialement la présentation des offrandes. En sont issus le prophète Samuel, Ézéchiel le prêtre du Temple, Esdras qui ramènera les juifs de leur captivité à Babylone, Malachie dernier des prophètes… Ils purifient le chemin en l'ondoyant avec le sang des sacrifices et de l'encens. Suit le peuple. Tous dansent et chantent pour attirer la bénédiction divine. Arrivés devant le Temple, seuls les prêtres pénètrent dans l'enceinte sacrée et déposent l'Arche entre les bras des chérubins. Ils placent devant un candélabre et un autel d'or. Alors qu'ils sortent apparaît dans le ciel une gigantesque nuée, épaisse, chargée de pluie. La lumière décroît, la nuit se fait, le froid s'installe. Dans un silence respectueux, chacun se persuade que, derrière l'ombre, Dieu est en train de s'installer dans le Temple. La lumière revenue, Salomon se dresse en regardant le ciel :

> Sans doute, ô Seigneur, tu possèdes, nous le savons, une demeure éternelle et digne de toi, que tu as créée pour toi-même – le ciel, l'air, la terre et la mer – dont tu traverses toute l'étendue sans qu'elle suffise à te contenir. Pourtant, je t'ai édifié ce Temple consacré à ton nom, pour que de ce lieu nous puissions élever dans l'espace nos prières vers toi en accomplissant les cérémonies favorables et que nous ayons toujours la conviction que tu es là, non loin de nous.

Se retournant vers le peuple, il l'exhorte à respecter l'alliance avec Dieu. Il rappelle les prophéties accomplies, manifestations de l'amour divin pour ceux qui l'honorent dignement et vivent selon ses commandements. Il conclut :

> Je te supplie d'envoyer dans ce Temple une parcelle de ton esprit afin que sur terre même tu paraisses être avec nous. Certes, c'est une infime demeure pour toi. [...] Cependant, je te demande de la protéger contre toute dévastation de tes ennemis comme étant ta propriété pour toujours et de veiller sur elle comme sur ton bien propre. Que si un jour le peuple vient à pécher et que, ensuite, pour son péché, tu le frappes d'un fléau – stérilité du sol, ravages de la peste ou l'un de ces maux dont tu poursuis ceux qui ont violé une loi sainte – et s'il se réfugie en foule dans ce temple pour implorer ta miséricorde et te demander le salut, exauce-le. [...] Cette assistance, je ne te la demande pas seulement pour les Hébreux qui auraient failli. Si l'on vient des extrémités de la terre et de quelque côté qu'on se tourne vers toi et qu'on sollicite

> de toi un bienfait, prête l'oreille et daigne l'accorder. [...] Nous avons voulu faire participer tout le monde à ta protection et à la jouissance de tes bienfaits.

Salomon s'incline et commence le sacrifice. Le couteau vient de trancher la gorge du premier veau quand une flamme traverse les airs. Elle se précipite sur l'autel et consume l'offrande. Une clameur s'élève : « Dans cette apparition, le peuple vit une preuve certaine que Dieu consentait à habiter dans le Temple. » La foule se prosterne, lance des bénédictions et des louanges. Salomon l'exhorte à « persévérer dans la justice, la piété et l'observance des préceptes que Dieu leur a donnés par Moïse. Ainsi le peuple hébreu serait heureux et surpasserait tout le genre humain en félicité ». Sont offerts « douze mille veaux et cent vingt mille brebis ». Après un gigantesque banquet, le peuple se disperse, heureux, apaisé, chantant des cantiques. Dans la nuit, Dieu apparaît en songe à Salomon, l'assurant que sa prière sera exaucée, qu'Il siégera pour toujours dans le Temple, à condition que le peuple continue à agir « avec droiture ».

Cette cérémonie est fondatrice. Flavius Josèphe le sait et il la décrit longuement. Inutile de nous demander si son récit est vrai, d'être perplexe devant des chiffres et des descriptions exagérés. Comprenons ce qu'il nous dit de Jérusalem. Le site est celui d'une incarnation. Le Temple est le réceptacle de l'Arche d'Alliance et Dieu par ses diverses manifestations (la nuée, la flamme et le rêve) accepte d'y résider. Il étendra sa bénédiction sur le peuple juif mais aussi sur l'ensemble des hommes. Le message est universel. Se reforge l'Alliance. Elle sera bénédiction si elle est respectée. Salomon ne cesse de le répéter : en étant pieux et fidèle à la Loi, le peuple sera protégé. Ses avertissements, si souvent répétés, expliquent un futur que Flavius Josèphe connaît : la destruction du Temple.

La destruction du Temple

Après Salomon, lentement, les juifs oublient leurs engagements, se détournent de la Loi, négligent les sacrifices. Ils ont rompu le pacte avec Dieu. Lassé, celui-ci fait d'un impie l'instrument de sa vengeance. Il apparaît à l'empereur babylonien Nabuchodonosor (m. 562 av. J.-C.) pour lui ordonner : « Serviteur maléfique ! Va et détruis le saint Temple dont les fils rebelles ne témoignent que dédain à la parole de Dieu ! » Le souverain hésite : où est ce repère à anéantir ? Quel est le temple menacé ? Celui de Rome ? Celui d'Alexandrie ? Celui de Jérusalem ? Comment ne pas se tromper ? Il tire une flèche vers l'Italie ; elle tombe. Il en prend une autre qu'il pointe vers le Nil ; elle chute. Il en prend une troisième, tend son arc vers le royaume hébreu ; sa flèche file dans le ciel dans la direction choisie. L'empereur obéira : il détruira la Ville sainte, coupable d'avoir trahi la confiance divine. Son armée assiège la cité, qui se rend après une courte guerre (599-597 av. J.-C.). Le roi Joachim est maintenu sur le trône mais il est désormais tributaire. Trois ans plus tard, il dénonce l'accord imposé par la force. L'empereur est furieux. Pendant trois ans, il prépare ses régiments, puis s'empare de la ville, emprisonne Joachim, le remplace par son fils Joachin et pille le Temple. Face à une nouvelle révolte, il lance ses hommes, sous le commandement de Névouzardan, contre Jérusalem. Pendant dix-huit mois, les forces babyloniennes tentent d'enfoncer les murailles. En vain ! Dieu protège la ville. Mais les juifs ne comprennent pas le message ; bien au contraire, ils sont persuadés de leur force et de leur efficacité. Ils ne voient pas les femmes et les enfants qui meurent de faim, l'affaiblissement des adultes, la décrépitude des vieillards. La situation est désespérée. Une mère aurait fait cuire son bébé ; découvrant la nature de leur repas, ses autres enfants mettent fin à leurs jours en se jetant du haut d'un toit. Nul ne comprend qu'il faut revenir vers Dieu, respecter la Loi, aider les pauvres. Nul ne veut admettre que l'Alliance a été rompue.

Dieu abandonne alors Jérusalem. Les Babyloniens ont usé des milliers de barre de fer pour détruire les murailles ; maintenant, ils n'en ont plus qu'une et, pourtant, les murs s'effondrent. Une voix céleste ordonne à Névouzardan : « Sors et prends possession de Jérusalem, car voici venu le moment de sa destruction ; rien n'y échappera, ni le Beth Hamikdach [Temple], ni même le Hékhal [le Saint des Saints], les flammes les consumeront. » Le 24 juillet 586 av. J.-C., la ville est submergée et le Temple profané. Mais il y a pis ! Quatre anges armés de torches jaillissent du ciel et boutent le feu aux quatre coins du sanctuaire. Névouzardan hésite mais une voix venue du ciel le rassure : « Tu as annihilé un peuple agonisant, tu as incendié un Hékhal consumé. En d'autres termes, tu dois considérer que cette situation n'est que la conséquence du décret divin et non pas celle de ton action. » Ainsi innocentés, les soldats se déchaînent. Ils égorgent le grand prêtre et sa fille sur l'autel des sacrifices. Face à l'horreur, comprenant qu'ils ont trahi l'Alliance, un groupe de prêtres s'avancent, porteurs des clés du Saint des Saints. Ils se tournent vers Dieu : « Maître du monde, étant donné que nous n'avons pas eu le mérite d'être les représentants fidèles de Ta parole, puissent ces clefs être reprises par Toi ! » Ils les jettent vers le ciel ; immédiatement, une main sort des nuages et les emporte. Tout est dit, Dieu déserte sa demeure. Les prêtres plongent alors dans le brasier qui détruit tout. Les Lévites, prenant leurs harpes et leurs trompes, les suivent dans les flammes.

Le Temple a vécu. Au VIIe siècle av. J.-C., les cinq livres du Livre des Lamentations attribués au prophète Jérémie pleurent sur la catastrophe.

Le premier présente Jérusalem abandonnée :

La voilà donc assise, solitaire, la ville si populeuse, semblable à une veuve, la reine des nations, souveraine des peuples, devenue esclave ! Elle pleure, elle pleure dans la nuit, les larmes couvrent ses joues : personne pour la consoler parmi ceux qui l'aimaient ; ils l'ont trompée, tous ses amis, devenus ses ennemis.

Le deuxième pleure sur la destruction et la souffrance :

Le Seigneur a englouti sans pitié tous les pâturages de Jacob ; dans son emportement, il a détruit les forteresses de la fille de Juda ; il a jeté à terre et profané le royaume et ses princes. Le Seigneur est comme un ennemi : il a englouti Israël, englouti ses citadelles, rasé ses forteresses, répandu sur la fille de Juda plaintes et complaintes. Le Seigneur fait ce qu'il a résolu, il accomplit sa parole décrétée depuis les jours d'autrefois : il détruit sans pitié ! [...] Ils gisent par terre dans les rues, l'adolescent et le vieillard ; mes vierges et mes jeunes gens sont tombés par l'épée : tu as tué, au jour de ta colère, tu as massacré sans pitié.

Dans le poème suivant, Jérusalem croit en l'avenir malgré le courroux de Dieu :

Il m'a emmuré, et je ne peux sortir, il alourdit ma chaîne : j'ai beau crier et supplier, il étouffe ma prière ; d'un bloc de pierre, il barre mes routes, il détourne mes sentiers. Le Seigneur est mon partage, c'est pourquoi j'espère en Lui. Le Seigneur est bon pour qui se tourne vers Lui, pour celui qui Le cherche.

Pour les juifs, l'espoir existe malgré un temps de malheurs :

La face du Seigneur les a dispersés et ne les regarde plus ; les prêtres ne sont pas respectés ni les anciens, honorés. Sans répit, nos yeux se consument d'attendre en vain du secours ; nous guettons, nous guettons une nation qui ne peut pas se sauver.

S'élève vers le Ciel une supplique :

> Rappelle-toi, Seigneur, ce qui nous arrive. Regarde, et vois notre honte. Notre héritage a passé à des inconnus, nos maisons, à des étrangers. Nous sommes orphelins de pères, et nos mères sont veuves. [...] Nos pères ont péché : ils ne sont plus, et c'est nous qui portons leurs fautes. [...] La joie de notre cœur a cessé, notre danse a fait place au deuil. La couronne est tombée de notre tête. Malheur à nous, car nous avons péché ! Si notre cœur est malade, si nos yeux sont dans la nuit, c'est que le mont Sion est déserté ; là, rôdent les renards.
>
> Mais toi, Seigneur, tu sièges pour toujours ; ton trône est pour les âges des âges. Pourquoi nous oublier sans fin, nous abandonner pour la suite des jours ? Fais-nous revenir à toi, Seigneur, et nous reviendrons. Renouvelle pour nous les jours d'autrefois. Nous aurais-tu voués au mépris, serais-tu irrité contre nous sans mesure ?

Malgré le malheur, les hommes doivent se souvenir de l'Alliance, essayer de la vivre. La destruction du Temple est un rappel de la colère de Dieu. Nul ne doit oublier l'amour de Dieu et son courroux. Jérusalem rappelle les deux faces de cette histoire. Le Psaume 137 est clair :

> Si je t'oublie, Jérusalem, que ma main droite m'oublie ! Que ma langue s'attache à mon palais si je ne me souviens pas de toi, si je ne fais pas de Jérusalem le sommet de ma joie !

La destruction du Temple est inscrite au cœur de la piété juive. Les Lamentations sont en belle place parmi les manuscrits de la mer Morte. Flavius Josèphe se doit de chanter la grandeur du Temple et la force du pèlerinage, de pleurer les ruines dues à la trahison et à la rupture de l'Alliance : une leçon à méditer.

Tous les ans, les Juifs récitent les Lamentations le soir du jeûne de Tisha Be'Av, le plus strict de tous les jeûnes imposés par les prophètes. La communauté pleure la destruction du Temple, symbole de toutes les autres catastrophes : anéantissement du Second Temple, persécutions, expulsion d'Espagne, Shoah. En ce jour sont récités les *kinot* (« élégies »). L'Apocalypse de Baruch annonce :

> Le Seigneur a donc accompli la parole qu'il avait prononcée contre nous, contre nos juges, qui gouvernèrent Israël, contre nos rois et nos chefs, contre les gens d'Israël et de Juda. Sous l'immensité du ciel, il ne se produisit jamais rien de semblable à ce que le Seigneur fit advenir à Jérusalem, conformément à ce qui est écrit dans la Loi de Moïse, à savoir que nous mangerions l'un la chair de son fils, l'autre la chair de sa fille ! Et le Seigneur a livré nos pères aux mains de tous les royaumes d'alentour, à l'outrage et à la désolation parmi tous les peuples d'alentour, où il les a dispersés. Ils ont été soumis, au lieu de dominer, car nous avons péché contre le Seigneur notre Dieu en n'écoutant pas sa voix [...].
>
> Aussi, dans sa vigilance, le Seigneur a déclenché contre nous ces malheurs. Oui, il est juste, le Seigneur, en tout ce qu'il nous a commandé de faire. Mais nous n'avons pas écouté sa voix qui nous disait de suivre les préceptes que le Seigneur nous avait mis sous les yeux [...].
>
> Nous avons péché, nous avons été impies, nous avons été injustes, Seigneur notre Dieu. En raison de tous tes jugements, que ta fureur se détourne de nous, car nous ne sommes plus qu'un petit nombre parmi les nations où tu nous as dispersés. Entends, Seigneur, notre prière et notre supplication ; délivre-nous à cause de toi-même ; fais-nous trouver grâce devant ceux qui nous ont déportés, afin que la terre entière sache que tu es le Seigneur notre Dieu, puisque ton nom a été invoqué sur Israël et sa descendance.

Tous les ans, le douloureux souvenir est ravivé, le souvenir du Temple béni, mais aussi le souvenir de la trahison. L'épisode personnifie Dieu qui agit, bénit et se venge, car la destruction est lue comme un juste courroux. L'impact de la destruction dépasse la foi juive. Il est universel. Le récit dit le regret du temps où les hommes vivaient avec Dieu, où Jérusalem était un lieu de rencontre, où les prières étaient directement entendues, où toutes les nations étaient invitées. Nombreux sont ceux, de toute confession, à espérer le retour de ces temps bénis. Aujourd'hui, les francs-maçons dressent à la porte de leurs temples des colonnes Jakin et Boaz. Ils font souvenir de maître Hiram et rêvent de reconstruire symboliquement le Temple, ce sanctuaire d'accueil de la dignité humaine où régnait la fraternité universelle. Bien que adversaire des maçons, l'abbé Baissie, dans l'*Esprit de la Franc-Maçonnerie dévoilé* (1816), résume parfaitement leur idéal :

> Ce Temple, dans son premier lustre est la figure de l'état primitif de l'homme au sortir du néant. Cette religion qui s'exerçait dans le Temple de Jérusalem n'est que l'image de l'unité naturelle et de la charité que les hommes se doivent l'un à l'autre.

536 av. J.-C.
Zorobabel construit le Second Temple

« Quant au peuple, il se trouvait satisfait du présent, content d'avoir reconstruit le Temple. »

Une fois de plus, les documents sont impuissants à nous dire ce que fut le Second Temple. Une fois de plus, tournons-nous vers le souvenir tel qu'il est vécu par les Livres bibliques et par Flavius Josèphe.

Le Second Temple

Notre récit commence bien loin de Jérusalem, sur les rives de l'Euphrate, dans le puissant Empire perse. Cyrus (600-530 av. J.-C.) y règne après avoir étendu son pouvoir à toute l'Asie centrale, de l'Égypte à l'Afghanistan, de la mer Noire à la mer Rouge. Il se souvient que la première année de son règne, une voix divine lui avait demandé de renvoyer les juifs emmenés en esclavage à Babylone. Persuadé de sa mission, en 538 av. J.-C., il rédige une proclamation :

> Puisque Dieu tout-puissant m'a fait roi du monde entier, je crois que ce Dieu est celui qu'adore le peuple des Israélites. Car il a d'avance prononcé mon nom par la bouche de ses prophètes,

et prédit que je construirai son Temple à Jérusalem, dans le Pays de Judée.

La réalité de ce texte n'a, ici, aucune importance. Nous ne sommes pas en quête de vérité mais de mémoire. Celle que les peuples ont retenu, celle qui fait d'une cité la Ville sainte.

Une fois la proclamation connue, des juifs quittèrent Babylone où ils étaient en captivité depuis soixante-dix ans. Arrivés à Jérusalem, ils comprennent l'ampleur des destructions. Après les pleurs et les lamentations arrive l'heure du travail. Ils veulent rebâtir un Temple. Cyrus est prêt à les aider. Il demande au gouverneur de Syrie de les soutenir. Il fixe les proportions du futur édifice. Il leur envoie son trésorier, Mithridate, avec des vases sacrés que Nabuchodonosor avait volés : 50 coupes d'argent et 400 d'argent ; 50 jarres d'or et 400 d'argent ; 40 vases à libation en or, 300 en argent ; et « mille autres grands ustensiles ». Dans cette énumération, nous devons voir la volonté de restaurer la grandeur du culte, la bonté de Cyrus. En échange, le roi exige des prêtres des sacrifices « selon les lois de Moïse, et, en les offrant, ils prieront Dieu pour le salut du roi et de la race, ils prieront aussi pour la durée du royaume des Perses ».

La volonté d'un monarque, si puissant soit-il, ne suffit pas. À Jérusalem, responsables perses, exilés de retour et Samaritains habitant la région se disputent. Le chantier ne voit pas le jour. Personne pour le relancer, car Cyrus meurt. Son fils, Cambyse, abandonne toute idée de restauration.

Après une période troublée, Darius Ier (550-486 av. J.-C.) parvient au pouvoir. Or, alors qu'il n'était que « porte-carquois » de Cyrus, il avait promis de restaurer le Temple et d'y renvoyer tous les vases encore conservés à Babylone. Avant de réaliser son vœu, il doit consolider son pouvoir. Les premiers mois de son règne sont marqués par de fastueuses réceptions où sont reçus princes, administrateurs et généraux. Le roi doit impressionner par sa richesse, sa force et sa justice. Un soir, il lance l'idée d'un concours : il offrira de somptueux présents au meilleur orateur. Les concurrents doivent argumenter sur ce qui est le plus fort : le vin, les rois, les femmes ou la vérité. Le premier présente les ravages de l'ivresse avant de conclure : « Le vin est ce qu'il y a de plus puissant et de plus violent au monde. » Les acclamations fusent. Nul ne pourra dépasser cette prestation. Pourtant, un deuxième concurrent s'avance. Il explique que tout le pouvoir appartient au roi « dont une si grande multitude exécute les commandements ». Les ovations sont encore plus véhémentes. Il est assuré que personne ne sera plus éloquent. Cependant, Darius pousse en avant Zorobabel, son *thirshatha* (« échanson »), un juif resté dans l'empire, fils de Salathiel, petit-fils du roi de Juda, membre de la tribu royale de David. Sa voix est d'abord discrète quand il montre que les femmes enfantent ceux qui plantent les vignes et gouvernent les hommes. Mais, ajoute-t-il, la vérité est encore plus puissante car « elle nous procure, non pas une beauté que le temps flétrit, ou une richesse que la fortune peut nous ravir, mais la justice et la droiture ». Un silence suit ces paroles fortes, puis éclate un tonnerre de louanges. Il mérite la victoire.

Darius attire Zorobabel près de lui. Il exige qu'il l'appelle désormais « mon parent ». Il lui demande ce qui le comblerait : de l'or ? des propriétés ? des esclaves ? des gouvernements ? Alors qu'il énumère les cadeaux possibles, il s'arrête, intrigué. Zorobabel devrait se réjouir. Or, plus que jamais, son visage est austère, presque triste. Qu'est-ce qui peut le tourmenter au point de ne pas profiter de sa victoire ? L'échanson lui parle franchement. Il décrit les ruines de Jérusalem, les pierres du Temple qui gisent éparses, les restes des portiques déserts. Il lui raconte le faste du Premier Temple, celui de Salomon, que Dieu avait habité. Il lui rappelle la promesse de Cyrus et la sienne : faire reconstruire la demeure de Dieu. Le roi se lève, l'embrasse et dicte sur-le-champ une série de lettres. Le titre *thirshatha* prend le sens de vice-roi de la province de Yehoud, la Terre sainte juive. Il écrit à ses administrateurs pour qu'ils aident Zorobabel dans son œuvre et qu'ils lui livrent le précieux bois des cèdres du Liban. Il exige que les Samaritains laissent les juifs restaurer le Temple, distribue aux futurs gardiens du sanctuaire des terres et les exempte d'impôts et expédie tous les vases sacrés encore en sa possession.

Après avoir remercié le souverain, Zorobabel se précipite à Babylone, où tant de juifs vivent encore en exil. Il leur annonce la bonne nouvelle : ils peuvent le suivre pour repartir à Jérusalem. Pendant sept jours, chants et sacrifices célèbrent la renaissance de l'espoir. Flavius Josèphe compte ceux qui rentrent : 4 628 000 membres des tribus de Juda et de Benjamin ; 4 070 Lévites accompagnés de 40 742 femmes et enfants ; 652 « personnes qui se disaient Israélites sans pouvoir justifier de leur race ». Le futur clergé du Temple est composé de 128 Lévites hymnodes qui chanteront les louanges de Dieu, 110 portiers, 392 esclaves sacrés… Ne nous attardons pas sur ces chiffres bien fantaisistes à la fois par leur précision et par leur importance. Le texte souhaite impressionner, car les nombres sont symboliques. Il veut montrer l'ampleur du déplacement qui n'est pas qu'une migration ; tout est prévu pour la reprise du culte. L'objectif n'est pas de changer de maître ni de trouver des cieux plus cléments, mais de renouer avec le service du Temple.

Après un voyage de sept mois, ils atteignent Jérusalem. Sans plus tarder, dans les décombres, à l'emplacement même du Premier Temple, ils reprennent le service. Ils célèbrent Souccot, la fête des Tabernacles, cinq jours après le Yom Kippour, le jour de l'Expiation. Après les pleurs et la demande de pardon, la célébration est la reprise du culte ; pas une nouveauté mais l'effacement de la rupture engendrée par la destruction. En parlant de Salomon, Flavius Josèphe avait présenté un acte royal, une affirmation de l'Alliance ; quand il décrit l'œuvre de Zorobabel, il expose les modalités du service à rendre à Dieu. Dans le premier cas, il dévoilait une fondation ; dans le second, il insiste sur une continuité.

Elle est marquée par une série de sacrifices et d'holocaustes, « suivant les prescriptions du Législateur ». La dévotion n'est pas uniquement collective ; les individus trouvent facilement leur place pour que « ceux qui avaient fait des vœux les accomplissent ».

Très vite, le chantier commence sous la surveillance des Lévites. Au bout de deux mois, les premiers madriers sont dressés. À la fin de la seconde année, les fondations sont achevées. Il est temps d'organiser une fête. Là encore, pas de présence royale ; il est vrai que Zorobabel n'est qu'un gouverneur et que tout est réalisé sous la férule de Darius. Les prêtres, « revêtus des vêtements traditionnels », chantent, au son des trompettes, les louanges comme David en avait donné l'exemple au début du royaume d'Israël.

La joie n'est pas unanime. Le souvenir de la splendeur du Premier Temple est dans tous les cœurs. Les plus pieux se lamentent sur la décadence. « Quant au peuple, il se trouvait satisfait du présent, content d'avoir reconstruit le Temple, et, n'ayant ni souci ni mémoire de l'ancien, il ne se tourmentait pas à faire la comparaison entre les deux pour trouver le nouveau moins riche qu'il ne s'y attendait. »

Entendant les trompettes et les chants, les Samaritains s'inquiètent de cette véritable résurrection de la puissance hébraïque. Ils décident de saboter le chantier. Pour y arriver, ils proposent d'aider les ouvriers pour honorer un Dieu qui leur est étranger mais qu'ils respectent. Conscient qu'il s'agit d'un mensonge, Zorobabel les remercie et les congédie. Furieux, ils écrivent à Darius, « accusant les juifs de fortifier leur ville et de bâtir un Temple qui ressemblât plus à une forteresse qu'à un sanctuaire ». Ils rappellent que Cambyse avait suspendu les travaux. En lisant leur lettre, Darius est intrigué. Son cher

Zorobabel serait-il en train de le trahir ? Avant de répondre, il fait effectuer des recherches dans les archives d'Ecbatane. Ses secrétaires retrouvent aisément les lettres de Cyrus, ses promesses aux juifs, ses demandes aux gouverneurs, ses propositions d'aide financière... Des copies sont immédiatement faites et envoyées aux Samaritains. De mauvaise grâce, ils acceptent le verdict royal : le Temple sera achevé.

Il l'est en sept ans, après bien des difficultés. Il faut toute la force de persuasion du prophète Zacharie pour que Zorobabel ne renonce pas. Pour le convaincre du bien-fondé de sa mission, il lui rapporte un rêve : il a vu deux grands oliviers dont l'huile servait à alimenter le chandelier du Temple. Il lui explique que lui, Zorobabel, est un de ces arbres, que le second est son ami le grand prêtre Jeschoua.

Le Second Temple n'est pas conforme au Premier : l'Arche d'Alliance ne peut être remplacée et bien des objets sacrés ont disparu. Les Lévites et tout le peuple offrent cependant des « sacrifices d'action de grâces pour célébrer leur retour de captivité, leur ancien bonheur recouvré et la renaissance du Temple ». Sont sacrifiés 100 taureaux, 200 béliers, 400 brebis et 12 chevreaux, un par tribu. Les pèlerinages reprennent. Pour la fête des Azymes, des milliers de juifs montent à Jérusalem. Femmes, hommes et enfants se purifient rituellement. Ils offrent des sacrifices puis passent sept jours en libations, « n'épargnant aucune dépense, offrant même des holocaustes à Dieu et célébrant des sacrifices d'actions de grâces pour remercier Dieu de les avoir rendus à leur patrie et à leurs lois, de leur avoir concilié la bienveillance du roi Perse ».

Ce récit est depuis remis en cause. Dans son *Dictionnaire de la Bible* (1730), le célèbre bibliste Dom Calmet s'amuse à repérer les incohérences, parlant même d'apocryphes pour certains passages comme la désignation de Zorobabel à l'issue d'un concours. Mais qu'importe ? Flavius Josèphe révèle ce que, pendant des siècles, les juifs ont pris pour une réalité. Il dose son écriture pour lui donner un sens. Que de différences, chez un même auteur, entre le pèlerinage du Premier Temple et celui du Second. Bien évidemment, il n'a vécu aucun de ces événements. Il en consigne le souvenir et compile les textes bibliques. Les disparités disent le changement de contexte. Salomon est un monarque tout-puissant qui affirme son pouvoir, convoque ses peuples, prend la parole. Zorobabel est envoyé par un souverain étranger soucieux de se concilier une population de son empire ; il est encadré par un clergé désireux de retrouver ses prérogatives. La situation géopolitique n'est pas seule en jeu. La piété des populations s'exprime autrement. Lors des fêtes pour le Premier Temple, elles semblent hésiter : Dieu va-t-il agréer leur geste ? Va-t-il honorer la demeure qu'ils lui construisent ? Heureusement, des miracles les rassurent. Au temps de Zorobabel, le pèlerinage s'inscrit dans le temps long du rituel. Il ne s'agit pas de créer mais de respecter ce que la tradition et les prêtres enseignent. Les fidèles sont toujours aussi nombreux au Temple ; ils demandent, ils remercient, ils louent. Leurs gestes sont sincères, mais ils s'inscrivent dans des contextes bien distincts. Cela traduit la plasticité du culte rendu sur le Lieu saint.

Un lieu de pureté

Tout au long des siècles suivants, la sacralité du lieu est affermie par une quête de la pureté. En 198 av. J.-C., Jérusalem se rend au souverain séleucide Antiochos III qui règne sur le Moyen-Orient. Il se montre extrêmement bienveillant envers le Temple. Il fait des offrandes, supprime certains impôts, garantit le droit des juifs de vivre selon leurs traditions. Il confirme les limitations de circulation dans l'enceinte :

> Il est interdit à tout étranger de pénétrer dans l'enceinte du Temple, qui est interdite aux Juifs eux-mêmes, si ce n'est à ceux qui le font après s'être purifiés conformément à la loi de leurs ancêtres. Et qu'on n'importe dans la cité ni viande de cheval, ni de mulet, ni d'âne sauvage ou domestique, ni de léopard, ni de renard, ni de lièvre, ni, de façon générale, d'aucun animal interdit aux Juifs ; et qu'on n'y introduise pas non plus leurs peaux, et même qu'on n'élève aucun de ces animaux dans la ville. Et il leur sera permis d'user que des animaux sacrificiels de leurs ancêtres, ceux dont il faut aussi faire l'usage pour sacrifier à Dieu. Quiconque contreviendra à ces ordres paiera trois mille drachmes d'argent aux prêtres.

La sacralité dépasse les murs du Temple pour faire de la cité même un lieu à part, soumis aux prescriptions religieuses et aux interdits. Cette volonté se heurte à la réalité d'une ville en expansion, centre actif du commerce du vin, de l'huile et des esclaves, parfaitement intégré au monde ptolémaïque égyptien. Entre l'idéal sacré et la volonté d'ouverture des commerçants, les tensions sont nombreuses. Mais le malheur va venir d'une autre direction. La population supporte mal une fiscalité de plus en plus pesante. La révolte gronde. Pour l'écraser, le roi séleucide Antiochos IV punit la ville en interdisant, en 168 av. J.-C., la circoncision, l'observance du sabbat et les prescriptions alimentaires rituelles. Pour frapper les esprits, il se rend au Temple et y sacrifie un porc, animal impur par excellence. Quatre ans plus tard, les armes à la main, Juda Maccabée (190-160 av. J.-C.), chef des armées juives, reprend le contrôle de la cité et purifie le Temple, geste dont le souvenir demeure dans la fête de Hanukkah.

La Palestine, passée sous domination romaine en 135 av. J.-C., connaît le passage des armées de Crassus parties en guerre contre les Parthes. En 45, elles se dirigent vers le Temple. Pour éviter le pillage, le grand prêtre Éléazar propose une

« poutre d'or forgée » en rançon, à condition que le reste soit respecté. Crassus accepte et le prêtre dissimule la disparition en replaçant la grosse pièce de bois par une autre, peinte. Mais le général romain, perfide, « viola son serment et emporta tout l'or qui se trouvait dans le sanctuaire ».

Ces histoires, rapportées avec bien des précisions par Flavius Josèphe, décrivent la valeur du Temple. Malgré les ravages des hommes, sa richesse ne cesse de renaître, autant de trésors accumulés pour la gloire de Dieu. Il aime rappeler les dons des plus grands « qui honorent notre Dieu, aussi bien en Asie qu'en Europe ». Ces fortunes attisent les convoitises, mais Dieu sait se venger : « Crassus, après avoir tout réglé à son gré, marcha contre les Parthes ; mais il fut défait et périt avec toute son armée. »

Le souvenir du Temple est amer. Il est celui d'un lieu saint si souvent profané ; d'un trésor régulièrement vandalisé ; d'un espace de pureté fréquemment souillé. Malgré les malheurs, les pèlerins continuent à affluer vers cette montagne où Dieu est présent ; où, même meurtri par des humains, Il conserve sa puissance.

Vers 36
Un lieu de conversion et d'épreuve pour Paul

« Et maintenant voici qu'enchaîné par l'Esprit
je me rends à Jérusalem,
sans savoir ce qui m'y adviendra. »

Alors qu'il prie au Temple, à Jérusalem, Paul de Tarse est arrêté par les Romains. Présenté au tribun, il est condamné au fouet. Il refuse le châtiment, arguant qu'il est « citoyen romain ». S'engage un dialogue rapporté dans les Actes des Apôtres (22, 27-28) :

– Le tribun : Tu es citoyen romain ? Toi ?
– Paul : Oui.
– Le tribun : Moi, j'ai payé une forte somme pour acquérir cette citoyenneté.
– Paul : Et moi, je l'ai par la naissance.

Paul serait né dans une famille juive descendante d'esclaves qui, lors de leur affranchissement, auraient reçu le statut de citoyen romain (*civis romanus*). Il le rappellera ultérieurement quand il exigera, et obtiendra, d'être jugé à Rome. Il est vrai que son état civil est complexe. Un jour, il apostrophe des juifs qui remettent en cause son autorité : « Ils sont hébreux ? Moi aussi ! Israélites ? Moi aussi ! De la descendance d'Abraham ?

Moi aussi ! » (2 Co 11, 22). Hébreu signifie qu'il parle cette langue, qu'il est capable de lire les Écritures. Israélite est la composante ethnique de sa personnalité ; il est membre de la tribu de Benjamin dont est issu Saül, premier roi d'Israël, et dont la population était concentrée autour de Jérusalem et Jéricho. En s'affirmant descendant d'Abraham, Paul se présente en homme soucieux de respecter les promesses faites à Dieu. Cet engagement, il l'a complété, à 20 ans, par une adhésion au pharisianisme. Il le proclame : « Frères, je suis pharisien, fils de pharisien ! » (Actes 23, 6). Né au IIe siècle av. J.-C., ce courant regroupe des *hassidim* (« homme pieux ») qui refusent l'influence hellénistique. Ils pratiquent un rigoriste idéal de pureté, en grande partie ignoré de la Loi de Moïse. Beaucoup vivent dans des *haburoth* (« confréries ») où ils espèrent demeurer à l'écart de toute souillure et de toute tentation.

Se former à Jérusalem

Paul voit le jour à Tarse, ville de Cilicie célèbre dans tout le bassin méditerranéen pour ses écoles synagogales. Les élèves y reçoivent une formation structurée sur la musique, la lecture, l'écriture et l'apprentissage par cœur de passages entiers de la Torah, des Psaumes et des Prophètes. À 14 ans, ils y ajoutent la grammaire, la rhétorique et la dialectique. Paul manie donc parfaitement la langue grecque et l'art oratoire. Il est au carrefour de tant de cultures, aussi à l'aise dans le monde juif qu'avec les références classiques. Le choix de son nom le dit parfaitement. Né Saül, il se fait appeler Paul, nom totalement absent du répertoire juif. Ses amis ont voulu croire qu'il avait agi par modestie, *paulus* voulant dire « faible ». Difficile de leur donner raison. On ne sait ni quand ni pourquoi il a choisi cette double nomination qui est la marque d'une volonté d'ouverture.

Avant 30, il est encore Saül, fier de son savoir : « Je faisais des progrès dans le judaïsme, surpassant la plupart de ceux de mon âge et de ma race » (Ga 1, 14). Pour approfondir sa formation, il se rend à Jérusalem. Depuis le roi Hérode, la cité s'est couverte de chantiers : construction de belles villas, restauration des murailles, création d'un palais, creusement de citernes pour l'approvisionnement en eau, modernisation des marchés. Sa population, désormais estimée à 70 000 habitants, a doublé en moins d'un siècle. Ville royale, Jérusalem est surtout une ville-temple. Le Talmud de Babylone assène : « Celui qui n'a pas vu le Temple d'Hérode n'a pas vu ce qu'est un beau bâtiment. » Les murs seraient couverts d'or à hauteur d'homme. Au-dessus, le marbre est si blanc qu'il fait croire à ceux qui le voient de loin qu'ils sont faits de neige. L'esplanade est rehaussée, les escaliers élargis et des portiques dressés. Le merveilleux entoure ces transformations commencées en 19 av. J.-C. Dieu aurait béni le chantier. Pour que les ouvriers puissent travailler le plus rapidement possible, Il empêcha la pluie durant la journée pour la réserver aux nuits.

L'ensemble couvre 15 hectares, soit 15 % de la superficie de la cité. En son centre se dresse le Saint des Saints, un cube d'environ 10 mètres de côté où seul le grand prêtre pénètre pour offrir de l'encens. Devant, le Lieu saint, ou cour des Prêtres, avec l'autel de bronze des sacrifices. Puis vient la cour d'Israël ; on y pénètre par la porte de Nicanor. Sur l'escalier qui la précède, on chante les Psaumes des Montées et on purifie les femmes ayant accouché. Le parvis des Femmes est accessible aux femmes et aux enfants. Il est entouré de quatre chambres : Chambre des bois pour stocker le bois des bûchers des sacrifices ; Chambre des lépreux pour les malades ; Chambre des huiles pour conserver vin et huile ; Chambre des nazirs pour ceux qui refusent de boire du vin, de se couper les cheveux et de toucher les cadavres. Les non-juifs prennent place sur le parvis des Gentils. Il est marqué par un muret où, de place en place, sont posées des pancartes qui préviennent : « Défense à tout étranger de franchir la barrière et de pénétrer dans l'enceinte du sanctuaire. Quiconque aura été pris sera lui-même responsable de la mort qui s'ensuivra. » Tous les ans, plus de 20 000 pèlerins viennent au Temple pour les grandes fêtes de Pessa'h, Chavouot et Souccot. Ils sont si nombreux qu'ils campent dans les villages voisins.

Plus que jamais, la ville est le centre de la vie juive. Le Temple et les rites qui s'y déroulent sont au cœur de l'existence et de l'identité de la communauté. Il convient de les protéger de tout risque de pollution. Les mystiques s'attachent à dresser des listes de prescriptions complexes. Plusieurs textes de la communauté de Qumran, où ont été découverts les fameux Manuscrits de la mer Morte, demandent d'interdire les chiens dans la ville car ils pourraient grignoter les os des sacrifices rituels, de proscrire l'importation de peaux car elles pourraient être impures, d'empêcher les prêtres infirmes de sacrifier au Temple, d'interdire l'entrée des aveugles car ils pourraient toucher des restes des sacrifices… Si ces sentences sont théoriques, elles illustrent la quête obsessionnelle de pureté rituelle.

En arrivant dans la Ville sainte, Paul rejoint les innombrables étudiants originaires de la diaspora venus fréquenter écoles et synagogues. Chacune développe ses idées, ses prières, ses rituels, sa lecture de la Torah, faisant de la cité un espace agité où les hommes se croisent, disputent en grec et prient en hébreu. Paul est accueilli par un maître spirituel majeur : Rabbi Gamaliel l'Ancien (m. 52), président du Sanhédrin, tribunal suprême juif qui siège à Jérusalem. C'est un des sages (*tannaïm*) dont les propos sont rapportés dans la Mishna, premier recueil de la Loi juive. Une des plus célèbres de ses *mihnayot* (articles de la Mishna) assure : « Prends-toi un maître, éloigne-toi du doute et ne donne pas la dîme par approximation. »

Dans ce climat d'émulation spirituelle de Jérusalem, Saül est un « zélé », un de ces juifs qui pensent que défendre la pureté, c'est faire œuvre religieuse et politique, deux conceptions que nous séparons aujourd'hui mais qui, au Ier siècle, sont étroitement imbriquées. La pureté préserve le peuple élu de la corruption ; son alimentation, ses règles de vie, tout doit l'éloigner des risques de mélange avec d'autres nations. Le danger est double. Il y a d'abord ceux qui revendiquent la culture gréco-romaine, héritage universel qui pourrait relativiser les prescriptions de la Loi. Souvent étrangers à Jérusalem, ils y sont venus appelés par le pouvoir royal ou attirés par les perspectives de réussite dans une cité en plein essor. Le second adversaire est interne. Ce sont tous ces groupes juifs qui prêchent de nouvelles voies du Salut, parmi eux les disciples de Jésus. Pour tous, le Temple et son service doivent être repensés. Une hypothèse que rejettent avec la plus extrême énergie les zélés, qui n'hésitent pas à recourir à la violence contre ceux qu'ils appellent mécréants et hérétiques. Ils les pourchassent dans les synagogues, maudissent leurs propos, insultent leurs familles, les injurient, parfois les frappent, les assignent devant les tribunaux, les contraignant à quitter la Ville sainte. Bien plus tard, Paul avouera avoir « persécuté » et « ravagé » l'Église de Dieu. Son zèle lui vaut d'être envoyé, en 35 ou 36, à Damas pour traquer ces impies et les ramener couverts de chaînes à Jérusalem.

Alors qu'il quitte Jérusalem, Saül a une vision divine. Ce qui s'est passé demeurera un mystère. Il aurait été frappé par une lumière qui n'est pas terrestre. Terrassé, inconscient, il est transporté par des amis à Damas. Pendant trois jours, il est aveugle, incapable de s'alimenter ou de boire. À proximité de son logis vit un juif respecté de toute sa communauté pour sa connaissance de la Torah : Ananias. Il est surtout un des premiers à avoir rejoint Jésus. Selon les Actes des Apôtres, une nuit, Dieu l'a apostrophé : « Lève-toi, va dans la rue droite chez Jude. Tu demanderas un homme appelé Saül de Tarse. Il est en prière et il a eu une vision : un homme du nom de Ananias entrait et lui imposait les mains pour lui rendre la vue. » Le pieux converti rechigne : « Seigneur, j'ai beaucoup entendu parler de cet homme et de tout le mal qu'il a fait à tes fidèles à Jérusalem. S'il est ici, c'est que les chefs des prêtres lui ont donné le pouvoir d'arrêter tous ceux qui invoquent Ton nom. » Dieu est intransigeant : « Va ! Cet homme est l'instrument que j'ai choisi pour faire parvenir Mon Nom auprès des Nations païennes, auprès des Rois et des fils d'Israël. » Obéissant à l'ordre divin, Ananias se rend près de Saül toujours alité. Il lui touche les yeux en disant : « Mon frère, celui qui m'a envoyé, c'est le Seigneur, c'est Jésus, celui qui s'est montré sur le chemin que tu suivais pour venir ici. » Immédiatement deux écailles tombent de ses yeux. Il se lève et, frappé par l'Esprit saint, il demande le baptême.

Toute expérience mystique est intime, difficile à interpréter. Mais le récit présenté dans le Nouveau Testament met en évidence trois dimensions importantes de la mission de Paul. S'il semble changer de camp, rejoignant ceux qu'il persécutait, cette démarche s'inscrit dans la continuité de sa quête de Dieu. Il ne se place pas en contradiction avec ce qu'il a vécu. Il se contente de rejeter « les ordures pour gagner Christ » (Ph 3, 8). Il n'a fréquenté ni Jésus de son vivant ni ses disciples à Jérusalem. Mais, par sa vision, il s'assimile à un apôtre : « Ne suis-je pas apôtre ? N'ai-je pas vu Jésus notre Seigneur ? » (1 Co 9, 11) proclame-t-il. Mais cette intégration n'est possible que par l'action d'Ananias. Paul n'existe que parce que de dévoués convertis l'accueillent, l'aident, l'instruisent et le baptisent.

La mission de Paul

La conversion ou retournement de Paul est encore une prise de position par rapport à Jérusalem. Il ne rencontre physiquement le Christ qu'après avoir quitté la Ville sainte. Ni la tradition juive ni les lieux, qui deviendront pieux avec les Évangiles, ne l'ont retenu. Il introduit une rupture fondamentale. Ce n'est pas dans la cité d'Abraham qu'il peut s'épanouir. Bien au contraire. Ici, le poids du passé, la force du clergé, l'émulation délétère des écoles l'ont empêché de voir la vérité. Ce n'est que libéré de ces entraves qu'il peut enfin ouvrir les yeux. La vérité se fait hors de la Ville sainte.

Mais Jérusalem ne s'oublie pas.

Paul se sent investi d'une mission divine : prêcher la parole. Il parcourt ce que l'Antiquité appelle l'Arabie (l'actuelle Jordanie) et la Syrie pour rencontrer les juifs. Mais de quelle autorité le fait-il ? Certes, Jésus, lors de sa vision, l'a envoyé, mais cela ne suffit pas aux hommes. En 33 ou 34, il retourne à Jérusalem, ville d'autorité où siègent les Douze, les responsables de l'Église naissante. L'accueil n'est pas très chaleureux : « Arrivé à Jérusalem, Paul essayait de se joindre aux disciples, mais tous avaient peur de lui, ne croyant pas qu'il fût vraiment disciple » (Actes 9, 26). Il rencontre cependant Jacques, « le frère du Seigneur », qui valide sa mission. Il ne s'attarde pas. Si les chrétiens sont méfiants, les pharisiens sont carrément hostiles à celui qu'ils assimilent à un traître et un parjure. Il repart au bout de quinze jours.

Paul commence sa première grande mission qui l'amène à Chypre, Antioche et en Pamphylie. Il prêche dans les synagogues mais approche aussi des non-juifs. Quelle place leur accorder ? Un seul moyen pour trancher : retourner à Jérusalem et en discuter avec les responsables de l'Église. Il y arrive en

48 ou 49. Les débats ont dû être intenses, car les réponses sont essentielles pour l'histoire de ce qui deviendra la chrétienté. On sait pourtant peu de choses sur ces discussions, car deux versions s'affrontent. Selon Paul, le bien-fondé de son action envers les non-juifs est approuvé ; tout au plus lui a-t-on demandé de trouver de l'argent pour aider les pauvres. Le récit de Luc est bien plus prudent. Si la mission de Paul a été reconnue comme « œuvre de Dieu », les conditions pour l'accueil de non-juifs sont précisées. Ils doivent impérativement respecter des interdits alimentaires et renoncer aux idoles – des exigences inspirées du livre biblique du Lévitique.

Paul, ayant compris ce qu'il voulait du débat, reprend ses voyages missionnaires. Il retrouve Antioche et parcourt la Grèce. Sa prédication prend une certaine liberté vis-à-vis de la Torah. Ses disciples sont innombrables. Il y alors deux types de fidèles : des judéo-chrétiens, nés juifs, respectueux de la Loi et de l'enseignement de Jésus ; des païens convertis qui ne connaissent pas la Loi et n'ont pas été circoncis. Lentement, le fossé s'élargit entre les deux. Qu'est-ce qui est le plus important : la Loi ou le message de Jésus ? Ces deux groupes peuvent-ils cohabiter pour former une communauté ? Doit-on uniquement s'adresser aux juifs ou essayer de convaincre les païens ? Et, dans ce cas, doit-on adapter la vision de la Loi, en particulier renoncer à la circoncision ? Peut-on rejoindre le Christ sans être issu du peuple juif ? Peut-on assister à ses assemblées sans sacrifier à la Loi ? Une fois de plus, les sujets relèvent de la pureté et de l'élection divine d'une population. Paul est ouvert à des aménagements, car, selon lui, le message du Christ dépasse les synagogues et le peuple élu. Tous ne partagent pas son avis. Les tensions se multiplient entre l'approche paulienne et les tenants de la tradition. Le conflit est inévitable. Pour le résoudre, il faut retourner vers la ville-autorité de Jérusalem, où se discutent la Loi et son interprétation. Dans les récits qui nous ont été laissés, la cité est surtout le lieu de l'épreuve pour Paul, l'endroit où le danger rôde, ce qui assimile sa venue à celle de Jésus qui y a trouvé la mort.

En 56, Paul se prépare au voyage. Il le sait risqué et en appelle à ses amis : « Je vous le demande, frères, par notre Seigneur Jésus Christ et par la charité de l'Esprit, luttez avec moi dans les prières que vous adressez à Dieu pour moi, afin que j'échappe aux incrédules de Judée et que le secours que j'apporte à Jérusalem soit bien accueilli par les saints » (Romains 15, 30-32). À ceux qu'il a converti à Milet, il adresse une supplique :

> Et maintenant voici qu'enchaîné par l'Esprit je me rends à Jérusalem, sans savoir ce qui m'y adviendra, sinon que, de ville en ville, l'Esprit saint m'avertit que chaînes et tribulations m'attendent. Mais je n'attache aucun prix à ma propre vie, pourvu que je mène à bonne fin ma course et le ministère que j'ai reçu du Seigneur Jésus : rendre témoignage à l'Évangile de la grâce de Dieu. […] C'est pourquoi soyez vigilants, vous souvenant que, trois années durant, nuit et jour, je n'ai cessé de reprendre avec larmes chacun d'entre vous. Et maintenant, à présent, je vous confie à Dieu et à la parole de sa grâce, qui a le pouvoir de bâtir l'édifice et de procurer l'héritage parmi tous les sanctifiés. (Actes 20, 22-38.)

Il s'embarque, mais, à chaque escale, les fidèles tentent de le détourner de son projet. L'appel de Jérusalem est plus fort. Il poursuit sa route. Arrivé à Césarée, il est rejoint par Agabus qui a quitté la Ville sainte pour le mettre en garde : « Il vint nous trouver et, prenant la ceinture de Paul, il s'en lia les pieds et les mains en disant : "Voici ce que dit l'Esprit saint : L'homme auquel appartient cette ceinture, les juifs le lieront comme ceci à Jérusalem, et ils le livreront aux mains des païens". » Paul refuse de changer ses plans : « Qu'avez-vous à pleurer et à me briser le cœur ? Je suis prêt, moi, non seulement à me laisser lier, mais encore à mourir à Jérusalem pour le nom du Seigneur Jésus » (Actes 21,10-14).

L'accueil est froid. Paul loge chez Mnason, un helléniste, pas chez un judéo-chrétien. Jacques est alors âgé, incapable de freiner les ardeurs des zélés et des pharisiens. Paul rencontre les dirigeants de l'Église, entrevue rapide et décevante ; ils le soupçonnent de pousser les convertis à rejeter la Loi de Moïse. Ils attendent un geste public d'apaisement envers les judéo-chrétiens, une manifestation de respect pour la tradition. Ils lui proposent de demeurer sept jours au Temple et d'y procéder au sacrifice de 15 brebis. Après bien des hésitations, Paul accepte. Il entre dans l'enceinte sacrée, accompagné de Trophime d'Éphèse, un païen converti depuis peu.

Alors qu'il est quasiment parvenu au terme des sept jours, il est reconnu par des juifs qui l'accusent publiquement : « Hommes d'Israël, au secours ! Le voici l'individu qui prêche à tous et partout contre notre peuple, contre la Loi et contre ce lieu ! Et voilà encore qu'il a introduit des Grecs dans le Temple et profané ce lieu saint » (Actes 21, 28). Non seulement Paul serait un traître, mais aussi un iconoclaste. En tant que juif, il est entré dans l'enceinte sacrée. Ses ennemis, niant sa judaïté, font de son geste un blasphème passible des plus graves punitions. Plus grave, il a fait entrer Trophime, dont la pureté n'est pas reconnue. La rumeur devient tumulte puis échauffourée entre adversaires et disciples de Paul. Devant le risque d'une émeute, le tribun romain Lysias intervient avec ses soldats. Il traîne Paul vers la citadelle suivi par une foule qui hurle « À mort ! ». Rien ne calme la colère populaire. Les Romains décident alors de fouetter Paul, qui argue de sa qualité de citoyen romain pour échapper au châtiment.

Le lendemain, il est présenté au Sanhédrin. Le grand prêtre tente de le faire taire en donnant l'ordre qu'il soit frappé sur la bouche. Paul lui réplique : « C'est Dieu qui te frappera, toi, muraille blanchie. Eh quoi ! Tu sièges pour me juger d'après la Loi, et, au mépris de la Loi, tu ordonnes de me frapper ! » (Actes 23, 3). Il profite de sa présence pour lancer un débat théologique qui déchire l'assemblée. Surpris, le tribun ne comprend pas ces gens qui, quelques heures auparavant, voulaient se trucider et qui, maintenant, disputent sur l'idée de résurrection. Il saisit en revanche parfaitement le danger que court son prisonnier. Il l'entraîne vers une prison. Dans la soirée, une quarantaine de pharisiens font le vœu de ne plus manger ni boire avant d'avoir tué Paul. Mis au courant par des espions chrétiens, le tribun exfiltre l'apôtre en pleine nuit sous la garde d'une escorte de plus de 200 hommes d'armes ; direction Césarée et le procurateur Antonius Felix.

Depuis son retournement, Paul était venu cinq fois à Jérusalem. Il ne reverra jamais la cité. Il est envoyé à Rome. Libéré, il continue ses missions, mais, repris, il est décapité à Rome en 67 ou 68. Le lieu s'appelle aujourd'hui les « Trois Fontaines », car sa tête aurait rebondi trois fois en faisant jaillir du lait. La tradition veut qu'elle arrêta sa course alors qu'elle était face à l'est, tournée vers Jérusalem.

384
Une ville de liturgie et de prière pour Égérie

> « Je dois toujours rendre grâce à Dieu
> pour toutes ces choses. »

Tout tient ici du hasard, voire du miracle. Égérie, qui visite Jérusalem en 381-384, aurait pu demeurer totalement oubliée, même pas une ombre dans l'histoire. Elle a pourtant laissé un récit de son pèlerinage, *Peregrinatio Aetheriae*. Nous n'avons pas l'original. Au haut Moyen Âge, il est connu, mentionné dans le *Liber Glossarum* d'Ansileubus, le catalogue de la bibliothèque Saint-Martial de Limoges, la charte de saint Rosendo. Aujourd'hui, où sont ces textes ? Ils ont disparu ! Aux Xe-XIe siècles, une copie est réalisée et confiée au Mont Cassin où Pierre Diacre (1107-1159) s'en sert pour composer son *Liber de locis santis*, une compilation de sources, car il n'est jamais allé à Jérusalem. En 1810, le manuscrit disparaît lors de la dispersion des biens de l'abbaye. Il est retrouvé en 1884 dans les archives de la Fraternità S. Maria d'Arezzo, en Toscane. C'est la seule version conservée de ce périple. Elle est malheureusement incomplète, tronquée des premières et des dernières pages.

Un texte incomplet et empli de mystères !

Longtemps, on a hésité sur le nom de son auteur. Ce n'est qu'au VIIe siècle que l'ermite galicien Valère du Bierzo (630-695) l'attribue à une femme. Il sait tant de choses qu'elle est sans doute originaire de sa région. Mais d'autres veulent la faire venir d'Aquitaine, de la Narbonnaise ou de la vallée du Rhône puisqu'elle compare l'Euphrate à ce fleuve. Une certitude, elle est d'Europe de l'Ouest puisqu'il est dit qu'elle est née sur les « derniers rivages de l'océan à l'occident ». Il y aussi des hésitations sur son nom (Aetheria, Egeria, Éthérie ou Etheria ?) et sur son statut. Valère la qualifie de *beatissima sanctimonialis* – elle serait alors moniale, voire abbesse. Elle aurait préparé son voyage en lisant la Bible pour être au plus près de la vie de Jésus. Ces renseignements sont-ils véridiques ?

Un monde devenu chrétien

Il est impossible de trancher avec certitude. Même la date de son pèlerinage a été discutée. Les historiens s'accordent pour un séjour en Terre sainte entre Pâques 381 et Pâques 384. L'empereur Constantin (272-337) a alors ancré l'Empire romain dans le christianisme, mais les temps sont troubles en Terre sainte. Les habitants se souviennent des persécutions durant le règne de Flavius Valens (328-378) ; Égérie rencontre d'ailleurs des évêques ayant eu à en souffrir. Les frontières sont peu sûres. Les Perses menacent la région. Notre pèlerine doit éviter Nisibe, dans le sud-est de l'actuelle Turquie, occupée depuis 363. L'Empire est alors divisé. La partie occidentale est soumise à bien des soubresauts ; les augustes se succèdent et se disputent : assassinat de Gratien (383), mort de Maxime (388), élimination de Valentinien (392)… À l'est, la situation est plus sereine. Règne Théodose Ier (347-395), qui, après la bataille de la Rivière froide (394), réunira, pour la dernière fois, les deux parties de l'Empire. Favorable aux chrétiens, il interdit les Jeux olympiques célébrés en l'honneur des dieux antiques, mais aussi le culte des dieux lares, petits génies que chaque famille honorait. Le 28 février 380, il impose le christianisme tel qu'il a été défini au concile de Nicée (325) : « Tous les peuples doivent se rallier à la foi transmise aux Romains par l'apôtre Pierre, celle que reconnaissent le pontife de Damas, et Pierre, évêque d'Alexandrie, c'est-à-dire la Sainte Trinité du Père, du Fils et du Saint-Esprit. » Sont donc condamnés aussi bien le polythéisme traditionnel que les hérésies chrétiennes comme l'arianisme.

Comment Égérie est-elle parvenue à Constantinople ? Nul ne le sait puisqu'il manque le début de son récit. De la ville impériale, en quarante étapes, elle gagne Jérusalem. Deux routes sont possibles. Longer la côte, puis obliquer vers le sud-est, arriver à Emmaüs-Nicopolis puis Jérusalem. L'autre chemin s'éloigne de la côte à Césarée pour circuler en Samarie. Seule halte digne d'intérêt pour sa plume : le martyrium d'Euphémie à Chalcédoine, édifice circulaire au centre duquel repose le corps de la sainte dans un sarcophage d'argent. Elle est à Jérusalem pour les fêtes de Pâques 381. Puis, pendant trois ans, elle parcourt la région avec des excursions lointaines en Égypte. Parfois escortée de soldats romains car les routes sont peu sûres ; toujours accompagnée de moines, qu'elle appelle les « saints » : « Je ne puis assez remercier ceux qui ont daigné recevoir de grand cœur ma petitesse dans leurs ermitages et me conduire avec compétence en tous les lieux que je demandais à voir. »

Elle connaît parfaitement l'Histoire sainte, ce qui lui permet de préciser les sites à visiter. Sur place, le cérémonial est toujours le même : « Chaque fois que nous arrivions aux endroits que nous avions désiré voir, on y faisait d'abord une prière, puis on lisait cette lecture tirée de la Bible, on disait un psaume approprié à la circonstance et on y faisait à nouveau une prière. » Ces quatre moments font du pèlerinage une prière et une instruction.

Les pèlerins sont déjà nombreux en Palestine. Pour faciliter leurs périples, les principaux lieux sont délimités et protégés. Partout, des guides sont tout disposés à leur raconter les merveilles. Ainsi :

> À l'endroit où Job était assis sur son fumier, il y a maintenant un emplacement net, clos, autour de grilles de fer, et une grande lampe de verre y brille d'un soir à l'autre. Quant à la fontaine où il raclait sa sanie d'un tesson, elle change de couleur quatre fois par an : elle a d'abord la couleur du pus, puis celle du sang, puis celle du fiel ; enfin, elle devient limpide.

Pour parvenir à ces endroits, les difficultés sont nombreuses. Le dimanche 17 décembre 383, Égérie gravit le Sinaï, pas par un chemin qui serpenterait sur les flancs de la montagne, mais en ligne droite, pleine pente : « Ainsi assistée, selon le bon vouloir du Christ notre Dieu, par les prières des saints qui m'accompagnaient et non sans beaucoup de peine [...] je ne sentais pourtant pas ma peine, et si je ne sentais pas ma peine, c'est que le désir que j'avais, je le voyais se réaliser selon le bon vouloir de Dieu. » Dans les pires difficultés, elle s'en remet à Dieu, qui la soutient et l'aide.

Tous ces efforts pour arriver à Hélia, Ælia Capitolina, nom donné à Jérusalem par les Romains. En 70, ils ont détruit le Temple, dépeuplé la ville et dressé le camp de la Xe légion près du mont du Temple. En 129, l'empereur Hadrien fait rebâtir la cité sous le nom d'Ælia Capitolina, décision qui provoque une révolte des Hébreux (132-135). Après l'avoir écrasée, le gouverneur interdit la cité aux juifs. La ville est transformée avec l'instauration d'un plan orthogonal et l'érection de nombreuses statues de divinités romaines. Un temple à Jupiter est dressé. Il est difficile de le situer aujourd'hui. Est-il sur l'ancien emplacement du Temple ? Il est plus vraisemblable qu'il se trouve dans la cité à l'emplacement où sera, plus tard, construit le Saint-Sépulcre. Les restes du Temple servent de carrière. Qu'est devenu le site ? A-t-il été voué à une divinité romaine ou laissé à l'abandon ? Les juifs sont autorisés à venir une fois par an se recueillir sur la « pierre trouée », sans doute le rocher d'Abraham. Partout, des amas de ruines et les nouvelles constructions dissimulent la ville d'Hérode.

Au IVe siècle, l'empereur Constantin s'appuie sur le christianisme qui se développe parallèlement au renforcement de son pouvoir politique. À Jérusalem, les chrétiens ont du mal à retrouver les lieux de la Passion. Le tombeau du Christ est entouré d'un simple mur. Mais les autres sites ? Lors de son pèlerinage dans la cité sainte, Hélène (249-328), mère de l'empereur, est consternée. Dieu lui serait alors apparu en songe pour lui demander de dégager les ruines. C'est à cette occasion qu'elle aurait retrouvé les reliques de la Passion dans les ruines du temple de Jupiter. Nous pouvons deviner son excitation : sous un amas de pierres d'un sanctuaire païen, trois croix viennent d'être trouvées. Hélène demande la plus grande prudence. Les pièces de bois sont lentement sorties des décombres, une inscription est mise au jour : *Iesus Nazarenus Rex Iudaeorum* (« Jésus de Nazareth roi de Judée »). La croix de Jésus vient d'être retrouvée.

L'histoire se pare des plus beaux décors du merveilleux puisque Hélène agit animée par l'esprit divin, aidée par Constantin. Il y aurait alors deux couples mère/fils à l'œuvre : Jésus et Marie, maintenant Constantin et Hélène. Le discours officiel les présente comme les agents de la volonté divine, ceux qui remettent au jour un héritage qui convient si bien aux rêves impériaux. Dans l'esprit du pouvoir, ces fouilles permettent une renaissance : il y a eu une ville juive puis chrétienne qui a été oubliée depuis la fin du Ier siècle. Il s'agit de la redécouvrir, pas de l'inventer. Elle se doit d'être un mélange harmonieux entre le passé juif, l'héritage chrétien et la puissance romaine ; ici fusionnent trois traditions. Là naît aussi une mémoire chrétienne qui finira par s'imposer. L'empereur y tient énormément. Il suit d'ailleurs de près les travaux, chargeant un de ses proches, le préfet du prétoire Drakillianos, de restaurer et construire.

Quand Égérie parvient dans la cité, cette entreprise n'est pas achevée. Bien des sites ne demeurent marqués que par les récits, nul édifice mais des légendes rapportées par les guides. Aucun monument à l'Imbomon au sommet du mont des Oliviers « d'où le Seigneur est monté aux cieux ». À Béthanie, lieu du miracle de la résurrection de Lazare par Jésus, la dévotion se fait en plein air, spécialement la veille des Rameaux dite « samedi de Lazare ». Une église n'est édifiée que vers 390. À Gethsémani, sur le site de la trahison de Judas et de l'arrestation du Christ, les pèlerins voient une grotte, mais un sanctuaire ne sera édifié qu'au VIe siècle. Si des oratoires restent à bâtir, d'autres ont déjà disparu. Il n'est plus fait mention du site où s'élevait le palmier dont des enfants arrachèrent les branches pour saluer Jésus lors de son entrée à Jérusalem. Notre pèlerine ne dit rien du lieu de la Cène et les ruines du Temple n'attirent pas les visiteurs ; tout au plus, certains vont se recueillir devant le Pinacle de la tentation. L'Évangile selon saint Luc (4, 1-13) assure que le démon y transporta Jésus pour lui lancer un défi : « Si tu es Fils de Dieu, jette-toi d'ici en bas car il est écrit : À ses anges il donna des ordres te concernant afin qu'ils te gardent. » Ce à quoi Jésus répondit : « Tu ne tenteras pas le Seigneur ton Dieu. »

Jérusalem n'est pas qu'une ville de récits ; elle a été couverte, en quelques années, d'édifices de culte. À Sion s'élève, depuis 340-350, une église, surnommée « église supérieure des apôtres », à l'endroit où les disciples se réunirent lorsque Jésus leur apparut après sa résurrection, le soir de Pâques et huit jours plus tard. Les fidèles y viennent surtout le soir de Pâques, le soir de l'octave de Pâques et au cours de la matinée de la Pentecôte. Y sont exposés la colonne de la flagellation et le trône de saint Jacques. Sur le mont des Oliviers, une procession vient à l'église d'Éléona le soir du Jeudi saint. Dans la crypte se trouve « la grotte dans laquelle le Seigneur se tint avec ses apôtres » pour des entretiens particuliers après la Cène. L'église de l'Agonie est érigée entre l'Imbomon et Gethsémani au lieu de la prière du Christ avant son arrestation. C'est, selon Égérie, une « église gracieuse » où les gouttes de sueur de Jésus devinrent du sang.

Plus que toutes ces églises, trois édifices attirent les pèlerins. Le premier, l'Anastasis, est le rocher du tombeau du Christ. Longtemps, il n'a été entouré que d'un muret. Puis, vers 340-350, il a été surmonté d'une rotonde supportée par douze colonnes, en souvenir des douze apôtres, et entouré d'un déambulatoire. Son accès est contrôlé par des grilles. À l'intérieur brûlent en permanence des lampes. Vers l'est s'ouvre un vaste atrium qui permet de rejoindre ce qu'Égérie appelle la Croix, en fait le site du Golgotha. Ce second espace est le monticule où avait été dressée la croix. Au sud, une chapelle permet d'exposer la relique de la vraie croix, l'anneau de Salomon et l'ampoule utilisée pour oindre les rois d'Israël. Le troisième édifice est le Martyrium, une grande basilique édifiée en 335. Précédée d'un atrium à trois portes ouvertes vers le soleil levant, avec ses cinq nefs, elle a 30 mètres de large et 40 de longueur. Grâce à la générosité de Constantin, l'ensemble de ces bâtiments est couvert de plaques de marbre et les plafonds sont à caissons dorés ; cet ensemble sera détruit en 1009.

Une dévotion constante

Égérie est une chrétienne scrupuleuse vouant sa journée à la prière, installée dans l'Anastasis. Chacune commence avant le chant du coq. En cette fin de nuit, moines, moniales et fidèles se pressent. Jusqu'aux premières lumières, ils alternent chants et prières. Au premier rayon du soleil, ils entonnent les hymnes du matin. L'évêque arrive alors. Il entre dans la grotte, restant derrière la grille qui le sépare des croyants. Il dit une prière universelle, bénit l'assistance avant que chacun ne se disperse. À la sixième heure de la journée, à nouveau, la foule arrive pour entonner les prières de sexte, psaumes et antiennes. L'évêque se replace dans la grotte, prie et bénit. Trois heures plus tard, la cérémonie se renouvelle.

Celle de la dixième heure, appelée licinicon ou lucernaire, marquant la fin de la journée, est plus solennelle. Elle commence deux heures avant le coucher du soleil, soit entre 15 heures et 17 heures selon les saisons. Prêtres, diacres, moines, moniales, fidèles, enfants, et même catéchumènes, sont présents. Murmures et prières ne cessent que lorsqu'un prêtre sort de la grotte une mince lumière que chacun se passe pour allumer des centaines de cierges. Le chant des psaumes éclate, appel auquel l'évêque répond. Entouré de son clergé, il entre lentement et prend place sur un siège élevé. Après avoir entendu les psaumes entonnés par la foule, il se rend à la grotte. Un diacre fait mémoire de fidèles disparus et, à chaque nom, les enfants crient *Kyrie eleison.* L'évêque prie, imité par tous. Le diacre prend la parole pour demander aux catéchumènes de baisser la tête pour être bénis. De nouvelles prières résonnent avant que le diacre ne s'adresse aux baptisés qui inclinent le buste et sont bénis. Tous se rangent en procession pour se rendre à la Croix. L'évêque prie et bénit une dernière fois les participants. Quand ils sortent, ils sont absorbés par l'obscurité.

Tous les jours recommencent les mêmes cérémonies. Le site essentiel est le tombeau de Jésus, donc le lieu de sa résurrection. Elle est le miracle par excellence, la preuve de sa divinité. L'entrée du lieu est strictement contrôlée, seul l'évêque y pénètre ou y stationne. De là, il bénit et prie. Il est l'intermédiaire obligé entre la divinité et la foule des croyants. Nulle formation ni commentaire, rien qui ressemble à un sermon. Les solennités sont faites de prières, de psaumes et autres chants en commun. C'est le groupe qui participe ; le chrétien se fond dans un ensemble qui le porte, l'entraîne et dirige sa dévotion. Il ne s'appartient plus mais entre dans l'assemblée qui est un espace social à part. Le jeu des lumières quand le soleil n'est pas levé ou qu'il se couche dit que la foi fait tourner le monde, que l'espoir est présent, que la mort et les ténèbres peuvent être vaincues.

Cette liturgie quotidienne apparente les participants à des quasi-moines, présents quatre fois en communauté pour chanter la louange de Dieu, le remercier et l'honorer. Qui y participe véritablement ? Égérie est sans doute bien enthousiaste quand elle y voit en permanence des foules. Plus raisonnablement, ce sont les clercs, les moniales et les pèlerins. En revanche, le soir, une grande partie de la cité se joint à l'office.

Le dimanche est encore plus solennel. Une fois de plus, c'est avant le chant du coq que les fidèles se pressent devant l'Anastasis. Des lampes illuminent les murs extérieurs ; la foi repousse l'obscurité. On s'assoit à terre, on entonne des hymnes en attendant. Les portes s'ouvrent enfin. L'évêque rejoint la grotte. Trois fois, psaumes et prières retentissent. Lorsque le silence revient, les encensoirs emplissent la basilique de lourds parfums. L'évêque lève un Évangile au-dessus de sa tête. Dans le plus grand silence, il lit un passage décrivant la Résurrection. À ces mots, les participants se lamentent, pleurent la mort de Jésus, gémissent de leur indignité à le rejoindre. Dès que le calme revient, l'évêque sort et rejoint la Croix. Psaumes et prières éclatent. L'évêque se retire, relayé par des moines qui, jusqu'à l'aube, dirigent les chants.

Dès l'arrivée du soleil, tous se dirigent vers l'église du Golgotha. Y est célébrée la messe comme dans toute la chrétienté. Seule différence : le nombre des prédications. Tout ecclésiastique qui en fait la demande peut en effet prêcher. L'évêque clôt par un dernier discours. Il est midi. Retour vers l'Anastasis où l'évêque retrouve sa place dans la grotte. Une prière avant que le diacre n'élève la voix. Chacun baisse la tête et reçoit la bénédiction.

Déplacements, hymnes et bénédictions rythment la semaine mais aussi l'année. Égérie participe aux solennités de l'Épiphanie au cours desquelles « on ne voit rien d'autre que de l'or, des pierreries, de la soie ; vous voyez des voiles, ils sont de soie brodée d'or ». Suivent les fêtes de Pâques et de Pentecôte. Le vendredi avant Pâques est exposé le « coffret d'argent doré qui contient le saint bois de la croix, on l'ouvre, on l'expose, on place sur la table le bois de la croix et l'écriteau ». Pendant deux heures, chacun passe devant, s'incline, touche la relique du front, l'embrasse ; tout cela sous l'étroite surveillance de diacres, car, un jour, un fidèle a mordu dans le bois pour enlever un morceau. Suivent trois heures de lecture où alternent les passages de l'Ancien Testament qui préfigurent la Passion et les extraits des Évangiles qui rapportent la fin de Jésus. Les cérémonies de la Pentecôte sont interminables : « On a dû supporter une très grande fatigue, une cérémonie commencée avant le chant du coq pour se poursuivre jusqu'à minuit. » L'évêque tente d'atténuer le zèle. Lors de la Semaine sainte, il interrompt les cérémonies et exige des fidèles : « Allez maintenant un moment chacun dans vos demeures, reposez-vous un peu. »

La fête la plus éclatante est celle de la Dédicace le 13 septembre. Les fidèles de Syrie, d'Égypte, de Mésopotamie et de Thébaïde s'y pressent pendant huit jours. Les pèlerins font souvenir de quatre événements. Pour se souvenir de la consécration du Martyrium et de l'Anastasis en 335 mais aussi de la découverte de la Croix en 325. Égérie comprend qu'à cette dimension chrétienne s'ajoute une profondeur juive puisque les fidèles font mémoire de la dédicace par Salomon d'un autel pour honorer Dieu. En revanche, elle ne saisit pas la portée proprement romaine. Ce jour est celui de la pose de la première pierre d'un temple à Jupiter en 509 av. J.-C. à Rome. Jérusalem réussit ce triple mélange de traditions romaines, juives et chrétiennes.

Égérie ne semble pas être consciente de cet aspect politique. Sous sa plume, la ville est une sorte de gigantesque couvent où chacun prie à heure régulière, se tourne continuellement vers le Ciel, ne pense qu'à la mort de Jésus et à sa résurrection. La ferveur est constante : « C'est une telle émotion et de tels gémissements de tout le peuple que c'en est extraordinaire. » Les plus pieux s'imposent des mortifications. Les apotacites n'absorbent qu'une fois par jour une frugale collation. Pendant le Carême, les hebdomadiers jeûnent six jours par semaine. L'émulation est permanente mais rien n'est exigé : « Personne n'impose ce qu'on doit faire, mais chacun fait ce qu'il peut. Qui en fait beaucoup n'est pas loué, qui en fait moins n'est pas blâmé. Telle est ici la coutume. »

Égérie passe trois ans dans ce climat d'intense dévotion, entre l'Égypte et la Syrie, dans les déserts, les montagnes et au cœur des ruines. Quand elle reprend la route vers Constantinople, elle se sent indigne de ce qu'elle a découvert. Elle n'a que gratitude :

> Je dois toujours rendre grâce à Dieu pour toutes ces choses [...] ces si nombreuses et si grandes faveurs dont il a daigné me combler, moi qui en suis indigne et ne le mérite pas, de parcourir tous ces lieux que je ne méritais pas de voir.

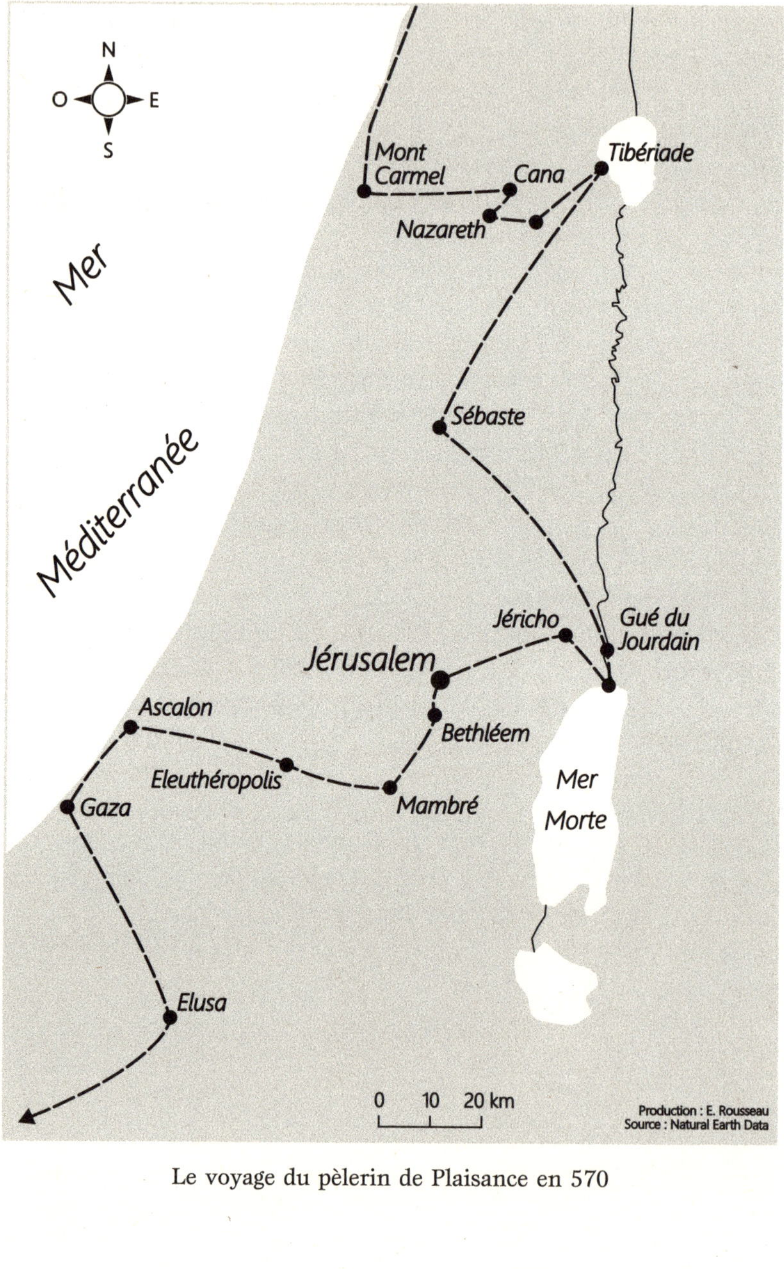

Le voyage du pèlerin de Plaisance en 570

570
Le pèlerin de Plaisance dans une terre de merveilles

> « [Jésus] était d'une taille ordinaire, avec un beau visage, des cheveux bouclés, une belle main, de longs doigts. »

Il demeurera sans doute toujours anonyme ce pèlerin parti de Plaisance, dans le nord de l'Italie, qui parcourt la Terre sainte vers 570 avec quelques amis. Nous ne savons pas comment ils parviennent à Constantinople. Nous les découvrons embarquant sur un navire qui, par Chypre et Beyrouth, les amène en Terre sainte. Leur pèlerinage est une lente déambulation sur les traces de Jésus et de ses disciples, marquée par le récit des Évangiles et ce que nous nommons aujourd'hui les Apocryphes, spécialement l'Évangile de saint Thomas pour tout ce qui concerne l'Enfance de Jésus.

Une déambulation dans les pas de Jésus

Après le mont Carmel, les pèlerins filent plein est pour atteindre Cana où ils font mémoire des noces auxquelles participa Jésus. Ils s'arrêtent longuement à Nazareth « où les merveilles sont nombreuses ». Ils s'extasient sur le livre où Jésus traça son ABCD et admirent les souvenirs de la Vierge. Ils grimpent au mont Thabor prier au lieu où Pierre rencontra

Jésus. Ils parviennent à Tibériade pour contempler l'endroit où Jésus demanda de l'eau à la Samaritaine. À Capharnaüm, ils visitent la maison de saint Pierre. Ils s'arrêtent longuement à Sébaste où repose Élie. Ce personnage retient leur attention à de multiples reprises. Au IXe siècle av. J.-C., il lutta contre les prêtres de Baal et s'opposa au roi Achab et à sa femme Jézabel. Il est le prophète le plus cité du Nouveau Testament, parfois considéré comme une préfiguration du Messie. Ils le retrouvent au gué du Jourdain, là où Jésus fut baptisé. Les pèlerins s'attardent au lieu de la multiplication des pains et contemplent « le suaire qui fut placé sur le front du Seigneur » qui leur est présenté par des religieuses. Direction Jéricho, ville qui « aux yeux des hommes semble comme un paradis ». Leurs guides leur montrent la maison de Rahab, des pierres apportées du Jourdain et l'arbre sur lequel Zachée grimpa pour voir Jésus comme le rapporte l'Évangile selon saint Luc (19, 1-10). Ils errent un moment dans un désert de cendres à l'emplacement de Sodome et Gomorrhe anéanties par Dieu. Ils passent à Béthanie, près du tombeau de Lazare. Au mont des Oliviers, ils méditent sur les corps de sainte Pélagie, la prostituée repentie, Jacques, Zébédée et Cléophas. Encore une halte à Gethsémani où Jésus fut arrêté et ils atteignent Jérusalem.

En voyant la ville, ils se prosternent et baisent le sol. La visite la plus importante est celle de l'Anastasis, près du Tombeau de Jésus « couvert d'argent sous des poutres d'or ». La pierre qui le fermait est « ornée d'or et de pierres précieuses ». Le lieu où reposa la tête du Christ est perpétuellement éclairé par une lampe de bronze. Nos pèlerins montent ensuite au Golgotha où ils croient voir des traces de sang sur le sol. Ils prient sur l'autel dressé à l'endroit où Abraham voulut sacrifier son fils. Ils passent ensuite au Martyrium où sont réunies les reliques de la crucifixion. Elles sont exposées dans l'atrium, là où fut posée la Croix après sa découverte par sainte Hélène. Ils voient le bois de la Croix, « nous l'avons adoré et baisé ». Sur une table repose le *titulus*, cette plaque où par dérision les bourreaux avaient inscrit « INRI ». Notre pèlerin s'en approche, « je l'ai vu, je l'ai tenu dans ma main et lui ai donné un baiser ». Il touche l'éponge portée à la bouche du Christ, le roseau qui lui avait été glissé dans les mains, le calice d'onyx de la Cène, la ceinture de Marie et « bien d'autres objets miraculeux ». Les visiteurs passent ensuite à la tour où David chanta le psautier. Ils atteignent la basilique de la Sainte-Sion « où sont de nombreuses merveilles » : la colonne de la flagellation, la couronne d'épines, les cailloux de la lapidation de Pierre, la lance avec laquelle le flanc de Jésus fut percé, la croix sur laquelle Pierre a été crucifié, le calice des apôtres...

En ce VIe siècle, Jérusalem est l'écrin de tous les objets de la Passion qui seront ultérieurement dispersés, achetés, volés ou détruits. Il y a la volonté de rassembler ici tout ce qui peut résumer l'histoire de l'Église. La croix de Pierre, qui devrait être à Rome, lieu de son martyre, est rapportée, mise aux côtés des souvenirs de la mort du Christ. La Ville sainte s'est imposée comme le cœur de la dévotion chrétienne. Le pèlerin y retrouve Jésus, ceux qui l'ont annoncé, ceux qui l'ont suivi.

Le pèlerinage se poursuit par Sainte-Marie-la-Neuve, église bâtie sous Justinien, et Sainte-Sophie, édifiée sur l'ancien prétoire. Y sont conservés le siège sur lequel était assis Pilate quand il condamna Jésus et une image du Christ peinte de son vivant. Notre visiteur fige le portrait de Jésus : « Il était d'une taille ordinaire, avec un beau visage, des cheveux bouclés, une belle main, de longs doigts. »

Ils dorment à Siloé, près des piscines et des souvenirs de saint Étienne et saint Georges. À Bethléem, la grotte où naquit Jésus est « ornée d'or et d'argent ; nuit et jour y brillent des lampes ». Juste à côté, ils se recueillent dans le champ où furent inhumés les enfants tués par Hérode. Ils parviennent à Mambré, où reposent Abraham, Isaac, Jacob, Sara et Joseph. Les corps sont dans une basilique fréquentée par les chrétiens et les juifs, chaque communauté disposant de sa porte pour y entrer. Les foules s'y pressent le lendemain de Noël. Les juifs sont particulièrement nombreux à offrir de l'encens. En quittant la ville, les voyageurs passent au lieu où David tua Goliath. Éleuthéropolis est le bourg où Samson, seulement armé d'une mâchoire d'âne, tua 1 000 hommes ; où Zacharie fut assassiné ; où Isaïe fut scié ; où Philippe baptisa un eunuque. Les corps de trois martyrs égyptiens reposent à Ascalon. À Gaza, les pèlerins prient sur les corps de saint Victor et saint Hilarion. Élusa se dresse aux portes du désert. Leur hôte leur raconte l'histoire fabuleuse d'une jeune fille dont le mari mourut le jour de leurs noces. Décidant de se vouer à Dieu, elle affranchit ses esclaves, distribua ses biens et entra dans le désert. Elle y serait toujours vivante, priant, faisant des miracles. Un des voyageurs abandonne ses compagnons pour la rencontrer, emportant avec lui des vivres et des vêtements. Il revient trois jours plus tard, les mains vides, incapable de faire part de son expérience. Il se contente de murmurer : « Malheur à moi, misérable, de quel droit me dire chrétien ? » Nous n'en saurons pas plus. Mais le groupe qui se dirige vers le Sinaï est fermement ébranlé.

Un monde de merveilles

Il l'est depuis qu'il est entré en Terre sainte. Ils avancent dans un autre monde. Ici, tout baigne dans la grâce divine. Cette terre, depuis les premiers prophètes, est terre de miracles. Elle a conservé le souvenir vivant du passage des hommes de Dieu. Dans le village de Saint-Étienne, près de Siloé, se dresse au milieu d'une route une colonne de marbre. Selon les habitants, elle aurait quitté Jérusalem portée par un nuage. Les Romains voulurent y lier Jésus pour le fouetter. Ne pouvant supporter d'être associée au martyre, elle préféra fuir. Depuis, elle est sur ce chemin, surmontée d'une croix, ornée de lumières et entourée d'encens. On y amène les possédés, qui, après l'avoir touchée, sont purifiés. Ce ne sont pas uniquement les éléments ayant été en contact, direct ou indirect, avec Jésus qui sont chargés de puissance. Toute la région rayonne d'un pouvoir merveilleux. Les pierres disent cette puissance. Au mont Carmel, on présente un caillou rond. Quand on l'agite, il bruisse des pas des prophètes. Posé sur le ventre d'une femme, il la préservera de toute fausse couche. L'église de la Sainte-Sion conserve des pierres qui furent touchées par Jésus. Celui qui les porte à son oreille entend un bruit, « comme le murmure d'une multitude d'hommes » ; ce sont les acclamations des juifs venus écouter le Messie qui sont conservées dans la pierre. C'est la matérialisation d'un passage de l'Évangile selon saint Luc (19, 40) : « Et il répondit : Je vous le dis, s'ils se taisent, les pierres crieront ! Et Jésus répondant, leur dit : Je vous dis que si ceux-ci se taisent, les pierres mêmes crieront. » La parole si souvent lue prend ici corps ; le miracle est au service d'une certification. La grâce divine ne concerne pas que ces quelques cailloux. Toute la nature est touchée.

Près de Jéricho, un champ a été travaillé par Jésus ; depuis « il donne jusqu'à trois boisseaux de semence qui est encore recueillie deux fois par an ». Partout, les récoltes sont remarquables. Les habitants de Jéricho ramassent des dattes pesant chacune au moins 500 g, des citrons de 20 kg, des haricots de 60 cm de haut. La région est « semblable au paradis avec du blé et des fruits comme en Égypte. Bien qu'elle soit petite, elle l'emporte sur l'Égypte pour le vin, l'huile et les fruits. Le millet est beaucoup plus grand que la normale, avec de grosses tiges dépassant la taille d'un homme ». Les pierres, le sol : tout dit la gloire de Dieu qui enrichit en dehors de toute logique naturelle. Le Ciel participe à cette glorification. Quand la croix est sortie pour une procession, une étoile apparaît dans le ciel et se tient toujours juste au-dessus d'elle.

Dans un tel climat, grande est la tentation pour les pèlerins de s'emparer d'une partie de cette puissance. Ils touchent tout ce qui peut les mettre en contact avec le divin. Sur la colonne de la flagellation, ils distinguent nettement les traces des mains et de la poitrine de Jésus. Quand il y fut attaché, la pierre, pour ne pas le blesser, se moula sur son corps et en a conservé l'empreinte. Les malades y viennent avec des morceaux de tissu de la longueur exacte de leur membre malade, jambe, bras, poitrine ou pied ; ils les posent sur la pierre puis se les appliquent au cou. Un transfert s'est opéré : Jésus a touché la colonne, y abandonnant une partie de sa puissance ; elle passe dans le tissu, puis, par la gorge, dans le corps souffrant. Le même partage s'opère en d'autres endroits. À Sainte-Sophie, un rite identique se pratique autour de l'empreinte du pied que Jésus laissa pendant son jugement. Tout objet ayant été en contact avec lui a ce don de miracle. À Cana, les pèlerins se couchent sur la table où il célébra les célèbres noces. À Nazareth, ils s'assoient sur la poutre où il avait pris place. Ils peuvent, sans effort, la soulever alors que c'est impossible pour un juif. À Gethsémani, ils s'étendent dans le lit qu'il occupa. À l'Anastasis, ils apportent de la terre, ils la posent sur le tombeau pour la conserver comme un puissant talisman. Au Martyrium, ils posent des fioles d'huile sur le bois de la croix ; le liquide se met à bouillir, preuve que la force divine y a pénétré. Toutes ses reliques sont liées au Christ. La Vierge n'intervient que dans une faible mesure. Ils embrassent ses vêtements à Nazareth et, à Zippori, s'assoient sur la chaise qu'elle occupait quand l'archange l'a visitée. Nulle précaution ne semble prise pour protéger ces objets. Ils sont touchés, caressés, embrassés. Rien ne doit entraver le transfert de puissance. Inutile ici de nous interroger sur leur origine et leur véracité, retenons seulement la force de la croyance, la quête du merveilleux, le désir du contact. Le pèlerinage est une expérience physique.

Dans cet acte de foi en l'intervention de Dieu en faveur des vivants, l'eau joue un rôle fondamental. On s'y baigne, on la boit : partout elle est le moyen facile de s'emparer de la grâce divine. Elle est douée d'une vie autonome qui prouve son efficacité. Quand le soleil se lève au gué du Jourdain, une nuée monte du fleuve pour se rendre à Jérusalem. Elle stationne au-dessus de l'église de Sion, de la basilique du Tombeau, de Sainte-Marie et de Sainte-Sophie. La pluie qui tombe doucement est précieusement recueillie ; on y cuit les aliments destinés aux malades des hospices. Cette croyance est l'illustration du Psaume (133, 3) où il est écrit : « C'est comme la rosée de l'Hermon, Qui descend sur les montagnes de Sion ; Car c'est là que l'Éternel envoie la bénédiction, La vie, pour l'éternité. » Près du tombeau de Rachel, il faut se rendre à une vasque d'eau immobile. Elle serait apparue lors de la Fuite en Égypte quand la Vierge eut soif. Depuis, on peut y puiser sans que le niveau baisse. Ces histoires sont innombrables. Elles disent que l'eau, élément de la vie, peut guérir.

Les malades sont amenés au puits de la Samaritaine à Tibériade, ils se lavent à la source de Cana et boivent à la fontaine bénie par Élisée près de Jéricho. Aux thermes d'Élie, près de Tibériade, ils passent toute une nuit dans les eaux chaudes. Si l'un d'eux a une vision, le site est fermé pour sept jours car la venue nocturne de Dieu a tellement empli le lieu qu'il faut le purifier et en laisser s'échapper une sorte de trop-plein d'énergie. Les lépreux sont couchés dans les Sources de Moïse à Livias sur la mer Morte. Les autres pèlerins se rendent à une source douce « que l'on boit comme purgatif et qui guérit beaucoup de maladies ». Les responsables de la fontaine de Siloé ont prévu un bassin pour les hommes, un pour les femmes ; « beaucoup de miracles se manifestent, en particulier les lépreux sont purifiés ».

Nous sommes face à une dévotion du recours, une quête du miracle, une recherche de la préservation. Les lieux fréquentés par Jésus, dans une moindre mesure par la Vierge, sont sacrés ; tout pèlerin rêve de bénéficier de la grâce qui en émane. Leur ferveur est telle que de véritables complexes pèlerins se sont développés sans que nous puissions déterminer leur date d'apparition. L'emplacement du baptême de Jésus dans le Jourdain est marqué par un obélisque entouré d'une grille et d'une croix plantée dans l'eau à laquelle on accède par un escalier de marbre. Le jour de l'Épiphanie, « la foule est immense ». Après les prières de matines, à l'aube, le clergé se présente en procession. Notre pèlerin assure qu'à ce moment, avec un rugissement, le fleuve remonte son cours pour former un mur d'eau au pied duquel l'onde se fige. Un prêtre s'avance pour bénir le site. Immédiatement après, les assistants se précipitent dans le fleuve pour remplir des récipients d'eau avec laquelle ils badigeonneront leurs bateaux ; d'autres y trempent le linceul dans lequel ils seront ensevelis. Sur un geste du prêtre, tous remontent sur la berge. Dès qu'il est lui-même sur le rivage « l'eau revient à sa place ».

Pour remercier Dieu, les pèlerins laissent d'innombrables ex-voto, manifestations d'actions de grâces et de prières. Dans l'Anastasis sont conservés « des bracelets, grands et petits, des colliers, des anneaux, des diadèmes, des ceintures arrondies, des baudriers, des couronnes impériales faites d'or et de pierres précieuses et les ornements d'une impératrice ». Autant de signes qui prouvent que Dieu accorde sa bénédiction à ceux qui l'aiment.

La certitude d'obtenir une guérison et de rencontrer le souvenir vivant de Jésus attire des milliers de pèlerins. Pour les recevoir, des hospices ont été construits à Tibériade ou Jérusalem. Les moines de Sainte-Marie-la-Neuve peuvent loger et nourrir 3 000 personnes. Ceux de Siloé offrent du pain aux pauvres et aux visiteurs. De nombreuses communautés religieuses assurent une continuité de la prière et de la louange. Leurs membres ne souhaitant pas quitter la Terre sainte, ils sont en contemplation des merveilles de Dieu. Au gué du Jourdain, les grottes sont occupées par sept vierges. Lorsque l'une d'elles meurt, elle est enterrée dans sa chambre et une autre vient la remplacer car leur nombre doit rester stable. Au mont des Oliviers ou près de Siloé, les pèlerins voient les « cellules des serviteurs de Dieu ». Un soir, nos pèlerins logent dans un « monastère ceint d'un mur où est rassemblée une multitude de moines ». Dans ces institutions, la vie semble hors du temps normal des hommes. Au monastère d'Élusa, les religieuses vivent avec un lion apprivoisé qui conduit au pâturage l'âne qui fait tourner le moulin. Encore une confirmation visuelle du texte biblique, puisque Ésaïe 65, 25 prophétise : « Le loup et l'agneau paîtront ensemble, et le lion mangera de la paille comme le bœuf. »

Égérie était venue dans les mêmes lieux deux cents ans auparavant. Quelle différence avec le pèlerin de Plaisance ! Elle était en quête de rituel et de liturgie ; il contemple le miracle et recherche le merveilleux. Leurs attentes ne sont pas les mêmes. Mais, plus que d'un changement de regard, c'est une transformation de l'espace que nous observons. Le christianisme est maintenant fermement établi. Il domine la Terre sainte, y impose ses rythmes et ses récits. La région attire des fidèles de proximité mais aussi des foules venues de loin. Elle peut les recevoir, répondre à leurs désirs, leur fournir l'occasion de toucher la grâce divine.

S'y rendre, c'est faire un voyage avec ses découvertes, car le pèlerin de Plaisance ne s'intéresse pas uniquement au religieux ; il est aussi un touriste. Il admire les femmes de Nazareth, toutes d'une exceptionnelle beauté : « Elles disent que cela leur a été accordé par sainte Marie, car elles disent qu'elle était leur parente. » Il s'amuse aux curiosités naturelles. Sur les bords de la mer Morte, « on ne trouve rien de vivant ; ni paille ni bois ne peuvent y flotter et aucun homme ne peut y nager ; mais tout ce qu'on y a jeté est englouti jusqu'au fond ». Il est sensible aux réalités sociales et aux rivalités entre les populations. Il est choqué par le comportement des Samaritains. Ils brûlent l'herbe foulée par les chrétiens et les juifs. Ils refusent que les clients touchent les objets qu'ils vendent et exigent qu'ils jettent leur argent dans un seau. Ils refusent tout contact, direct ou indirect. Ces désagréments sont peu de chose. La Terre sainte du pèlerin de Plaisance demeure la Terre de Dieu.

637
Omar, une conquête au nom de l'islam

> « Gloire à celui qui a fait voyager de nuit son serviteur
> de la Mosquée sacrée [La Mecque]
> à la Mosquée très éloignée [Jérusalem]. »

Après avoir semble-t-il combattu les amis de Mahomet, Omar ibn al-Khattâb (584-644) les rejoint, devenant un des plus proches compagnons du Prophète. À sa mort, il sert fidèlement le premier calife, Abou Bakr (573-634), puis prend sa succession. Il organise alors l'empire et, poursuivant la politique d'expansion de l'islam, entre en guerre avec l'Empire byzantin (636), les opérations militaires le mènent devant Jérusalem, qui, après un siège de six mois, tombe entre ses mains (avril 637).

Depuis plusieurs décennies, la cité est un enjeu important, clé du contrôle de la Palestine. En 614, les Perses s'en étaient emparé, détruisant l'église du Saint-Sépulcre et emportant chez eux la Croix du Christ. En 628, les Byzantins la reprirent et y firent revenir la Croix. Ils auraient expulsé les juifs, alliés des Perses. Omar est un conquérant parmi d'autres. Mais, immédiatement, les récits marquent sa différence. La conquête aurait été peu sanglante, le patriarche Sophrone (560-638) ayant préféré négocier quand il se rendit compte qu'il n'obtiendrait pas de secours.

Que faire de cette conquête ? Une simple capitale régionale ? Une place forte entre Damas et Le Caire ? Tout cela, et bien plus encore : une Ville sainte pour les musulmans, rattachée à la tradition du Voyage nocturne [Al-Isrâ'] et de l'Ascension (Al-Mi`râj) qui auraient eu lieu en 621.

Une ville vouée à l'islam

Alors qu'il dormait à La Mecque chez son oncle, près de la Ka'bah, Mahomet fut réveillé par l'archange Jibrîl (Gabriel) qui l'invita à un voyage fabuleux. Mais, avant de partir, il fallait se purifier. Il lui ouvrit la poitrine, sans qu'il ressente la moindre douleur, et la lava avec de l'eau de Zamzam. Se présenta alors Bouraq, un cheval ailé. Le premier arrêt fut pour Médine, lieu de refuge des musulmans après leur départ de La Mecque, le deuxième pour Maydan, ville natale du Prophète, le troisième au mont Sinaï, où Moïse rencontra Dieu, le quatrième à Bethléem où naquit Jésus ; enfin Jérusalem près du site de l'ancien Temple. Ce parcours fait le lien entre Mahomet et la longue famille des prophètes ; il crée un réseau dans lequel s'égrènent trois hauts lieux de l'islam (La Mecque, Médine et Maydan) et trois sites de la tradition biblique (Sinaï, Bethléem et Jérusalem). Pendant son voyage, il vit le monde pareil à une vieille femme ; il le regarda semblable à un soleil couchant ; il observa 'iblis, le génie du mal, errer sur les routes des hommes ; il sentit les arômes sortant des tombes des justes ; il médita sur ces hommes aux lèvres pincées, symboles de leurs mensonges et de leur impiété ; il pleura sur ceux qui allaient tels des animaux, nus, se disputant des viandes impures : les spectacles d'un monde à régénérer.

Avant de s'élancer vers le Ciel, depuis la *sakhra* (rocher de la fondation) de l'ancien sanctuaire de Salomon, l'union avec toutes les traditions se fit autour d'une prière. Mahomet se présenta en tant qu'imâm suivi des prophètes et des messagers de Dieu, Abraham, Moïse et Jésus. Il vit une échelle aux barreaux d'or et d'argent qui le mena au Ciel. Sept étapes pendant lesquelles Jibrîl le présenta aux gardiens et demanda qu'on leur ouvre les portes pour poursuivre leur progression. Les rencontres furent fabuleuses : Jibrîl sous sa forme véritable avec ses 600 ailes ; Mâlik l'ange de l'Enfer ; Al-Baytou l-Ma`môur, la maison céleste équivalente à la Ka'bah de La Mecque ; Adam ; Jésus ; Abraham le constructeur de la Ka'bah... Au septième Ciel, il parvint à sidratou l-Mountahâ, arbre fabuleux aux feuilles immenses et aux fruits pesants, dont les ramures sont constellées de papillons d'or. Il est arrivé au Paradis, le lieu de paix, de félicité et de joie. Là coulent des fleuves de miel pur et de lait. La félicité est vécue en son corps et son âme. Dans les champs purs circulent les serviteurs éternels, créés sans père ni mère, tenant des plateaux d'or ou d'argent entre leurs mains offertes. Au cœur de ce jardin se dresse al-`arch, le Trône porté par quatre anges monumentaux. Mahomet fut mis en présence de Dieu qui confirma l'importance de sa mission et lui ordonna des prières quotidiennes. L'Ascension est une manière de prouver le mérite de Mahomet. La sourate 17 proclame :

> Gloire à celui qui a fait voyager de nuit son serviteur de la Mosquée sacrée [La Mecque] à la Mosquée très éloignée [Jérusalem] dont nous avons béni l'enceinte, et ceci pour lui montrer certains de nos Signes. Dieu est celui qui entend et qui voit parfaitement.

Ce récit est sujet à bien des débats dans la communauté musulmane, même s'il est canonique. Les sages se sont disputés sur la durée du voyage pour se mettre d'accord sur un tiers de nuit. Certains assurent que Mahomet fit l'Ascension sur le dos du cheval ailé ; d'autres que l'archange l'aida à grimper les échelles étonnantes. D'autres ont mis en évidence l'influence de la tradition biblique, car Énoch et Ezra firent, en leur temps, de tels périples. Plus grave, les débats font émerger trois camps. Pour le premier, le Voyage est une vision. Le deuxième juge que le déplacement s'est effectué corporellement. Le dernier remet en cause la géographie des lieux visités.

L'organisation du culte

Les historiens s'interrogent sur l'opportunité de ce récit. N'est-il pas là pour valoriser Jérusalem ? Pour créer un lien avec La Mecque, qui pendant un moment échappe à Omar ? La Ville sainte aurait pu devenir un espace de repli symbolique. Cette hypothèse est d'autant plus vraisemblable que la mention explicite de Jérusalem ne semble dater que du VIIIe siècle avec les textes d'Ibn Ishaq (704-768), le grand historien des premiers temps de l'islam, considéré parfois comme celui qui a façonné la biographie de Mahomet avec sa *Biographie de l'Envoyé d'Allah* (*Sirât Rasûl Allah*). Malgré les questions, le Voyage nocturne et le site de Jérusalem s'ancrent dans la mémoire après l'intervention des croisés au XIe siècle, occasion de rappeler la nécessité de lutter contre les Francs pour des raisons religieuses. Il ne s'agit pas de libérer des territoires mais de sauver un espace destiné par Dieu.

Omar, l'ami de Mahomet, son fidèle général, se doit d'avoir une place dans cette épopée. Lui qui a « inventé » le pèlerinage de La Mecque est étroitement lié au voyage merveilleux. Mahomet a tracé une voie avec l'aide de Dieu, son successeur la rend visible, organise l'espace de la mémoire et crée les conditions du culte. L'a-t-il véritablement fait ou est-ce une construction ultérieure ? Aucun texte ancien n'en parle. Il n'est peut-être même jamais venu dans la ville. Des soldats auraient campé dans les parages trois ans avant le fameux siège. Les murailles auraient été tellement fragilisées qu'une attaque aurait été inutile. La ville aurait d'ailleurs pu devenir arabe dès 635. Qu'importe ! Une fois de plus, Jérusalem se révèle une terre de légendes qui entretiennent la foi. Ce sont elles que nous traquons.

Le pèlerinage d'Omar à Jérusalem en 637 est décrit par des textes tardifs. Le plus important est celui Raja ibn Haywa (660-730), conseiller des califes omeyyades Sulayman (675-717) et Umar ben Abd (682-720). Fait-il œuvre d'historien ? Rapporte-t-il des traditions ? Son récit est magistral car il définit une topographie du pèlerinage musulman. Prenons-le avec prudence, comme bien d'autres documents dans notre histoire qui s'écrit entre les faits et la mémoire, entre la réalité et la portée sacrée des légendes. Mais lisons-le comme une ode à la ville éternelle devenue musulmane dont l'organisation engage l'avenir.

En entrant dans Jérusalem, Omar s'arrête à la tour où David récitait les psaumes, tour antique qui accueillait depuis le ve siècle des moines. Le conquérant y prie toute la nuit. Au matin, il entonne la sourate 38 :

> Endure ce qu'ils disent ; et rappelle-toi David, Notre serviteur, doué de force [dans l'adoration] et plein de repentir [à Allah]. Nous soumîmes les montagnes pour qu'elles glorifient Allah, soir et matin, en sa compagnie, de même que les oiseaux assemblés en masse. Tous ne faisant qu'obéir à lui [Allah]. Et Nous renforçâmes son royaume et lui donnâmes la sagesse et la faculté de bien juger [...].
>
> Ô David, Nous avons fait de toi un calife sur la terre. Juge donc en toute équité parmi les gens et ne suis pas la passion : sinon elle t'éloignera du sentier d'Allah. Car ceux qui s'égarent du sentier d'Allah auront un dur châtiment pour avoir oublié le Jour des Comptes.

Dieu s'adresse au premier roi pour le rassurer et le conseiller. Omar se place dans cette filiation. La tour est le premier lieu sacré de l'islam de Jérusalem, un lien avec le fondateur de la ville. Une mosquée est construite au sommet, détruite par les croisés, elle sera rebâtie après 1187 ; mais la tour sera démantelée en 1239. Un édifice de 1310 redonnera un lieu de prière.

Après cette cérémonie, Omar rencontre Sophrone près de l'Anastasis. Le prêtre l'invite à y pénétrer, mais il refuse. Il se contente de dire une prière sur l'escalier qui y mène. Son geste manifeste son respect pour les chrétiens dont le sanctuaire ne saurait être violé. Il établit aussi une limite entre deux espaces de croyances. L'endroit est fondateur d'une pratique islamique : un oratoire y sera construit en 1193.

Troisième étape : le mont du Temple avec la *sakhra* (rocher) et le souvenir du sanctuaire de Salomon. Une légende veut qu'Omar fasse la visite en compagnie d'un juif yéménite converti, Kaʿb al-Ahbar. Une dispute éclate. Kaʿb souhaite que la prière soit faite sur le Rocher en direction de La Mecque, ce qui unirait judaïsme et islam, la *sakhra* et la Ka'bah. Omar réplique qu'il est hors de question que Jérusalem soit élevée au même rang que La Mecque. La nuit du Voyage, Mahomet était en avant du Rocher ; il est nécessaire de respecter cet emplacement. Après une prière, Omar s'avance vers un amas de décombres et dégage les fondations du Temple. Il décide d'y faire édifier la première mosquée de la ville.

Les gestes d'Omar, du moins tels qu'ils sont présentés des décennies plus tard, construisent un espace de vie à deux dimensions. Respect pour les cultes anciens, mais pas de mélange : l'Anastasis et les restes du Temple seront respectés ; l'islam aura ses propres lieux inscrits dans la tradition mais sans risquer la contamination. Les populations sont comprises dans cette répartition. Omar serait l'inventeur de la *dhimma*, le statut de protection des gens du Livre, juifs et chrétiens, qui, en échange d'un statut légal et de libertés, se reconnaissent dépendants et, à ce titre, paient un impôt spécifique, la *jizya*.

Le pèlerinage d'Omar inscrit Jérusalem dans l'espace islamique. La ville fait office de trait d'union avec Salomon. Encore faut-il matérialiser cette alliance. Omar aurait lancé les travaux du Haram al-Sharif (« Noble Sanctuaire ») ; en fait, l'investissement du mont du Temple pour lui donner une géographie islamique est plus tardif. La réalisation du Dôme du Rocher est confiée à Raja ibn Haywa, celui qui a fixé l'histoire d'Omar. Il n'y a pas de hasard. L'édifice, achevé en 691, est pensé comme l'aboutissement de la foi juive et chrétienne. Il est aussi dressé face à l'Anastasis des chrétiens. Il est reconstruit en 1022 puis rénové en 1089, 1318, 1448, 1830, 1874, 1962 et 1994. Son style byzantin et perse frappe les imaginations. Le voyageur al-Muqaddasi (945-1000), qui se présente comme hiérosolymitain (celui qui est né à Jérusalem), en loue la beauté insurpassable. Lui qui a été à La Mecque (967), a parcouru le bassin méditerranéen et a visité les déserts de l'Afghanistan n'a jamais rien vu d'aussi beau.

En face est édifiée une mosquée. Elle fut longtemps uniquement en bois. Le pèlerin chrétien Arculfe, qui visite Jérusalem vers 680, remarque :

> Par ailleurs, dans ce lieu fameux où le Temple avait été magnifiquement bâti, à proximité du mur situé à l'est, les Sarrasins ont maintenant fabriqué une maison de prière rectangulaire, construite sans beaucoup de soin avec des planches dressées et de grandes poutres sur les restes de quelques ruines et ils la fréquentent. Or, cette maison, à ce qu'on rapporte, peut recevoir trois mille personnes.

La mosquée al-Aqsa en pierre ne date que de 705-715 ; des centaines de colonnes sur quatorze rangées dans un édifice orienté vers La Mecque. Détruite par les tremblements de terre de 749 et 1034, elle est reconstruite avec une forme rectangulaire.

Jérusalem la musulmane voisine avec les souvenirs juifs et chrétiens. La cohabitation n'est pas facile. En 634, Sophrone se plaint que les chrétiens ne puissent pas célébrer paisiblement Noël à cause de la présence de gardes armés devant les sanctuaires. L'histoire de la sacralité plurielle de Jérusalem s'achève avec le pacte d'Omar (711), document officiel qu'aurait donné le calife Umar ben Abd pour régler la situation des religions monothéistes dans la cité. Son authenticité est sujette à caution, d'autant plus que la version la plus ancienne ne date que du XIIe siècle, sous la plume du philosophe andalou Turtushi (1059-1126), donc dans le climat de reconquête face aux croisés en Terre sainte et de défense des intérêts musulmans dans la péninsule hispanique. Montrer la tolérance de l'islam est une arme politique évidente. Ces arguments ne peuvent être avancés officiellement. Les commentateurs préfèrent expliquer que la convention serait la compilation de dispositions prises au fil des événements. À moins qu'elle ne soit la reprise des clauses de la reddition de Jérusalem en 637. Les chrétiens s'engagent :

> Nous ne construirons plus dans nos villes et dans leurs environs, ni couvents, ni églises, ni cellules de moines, ni ermitages [...].
>
> Nous tiendrons nos portes grandes ouvertes aux passants et aux voyageurs. Nous donnerons l'hospitalité à tous les musulmans qui passeront chez nous et les hébergerons durant trois jours.
>
> Nous ne donnerons asile, ni dans nos églises ni dans nos demeures, à aucun espion.
>
> Nous ne cacherons rien aux musulmans qui soit de nature à leur nuire.
>
> Nous ne manifesterons pas publiquement notre culte et ne le prêcherons pas. Nous n'empêcherons aucun de nos parents d'embrasser l'islam, si telle est sa volonté.

> Nous ne chercherons point à leur ressembler, sous le rapport des vêtements, par la calotte, le turban ou les chaussures, ou par la manière de peigner nos cheveux.
> Nous nous tondrons le devant de la tête. [...]
> Nous ne ferons point paraître nos croix et nos livres sur les chemins fréquentés par les musulmans et dans leurs marchés. Nous ne sonnerons la cloche dans nos églises que très doucement [...].

Le pèlerinage d'Omar est-il une réalité ? Inutile de se poser la question. Le récit, même tardif, est doublement fondateur. Il instaure une vie commune entre les trois monothéismes dans la Ville sainte. Ils ne sont pas égaux mais méritent respect et protection. Les trois religions continueront à cohabiter, parfois à s'ignorer, même si leurs fondations sont communes. L'histoire crée aussi un espace musulman dans une cité qui, jusque-là, en était dépourvu. Elle se dote de monuments qui donnent une nouvelle signification à des sites connus. L'islam n'invente pas, il ne crée pas d'espaces nouveaux, il n'édifie pas de mosquée sur des sites vierges. Tout en respectant les hauts lieux qui existent, il trouve sa place sur le mont du Temple et dans les rues. Il crée un pèlerinage qui, depuis le VIIe siècle, est devenu une pièce majeure de la piété musulmane.

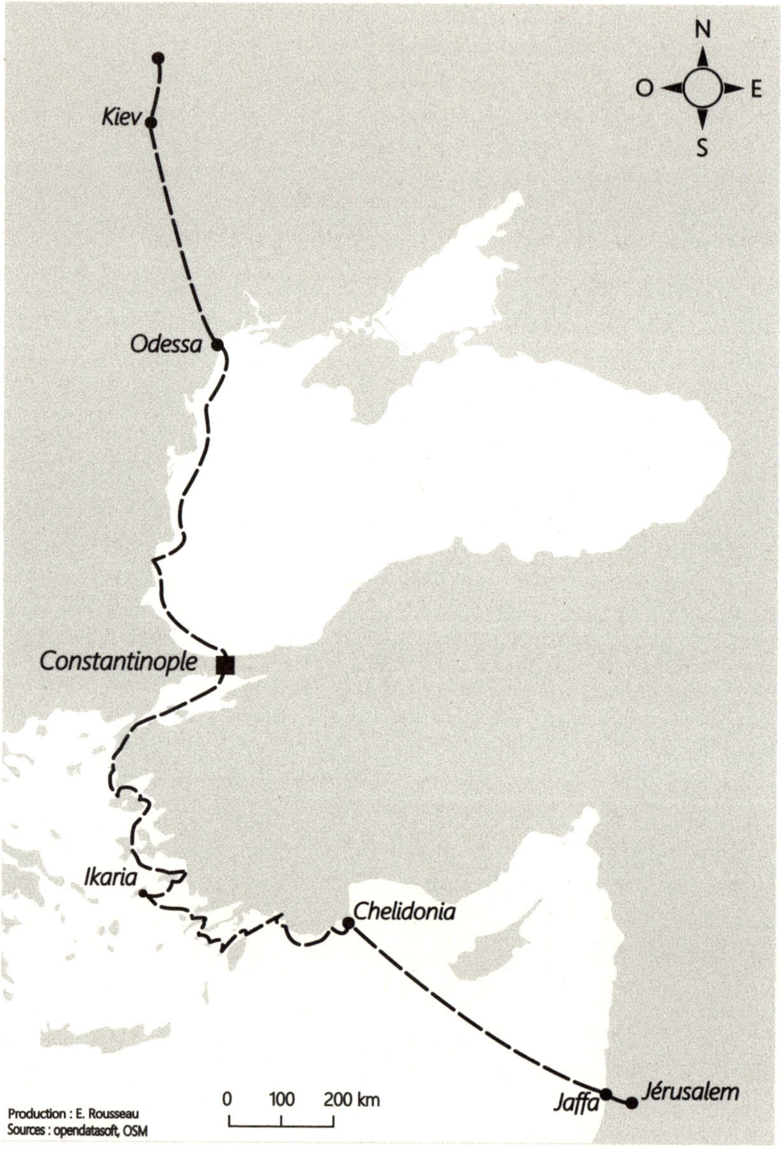

Le voyage de l'higoumène Daniel en 1106

1106
L'higoumène Daniel
dans la ville redevenue chrétienne

« Personne ne peut s'empêcher de pleurer en voyant
cette terre si désirée et ces lieux saints
où le Christ, notre Dieu, souffrit la Passion
pour la rémission de nos péchés. »

Higoumène Daniel : qui se cache derrière ce nom ? Le titre d'higoumène est, dans le christianisme orthodoxe russe, le prieur d'un monastère. Mais d'où vient Daniel ? A-t-il vécu dans la province de Tchernigov, aujourd'hui située en Ukraine ? Depuis le VIIe siècle s'y épanouit une riche principauté. Est-il évêque d'Itourev, dans la principauté de Kiev ? Nul ne le sait.

On n'en connaît pas davantage sur ce qu'a été son existence. Il apparaît dans l'histoire en 1105 et n'y reste que quelques mois, que nous connaissons par le récit de son voyage. Le moment est particulier. La première croisade, lancée en 1095 par le pape Urbain II, a débouché sur la prise de Jérusalem le 15 juillet 1099. Le 22 juillet, Godefroy de Bouillon a été élu avoué du Saint-Sépulcre. À sa mort, en 1100, lui succède son frère Baudouin de Boulogne (1065-1118). Destiné aux ordres, il a abandonné cette carrière pour celle des armes. Il a guerroyé d'abord dans les Ardennes pour défendre les prétentions familiales puis, en octobre 1097, il prend part avec ses deux frères au siège d'Antioche. Après avoir aidé Thoros, seigneur d'Édesse, il devient son successeur et affermit sa position en épousant une Arménienne. Parfaitement accepté par les populations chrétiennes, tous en font le rempart armé contre les musulmans. Devenu roi de Jérusalem, il renforce l'emprise franque sur la côte, s'emparant de Césarée (1101) et de Saint-Jean-d'Acre (1104). Lorsque Daniel le rencontre, il a une excellente réputation, celle d'un homme saint, courageux et opiniâtre. Plus tard, il se révélera prêt à tout pour consolider son pouvoir. En 1113, il répudiera son épouse et l'enverra dans un couvent, pour épouser la fille du comte de Sicile, s'assurant ainsi le soutien de sa flotte et mettant la main sur une superbe dot. Le pape ne reconnaissant pas son divorce, il sera considéré bigame et mourra avant d'être excommunié.

Un voyage ponctué de merveilles

Lorsque Daniel surgit grâce à ses écrits, il est à Byzance. Il y a rencontré « un saint homme très âgé et très versé dans les Écritures ». Encore un mystère, car on ne sait ni qui il est ni comment il se nomme. Celui-ci devient le guide avisé et attentif de notre higoumène.

Pour gagner la Terre sainte, ils empruntent la voie la plus rapide : la mer. Ils embarquent et naviguent lentement vers le sud en longeant les côtes de l'actuelle Turquie. Leur navire fait relâche dans de multiples îles. Daniel décrit la récolte du thymiame (encens) à Myre, les vignobles de Chios, l'embarquement du souffre de Télos, les riches pêches de Samos… Dans son récit, nulle trace des musulmans ou de la concurrence entre États latins pour le contrôle des îles. La Méditerranée est une mer chrétienne, marquée par la souffrance des martyrs et les grâces octroyées par le Ciel. Les saints à avoir donné leur vie pour le Christ sont innombrables : Euthyme à Abydos, Avnoudimos en Crète, le Saint Métropolite à Mytilène, Isidore à Chios, Timothée à Éphèse, Nicolas à Myre, Barnabé, Zénon, Philagrios et « un nombre infini de reliques » à Chypre.

Ce catalogue de stations saintes est une occasion de rencontrer le miracle. Près d'Héraclée, des eaux bouillonnantes attirent l'attention des curieux depuis longtemps. Strabon (63 av. J.-C-23) attribuait ce phénomène à une remontée d'asphalte comme cela se remarque aussi entre l'île de Proconnèse et la Thrace. Refusant cette explication naturelle, Daniel l'assimile à un miracle : « L'huile sainte sort des profondeurs de la mer, car beaucoup de saints martyrs y furent noyés par les bourreaux. » Qui sont ces martyrs ? S'agit-il de Théodore le Stratilate, ce mégalomartyr membre de la cohorte de la douzaine de Grands Martyrs vénérés par les orthodoxes ? Officier courageux, il avait reçu le gouvernement militaire d'Héraclée. Chrétien convaincu, il fit détruire les idoles et distribuer les trésors des temples aux plus pauvres. L'empereur Licinius le condamna à mort. Arrêté et torturé, il fut crucifié. Mais la mort ne voulut pas de lui. Furieux, les païens le décapitèrent en 319. Nulle trace de noyade dans les récits hagiographiques. À moins que notre voyageur ne pense au groupe des quarante vierges mises à mort au IVe siècle qui eurent la tête tranchée et furent brûlées ; là aussi, les sources ne disent rien d'une noyade. Il est inutile de vouloir prendre notre témoin en défaut. Il est probable qu'au XIe siècle circulent des traditions divergentes, que l'oralité apporte des histoires qui nous demeurent inconnues. Nous devons rester à ses côtés, comprendre comment sa foi transforme le paysage en un livre où se lisent l'Histoire sainte, la vie des premiers chrétiens et leurs épreuves. Daniel ne traverse pas un paysage, il parcourt des merveilles rendues visibles.

Il s'arrête longuement à Éphèse où il prie devant l'icône de la Vierge qui aurait permis de confondre l'hérétique Nestorius.

Il s'attache au souvenir de Jean le Théologue, plus connu sous le nom de l'apôtre Jean. Tous les ans, le 6 mai, une poussière sacrée suinte de son tombeau et « les croyants la recueillent comme un remède contre toutes les maladies ». L'higoumène se rend également à la grotte des Sept Dormants. Selon la tradition, sept officiers chrétiens fuyant les persécutions de l'empereur Dèce distribuèrent leurs biens aux pauvres avant de se cacher dans la montagne. Un merveilleux sommeil les endormit. Découvrant leurs corps, les Romains les emmurèrent. En 418, ils se réveillèrent miraculeusement, preuve, pour les chrétiens, de la résurrection des morts. Daniel sait-il que cette histoire fut racontée pour la première fois en 448 par Étienne, l'évêque d'Éphèse ? On venait juste de découvrir des restes humains dans une grotte. Pour éviter toute hérésie, le prélat les avait immédiatement christianisés. Daniel sait-il que certains musulmans estiment que l'expression *Ahl al-Kahf* (« gens de la caverne ») de la sourate 18 du Coran fait référence à ces dormants ?

À Chypre, Daniel escalade « la montagne sur laquelle sainte Hélène érigea une croix [pour] chasser les démons et guérir toutes sortes de maladies ». Elle l'aurait faite dans le bois d'un cyprès « en y enfermant un des clous sacrés du Christ ». Depuis, les foules y accourent car « de grands miracles s'opèrent jusqu'à présent en ce lieu et près de cette croix ». Le site est merveilleux. Daniel assure avoir contemplé « cette croix suspendue en l'air sans que rien ne la rattache à la terre ; c'est le Saint-Esprit qui la soutient dans l'espace. Moi, indigne, j'ai adoré cette chose sainte et miraculeuse, et vu de mes yeux de pécheur la grâce divine reposant en ce lieu ».

Daniel ne voyage pas, il suit un long cheminement pieux marqué par la présence de témoins et de preuves. Témoins, tous ceux qui ont prié Jésus, accepté de se séparer de leurs biens pour lui et accepté la mort. Ce parcours fait de sainteté est une antichambre à la découverte des Lieux saints.

Ayant débarqué à Jaffa, il progresse sur une route difficile. Comme tous les pèlerins, il redoute les raids de bandits : « Personne ne peut aller de Jérusalem au lac de Tibériade sans escorte. Les Sarrasins impies massacrent les chrétiens qui se rendent du mont Thabor à Nazareth, et l'on ne peut visiter le Liban à cause des Infidèles. Le pèlerin qui atteint enfin le but tant espéré jouit donc pleinement de la vision qui s'offre à lui. » L'emprise franque dans la région n'est pas encore assurée ; il l'accepte, car le danger fait partie du pèlerinage.

La grâce donnée aux orthodoxes

Arrivé à un col, Daniel contemple enfin Jérusalem d'où émerge la tour de David et où se devine le mont des Oliviers. Un kilomètre avant d'y arriver se trouve

> une montagne aplanie ; c'est là que tout le monde descend de cheval et, faisant le signe de la croix, adore la sainte Résurrection en vue de la ville. Tout Chrétien éprouve alors une joie immense à l'aspect de la sainte cité de Jérusalem, et des larmes sont versées par les fidèles. Personne ne peut s'empêcher de pleurer en voyant cette terre si désirée et ces lieux saints où le Christ, notre Dieu, souffrit la Passion pour la rémission de nos péchés ; et tous se dirigent à pied vers Jérusalem avec grande allégresse.

Il est joyeux. Entonnant les chants les plus fervents, les pèlerins « entrent dans la ville de Jérusalem en passant par la porte qui se trouve près de la maison de David : cette porte fait face à Bethléem et se nomme la porte de Benjamin. À l'entrée de la ville, il y a une route qui la traverse, qui conduit vers la droite au Saint des Saints, et vers la gauche à l'église de la Sainte Résurrection qui contient le Saint-Sépulcre ».

Nul ne doit ignorer qu'il est dans un territoire divin où le sacré donne un goût merveilleux à tout. Le site naturel est particulièrement hostile, « endroit absolument dépourvu d'eau » ; les habitants doivent se contenter des rares pluies. Pourtant, ils vivent dans l'opulence : « Le blé vient bien dans cette terre pierreuse, manquant de pluies mais, grâce à la volonté et à la miséricorde de Dieu, le froment et l'orge s'y produisent en abondance : on sème une mesure et l'on en récolte quatre-vingt-dix et jusqu'à cent ; la bénédiction de Dieu ne repose-t-elle pas sur cette sainte terre ? » La question n'est qu'un artifice littéraire. La réponse est évidente pour Daniel : la bonté divine marque ces lieux. Le sol même est béni. Dieu fait de ce site le lieu du miracle.

Il commence alors une interminable litanie des églises, car la Terre sainte est une géographie complexe parsemée d'innombrables lieux révélés par le merveilleux. Entre Jaffa et Jérusalem se dresse le tombeau de saint Georges : « Il y a beaucoup de sources en ce lieu, près desquelles les pèlerins viennent se reposer. » Un peu plus loin, sur le mont Armathem, le voyageur prie sur le tombeau du prophète Samuel, de son père Elkan et de Marie l'Égyptienne. Près des murailles de Jérusalem, l'église Saint-Étienne marque l'emplacement où le saint fut lapidé : « Là se trouve aussi une montagne pierreuse aplanie qui s'est fendue lors du crucifiement du Christ ; ce lieu se nomme l'Enfer. »

En ces lieux, Daniel passe sans cesse de l'émotion religieuse à l'étonnement esthétique. Dans l'église de la Résurrection, il s'extasie : « Sous le plafond, au-dessus des tribunes, les saints prophètes sont représentés en mosaïque comme s'ils étaient vivants ; l'autel est surmonté d'une image du Christ en mosaïque. Dans le grand autel, on voit une exaltation d'Adam en mosaïque, et la mosaïque de la voûte représente l'Ascension de Notre Seigneur. Une Annonciation en mosaïque occupe les deux piliers placés aux deux côtés de l'autel. »

Le cœur de son pèlerinage est le Saint-Sépulcre :

> C'est une petite grotte taillée dans le roc, ayant une entrée si basse qu'un homme peut à peine y pénétrer à genoux et en se courbant. [...] Lorsqu'on a pénétré dans cette grotte par la petite entrée, on voit à droite une espèce de banc taillé dans le roc de la grotte, et c'est sur ce banc sacré, actuellement recouvert de dalles en marbre, que reposa le corps de Notre Seigneur Jésus-Christ. [...] Cinq grandes lampes à huile, brûlant continuellement nuit et jour, sont suspendues dans le sépulcre de Notre Seigneur. [...] Devant l'entrée de la grotte, à trois pieds de distance, se trouve la pierre sur laquelle était assis l'Ange qui apparut aux Femmes et leur annonça la résurrection du Christ. La sainte grotte est revêtue extérieurement de beau marbre. [...] Elle est surmontée d'une belle tourelle reposant sur des piliers et se terminant par une coupole, recouverte d'écailles en argent doré et qui porte sur son sommet la figure du Christ en argent d'une taille au-dessus de l'ordinaire.

La précision de la description est au service d'une mission : impliquer le lecteur dans un espace où vont se dérouler des merveilles. Nul ne doit ignorer que le lieu de la croix est le « centre de la Terre ». Toute l'histoire humaine s'y résume :

> Au milieu, sur le sommet du roc, est pratiquée une fente d'une coudée de profondeur et de moins d'un pied à l'entour, c'est là que fut érigée la Croix de Notre Seigneur. Au-dessous de ce roc gît le crâne du premier homme, Adam ; lors du crucifiement de Notre Seigneur, quand il rendit l'esprit sur la Croix, le voile du Temple se déchira et les pierres se fendirent, et ce roc s'entr'ouvrit au-dessus du crâne d'Adam, et le sang et l'eau qui sortaient du côté du Christ se répandirent par cette crevasse sur ce crâne, et lavèrent les péchés du genre humain. [...] Près de là se trouve l'autel d'Abraham, sur lequel il offrit son sacrifice à Dieu et immola un bélier à la place d'Isaac ; le lieu où fut conduit Isaac est le même où le Christ a été amené en holocauste et immolé pour le salut de nous autres pécheurs.

Comment rester insensible ? Daniel ne le peut pas. Il le peut d'autant moins qu'il contemple le miracle de l'apparition de la Lumière dans le Tombeau. Il se décrit « mauvais et indigne serviteur ; car j'ai véritablement vu, de mes propres yeux de pécheur, comment cette sainte lumière descend sur le tombeau vivifiant de Notre Seigneur Jésus-Christ ». Le Vendredi saint, après les vêpres, toutes les lampes du Sépulcre sont soigneusement nettoyées. Remplies d'huile pure, elles sont pourvues de mèches mais demeurent éteintes. Le Tombeau est alors fermé et ses entrées marquées du sceau du roi de Jérusalem. Chacun attend le miracle : l'allumage inexpliqué des lumières.

Souhaitant être aux premières loges, Daniel se rend chez le roi Baudouin qu'il salue très dignement. Il semble que le roi le connaisse et le considère comme un représentant des princes russes au nom desquels il parle à plusieurs reprises. Est-il une sorte d'ambassadeur ? S'agit-il d'un rôle officiel ou d'un statut qui lui est donné par des Francs soucieux de trouver des alliés ? Impossible de répondre. Une chose est certaine : Baudouin écoute les suppliques de Daniel, qui endosse ce rôle de plénipotentiaire. C'est donc au nom « de toute la terre russe » qu'il demande à ce que sa lampe soit accrochée dans le Sépulcre, ce qui lui est accordé. Il achète « une très grande lampe en verre » et court vers l'église. Le soir tombe mais à force de frapper à la porte, l'économe du sanctuaire lui ouvre. Après une discussion houleuse, il finit par céder aux ordres du roi. Daniel est invité à se déchausser avant d'entrer dans le Saint des Saints. Seul en ce lieu, il se laisse envahir par l'émotion ; il « adore et baise avec componction et avec des larmes de piété ce saint lieu, où repose le corps de Notre Seigneur Jésus-Christ ». Avec un infini respect, il pose sa lampe « là où étaient les pieds sacrés de Notre Seigneur Jésus-Christ ». Il est conscient de la place insigne qu'occupent les orthodoxes, grecs ou russes, en ces lieux. Avant de quitter le Sépulcre, il voit leurs cierges s'allumer un instant, mystérieusement, alors que « ceux des Francs, suspendus au-dessus, ne prirent pas feu ».

À nous de deviner le sourire qui naît sur ses lèvres et la bouffée d'orgueil qui l'assaille. Les Francs ont conquis Jérusalem mais Dieu aime les orthodoxes. Comme quoi la plus intense dévotion ne fait pas oublier la plus prosaïque fierté nationale.

Le lendemain, à 6 heures du matin, la foule s'assemble devant les portes de l'église, y compris des musulmans tant la quête du merveilleux efface les barrières confessionnelles : « La presse devient terrible et l'angoisse si grande que beaucoup de personnes sont étouffées dans cette masse compacte qui se tient avec des cierges non allumés à la main et attend que l'on ouvre les portes. » Seuls quelques prêtres sont à l'intérieur. Rien ne peut se faire tant que le roi n'est pas présent. Il tarde car il a du mal à progresser au cœur de la foule. À 7 heures, dès que la porte est ouverte, fidèles et curieux se précipitent ; chacun se bouscule, tente de gagner une bonne place, la foule glisse sur les galeries, envahit les couloirs. Tous les espaces sont occupés : « Tout est plein d'un monde infini. » Les regards se tendent vers le Tombeau en quête de la première lumière. En vain. Tout reste sombre. Le silence se suspend pendant quelques instants. Puis retentissent les cris : « Dieu aie pitié de nous ! » Les murs résonnent de cette clameur qu'accompagnent les pleurs et le corps en délire. Les uns se déclarent pécheurs, les autres implorent le pardon, d'autres encore confessent les pires péchés. Ce n'est qu'un cri de désespoir et d'espoir ; désespoir en regardant le passé de chacun et l'accumulation des fautes commises ; espoir dans l'attente d'un signe. Baudouin lui-même est saisi d'émotion ; il a « une contenance contrite et grandement humiliée ; des torrents de larmes coulent de ses yeux ». L'intensité dévote se calme assez pour que le roi fasse signe à quelques religieux, dont Daniel, de s'avancer vers le Sépulcre. Il est 8 heures quand ils commencent à chanter les vêpres ; Latins et Grecs ne réussissant pas à s'entendre sur les mélodies, un capharnaüm sonore s'installe sans que cela semble gêner la ferveur. Les cœurs sont au-delà, vers le possible miracle. Mais, lorsque l'évêque s'approche du Sépulcre, aucune lampe ne brille. Les suppliques redoublent : « Seigneur, aie pitié de nous ! » Dans toutes les langues les prières s'élèvent. À 9 heures, toujours aucune lumière.

Soudain, un nuage s'arrête au-dessus de l'église. Le silence se fait, les yeux scrutent le ciel qui s'ouvre sur une petite pluie qui trempe l'assistance : « Ce fut alors que la sainte lumière illumina soudain le Saint-Sépulcre, brillant d'un éclat effrayant et splendide. » Les lampes qui attendent depuis la veille se sont enfin allumées sans qu'aucune main humaine soit intervenue. Le silence est d'une densité précieuse, la foule si disparate communie face à ce qu'elle considère comme une manifestation sacrée. Les assistants ne sont plus à Jérusalem mais dans tous les passages bibliques où Dieu se manifeste par le feu. Ils ne sont plus latins ou grecs, français ou russes : ils sont les membres d'une même famille de croyants.

L'évêque, assisté de quatre diacres, brise les sceaux, ouvre les portes et allume un grand cierge aux lumières apparues. La flamme n'est pas ordinaire : « Elle brûle d'une façon merveilleuse et d'un éclat indescriptible et rouge comme le cinabre. » Solennellement, il le remet au prince. Dans une posture hiératique, il tient le luminaire auquel sa suite vient allumer ses cierges. Le silence se fissure, le calme se crevasse. Les mouvements recommencent. Chacun se presse avec un cierge vers ceux qui en ont un allumé.

Le fait est connu de tous les pèlerins. Les interprétations divergent. Certains assurent avoir vu le Saint-Esprit incarné en une colombe virevolter autour des mèches, d'autres ont remarqué un éclair foudroyant les candélabres. Daniel balaie ce qu'il prend pour des fables. Pour lui, « c'est la grâce divine qui descend invisible du Ciel ». Témoin du miracle, visiteur des Lieux saints, il sent que son pèlerinage peut prendre fin.

Il loue le Ciel d'avoir vu tant de merveilles :

> Protégés par la bonté divine et gardés par les prières de la sainte Vierge, nous visitâmes sans aucun encombre toute la Palestine, dont toute la contrée autour de Jérusalem porte le nom. Raffermis par l'aide de Dieu, nous avons été dans tous ces lieux, sans rencontrer nulle part ni mécréants, ni bêtes féroces [...] je me sentais soutenu par la grâce divine et raffermi par la force du Très-Puissant.

En reprenant la route vers le nord, Daniel quitte notre histoire. Nul ne sait où repose son corps. Il ne disparaît pourtant pas totalement. Il laisse un exceptionnel témoignage. Son récit est une des plus anciennes chroniques russes. Son succès est immense. Il est imprimé dès 1475 et, en vingt-cinq ans, cinq éditions sont données. Certes, quelques erreurs topographiques n'en font pas un guide de voyage exact. Mais il demeure un document exceptionnel. Daniel aimerait qu'il soit utile. Il professe sa bonne foi :

> Il n'y a que les hommes sages et croyants qui ajoutent pleinement foi à la vérité de cette narration, et écoutent avec ravissement les détails concernant ces saints lieux. Quant à mes récits et à mon infime personne, Dieu et le Saint-Sépulcre de Notre Seigneur m'en sont garants, ainsi que tous mes compagnons venus de la Russie, de Novgorod et de Kiev.

Bien qu'ayant rencontré de nombreux compatriotes en Palestine, il sait que le voyage est si coûteux et dangereux que peu le feront. Pourtant, les grâces à gagner au Sépulcre sont fondamentales. Daniel veut les partager en proposant un pèlerinage immobile. Lire est une occasion d'approcher les Lieux saints, d'éloigner de soi les doutes et d'approfondir sa foi :

> Que la bénédiction de Dieu, du Saint-Sépulcre et de tous les saints lieux soient avec ceux qui liront ce récit avec foi et amour ! Qu'ils obtiennent de Dieu la même récompense que ceux qui ont fait le pèlerinage de ces saints lieux. Bienheureux ceux qui, ayant vu, croient ; trois fois bienheureux ceux qui croient n'ayant pas vu !

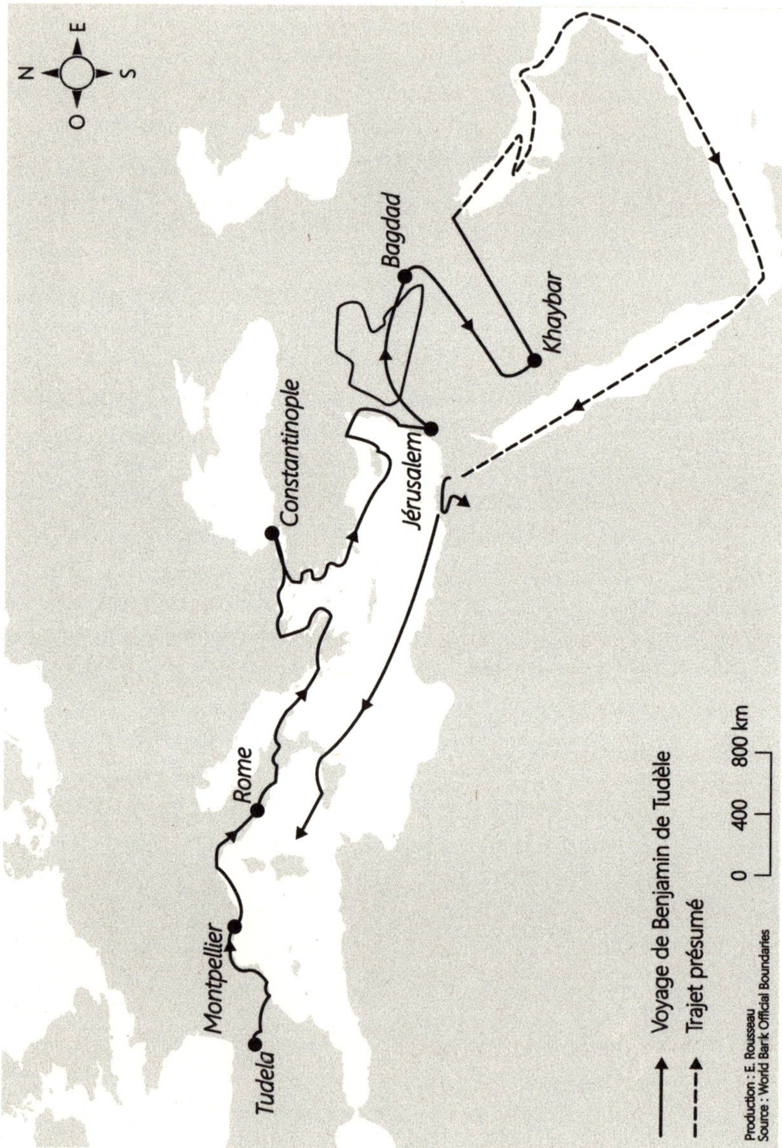

Le voyage de Benjamin de Tudèle en 1170

1170
Benjamin de Tudèle en quête de la puissance juive

« L'Éternel ne veux pas que les hommes voient ces choses. »

Encore un pèlerin nimbé de mystères. Il apparaît dans un bassin méditerranéen où la vie des juifs est de plus en plus difficile. Les Almohades, qui gouvernent le Maghreb, les chassent vers Gênes, la Sicile, l'Égypte ou Jérusalem. Beaucoup d'autres fuient l'Espagne. La famille du célèbre théologien Maïmonide (1138-1204) quitte Cordoue pour Fès puis l'Égypte.

C'est dans ce climat que Benjamin de Tudèle (1130-1173) commence son voyage. Il demeure mystérieux. Est-il teinturier ? Commerçant en pierres précieuses ? Étudiant cherchant à maintenir le contact avec les écoles juives ? Envoyé des communautés juives pour chercher des secours financiers ? Espion parti mesurer la possibilité d'un retour à Jérusalem ? Enquêteur soucieux de dénombrer les communautés juives d'accueil quand celles d'Europe se sentent menacées ? Nous ne saurons sans doute jamais pourquoi Benjamin entreprend cet interminable voyage et nous n'avons pas plus de précisions sur la date exacte de son départ de sa Navarre natale : 1159 ou 1161 ? Ces doutes s'accumulent si l'on observe de près ses déplacements. Est-il véritablement allé en Asie occidentale et en Europe centrale comme il le prétend ? Malgré les questions, le récit qu'il laisse de ses pérégrinations, *Livre des voyages* (*Sefer ha-Masa'ot*), aussi appelé *Les Voyages de Benjamin* (*Masa'ot Binyamin*), est essentiel. Écrit en hébreu, il est traduit en latin, en français puis dans presque toutes les langues européennes. Ce n'est pourtant pas un livre de géographie, mais un itinéraire jalonné d'étapes avec la mention de 300 villes. C'est, surtout, une ode à la diaspora, à la vitalité d'un monde juif bien vivant.

Un monde multi-confessionnel

Benjamin est né à Tudèle, ville reprise aux musulmans en 1121 où la communauté juive est prospère et active, son statut étant reconnu par des *fueros* (charte de privilèges royaux). Son père, Jonah, est un rabbin respecté. Lui-même est un rabbin loué pour sa connaissance de la Torah et de la Halakha. Il quitte l'Espagne et gagne la France. À Marseille, il s'embarque pour l'Italie où il visite Gênes, Lucques, Pise et Rome. Il continue par la Grèce, séjourne à Byzance, parcourt la Syrie et le Liban. Il approche de la Terre sainte. Il insiste sur l'extrême diversité des peuples rencontrés. Les Siaoniens ou Dogziens sont un « peuple sans religion qui habite sur de hautes montagnes et dans les cavernes. [...] Ils sont plongés dans le vice et se marient avec leurs propres filles ». Il hésite sur la judaïté des Samaritains aux complexes règles matrimoniales. Partout, il compte les juifs : 150 à Gebal, 50 à Birot, 20 à Sidon, 400 à Tyr, 200 à Akdi ou Acco, 10 à Césarée, 1 à Luz... Il s'attriste des innombrables bourgs où il ne rencontre aucun coreligionnaire comme à Samarie ou à Naplouse.

Il parvient à Jérusalem sans doute en 1170. Il lui consacre 5 folios de son manuscrit, moins que Bagdad (11), plus que Rome (3), autant que Constantinople. C'est dire son importance dans son voyage. La cité est alors en plein essor. Après la conquête par les croisés (1099), il a fallu la repeupler. En 1115, le roi Baudouin a attiré des chrétiens d'Arabie et de Syrie par l'octroi de divers avantages. En 1152, il fait finir, au cœur de la ville, trois rues couvertes dont les boutiques font chacune environ 4 m^2. Il développe le pèlerinage en soutenant la création de l'ordre hospitalier de Saint-Jean de Jérusalem (1099) et de l'ordre du Temple (1118). La ville se christianise très vite. Les Latins y prennent la première place. Sur les 80 églises qui existent à la fin du XIIe siècle, seules 25 sont gérées par des orthodoxes, les autres le sont par des Latins. Ce sont de véritables complexes religieux. Ainsi, l'église Sainte-Anne est construite vers 1140 sur le site où serait née la Vierge Marie ; à proximité s'installe un couvent de bénédictines. Les principaux travaux se concentrent sur le Saint-Sépulcre. En 1009, sur ordre du calife al-Hakim, il avait été très dégradé. Le chantier débute après 1114 à une date qui demeure floue. Sur l'Anastasis et le Martyrium que l'higoumène Daniel a décrit va s'élever une grande église réunissant dans un même édifice les Lieux saints : chapelle du Calvaire du Golgotha ; chapelle de Sainte-Hélène là où fut trouvée la Croix ; grotte du Tombeau.

Benjamin voit cette ville profondément chrétienne. Elle est « bien peuplée de jacobites, de Syriens, de Grecs, de Géorgiens, des Francs et de bien des gens de toute langue ». Il observe les hôpitaux qui reçoivent les pèlerins et où cantonnent 400 chevaliers. Cette présence militaire est permanente. Il croise de très nombreux chevaliers qui « viennent du pays des Francs et du reste de la chrétienté. Ils ont généralement fait le vœu de rester ici un an ou deux, jusqu'à ce que leur vœu soit accompli ». Cette fonction militaire sera amplifiée par la suite avec, après 1177, l'érection d'un bastion en avant de l'actuelle porte de Damas.

Benjamin voit ces transformations, mais l'important est ailleurs. Il est en quête du monde juif. Ils seraient 200 regroupés près de la tour de David, c'est-à-dire la citadelle. Il laisse entendre qu'ils ont été rassemblés par le roi franc qui leur octroie certains privilèges. S'agit-il d'un quartier réservé ? Le propos n'est pas très clair.

Le plus important demeure le sacré. Sa première visite est pour le Sépulcre, où a été inhumé celui qu'il appelle « l'Homme », selon une formule du Talmud. Il ne s'attarde pas ; seul le Temple compte. C'est d'ailleurs uniquement par rapport à sa situation géographique qu'il considère cette église essentielle pour les chrétiens. Sur ce qui est aujourd'hui l'esplanade des Mosquées, il observe l'intense politique de christianisation du site. Les chrétiens viennent prier dans la grande mosquée édifiée par Omar, même s'ils s'abstiennent d'y mettre des images. Sous le Dôme du Rocher, les musulmans attribuaient les marques dans le rocher aux pas de Mahomet montant au Ciel ; les Francs y voient la trace des pieds de Jésus laissée alors qu'il sortait du Temple où, enfant, il était allé discuter avec les Docteurs. Pour encore mieux sanctifier le lieu, une croix est érigée au sommet du Dôme. De grandes dalles de marbre cachent certains décors musulmans. Mais subsiste une inscription en arabe que nul n'est parvenu à déchiffrer. C'est surprenant, car le calife Abd al-Malik y nie la divinité de Jésus et la Trinité ! Vers 1160 est sans doute construite près de la mosquée une église détruite en 1187 après que la ville a été reconquise par les armées musulmanes de Saladin.

La puissance juive à restaurer

Benjamin est bien plus attiré par les sites qui demeurent attachés au seul judaïsme. Le plus précieux est la porte de Miséricorde : « Tous les Juifs vont prier devant cette muraille à l'endroit où était le parvis [du Temple]. » Pendant son séjour, il collectionne les sites comme un trésor inestimable. Il ne suit pas un parcours bien particulier. Il erre entre la réalité et les souvenirs bibliques, une promenade toujours marquée par la quête de l'antique puissance royale juive. Quand Benjamin visite les anciennes écuries de Salomon, il éprouve un sentiment de fierté : « On ne voit nulle part ailleurs un bâtiment semblable. » Il se rend près du canal où se faisaient les sacrifices ; maintenant, les juifs y gravent leur nom. Encore des souvenirs auréolés d'orgueil au sépulcre du roi Osias ou à la fontaine de Siloé. Ce ne sont pas des édifices morts ; la piété les fait vivre. Près de Jérusalem, sur un « chemin fourchu » près de Bethléem, s'élève le Sépulcre de Rachel, femme de Jacob dont un des fils s'appelait Benjamin. C'est un des trois principaux sites saints du judaïsme après le mont du Temple et le tombeau des Patriarches à Hébron. Le Livre de Jérémie (31, 14-16) montre la femme pleurant ses enfants alors que les juifs partaient en exil : c'est un lieu de tristesse. C'est aussi un site d'espérance car le texte affirme : « Et il y a de l'espoir pour ton avenir, parole d'Hachem, tes enfants rentreront dans leur domaine. » Ils retrouveront donc l'antique puissance. Le mémorial est « composé de douze pierres, selon les enfants de Jacob. Au-dessus, il y a une voûte soutenue par quatre colonnes ». Tous les juifs qui y passent « écrivent leurs noms sur les pierres de ce monument ». Ces graffitis sont des marques d'appropriation et de vénération. Les tracer, c'est prendre place dans l'histoire, laisser un appel à la bonté divine, se persuader que l'ancien pouvoir juif reviendra.

Benjamin voit partout des signes de l'ancienne puissance décrite dans la Bible. Lorsqu'il escalade le mont des Oliviers, si important pour les chrétiens, ce n'est que pour regarder, au loin, le désert de Sodome. Il remarque un pic rocheux considéré comme la statue de sel de la femme de Loth foudroyée par Dieu comme le rapporte le livre de la Genèse (19, 26). Le judaïsme a trois traditions à ce propos. La femme aurait été punie pour avoir désobéi aux anges. Alors que le feu divin ravageait la ville pécheresse, elle se serait retournée, manifestant son regret pour le temps du péché, ce qui la rendit indigne. Une autre explication met en avant son arrogance : elle aurait regardé

Dieu en face alors qu'il rasait la cité. Localement, des juifs expliquent qu'elle fut punie par le sel pour avoir trop aimé le sel. Elle n'en avait plus quand les anges vinrent annoncer que toute sa famille devait partir pour fuir la colère divine. Elle serait allée en chercher chez les voisins et se serait vantée de la visite des envoyés divins. Pour Benjamin, le lieu est marqué par le miracle. Quand ils passent près du rocher, les animaux le lèchent. Il devrait donc diminuer, mais ce n'est pas le cas. Notre voyageur assure même qu'il croît.

La splendeur du passé ne risque-t-elle pas de disparaître ? Les restes sont si fragiles. Les trois cimetières juifs situés hors les murs servent désormais de carrières. Benjamin ne perd pourtant pas espoir. Un jour viendra où le passé pourra renaître. Car Jérusalem n'est pas qu'une ville, c'est un récit.

Une après-midi, à l'ombre d'un olivier, il rencontre Abraham el-Constantini, un sage rabbin ascète vivant dans une grotte pour « pleurer sur Jérusalem ». D'une voix cassée, il lui rapporte ce qui serait arrivé quelques années plus tôt. Une certitude pour lui et son auditeur ; une histoire merveilleuse pour nous. Sur le mont de Sion s'élevait la Maison de David, mais ses murs s'effondrèrent. Un prêtre choisit de se servir des pierres pour construire une église. Tous les matins, avec une équipe d'ouvriers, il gravissait la colline pour faire dégager les gros blocs de pierre. Un matin, deux terrassiers refusèrent la pause du déjeuner. Ils s'étaient attaqués à un amas de débris et voulaient finir leur ouvrage afin de se reposer. Soudain, un grand bruit, un effondrement. Devant eux s'ouvrit une sombre cavité dont ils ne parvenaient pas à apercevoir le fond. Ils se regardèrent, hésitèrent ; puis, ils se glissèrent dans l'anfractuosité. Ils dérapèrent, s'écorchèrent, avant de parvenir sur un sol bien lisse. Quelques instants pour que leurs yeux s'habituent, puis se révéla un « palais souterrain ». La voûte était soutenue par des colonnes de marbre couvertes de plaques d'or et d'argent. Devant eux, un autel où reposaient une couronne et un sceptre d'or. Ils ne doutèrent pas un moment qu'ils étaient devant le tombeau de Salomon. Sur les côtés s'ouvraient des chambres avec d'autres tombeaux, ceux des rois de Juda. Impressionnés par ce spectacle nimbé d'ombres, ils avancèrent de quelques pas. Immédiatement se leva un vent des profondeurs. Il les culbuta, les fit rouler sur le sol. Ils tombèrent évanouis. Lors de leur réveil, la nuit était venue. Tremblant, ils entendirent une sinistre parole : « Levez-vous ! Sortez d'ici rapidement ! » Effrayés, ils s'enfuirent. Sortis à l'air libre, ils se précipitèrent dans les bras du prêtre à qui ils balbutièrent le récit de leur aventure. L'ecclésiastique se rendit chez Abraham. Pour le pieux rabbin, il ne faisait nul doute qu'avaient été trouvés les tombeaux des anciens rois d'Israël. L'obscurité rendant les fouilles impossibles, il fut décidé d'attendre le petit matin. Dès les premiers rayons du soleil, une foule se mit en quête du souterrain. Après des heures, il fallut se rendre à l'évidence. L'entrée miraculeusement révélée la veille avait disparu ! Nul ne retrouvera le chemin vers les trésors sacrés. Benjamin conclut : « L'Éternel ne veux pas que les hommes voient ces choses. »

Il est persuadé de la véracité du récit. Il est révélateur de la croyance que le merveilleux affleure à Jérusalem ; que sous les ruines existent les traces indestructibles de la royauté de David ; qu'elles n'attendent qu'une occasion pour resurgir. Elles demeurent là, dissimulées. Musulmans et chrétiens ne pourront jamais les détruire. Un jour leurs églises ou mosquées seront aussi des ruines. Reviendra alors le temps d'une royauté juive.

Fort de cette certitude, Benjamin quitte Jérusalem. Il continue son voyage par la Perse, peut-être l'Asie, mais c'est sujet à caution ; il traverse l'Arabie pour atteindre l'Égypte et rejoint l'Espagne. Il n'est pas le seul juif à avoir visité la Ville sainte en ce XIIe siècle ; Pétakhia de Ratisbonne l'a fait entre 1175 et 1185, Natanaël Hacohen en 1187. Mais aucun ne connaît la postérité de Benjamin. Au XIXe siècle, Cholem Yankev Abramovich (1836-1917), surnommé le grand-père de la littérature yiddish, se place dans sa filiation en rédigeant *Massoes Benyomen Hashlishi* (« Les errances de Benjamin III »). Jérusalem est un souvenir et un espoir. Le récit de Benjamin est baigné de cette ambiguïté : l'ancienne puissance ; l'actuel discrétion juive, voire son quasi-effacement, alors que la communauté est si active ailleurs ; la certitude que l'avenir ramènera les juifs dans la Ville sainte. Pour le moment, le spectacle est celui d'une immense tristesse. Benjamin assure penser à « ceux qui pleurent Jérusalem et Sion ; qui implorent la miséricorde de l'Éternel, et demandent grâce, revêtus d'habits de deuil ».

1187
Iman ad-Dîn, témoin de la restauration de l'islam

« L'islam demandait en mariage Jérusalem. »

À la mort de Saladin (1138-1193), son secrétaire Iman ad-Dîn (1125-1201) décide de faire paraître son *Éloquence cicéronienne sur la conquête de la Ville sainte* (*al-Fath al-Qussi fî al-Fath al Qudsi*). Son héros mérite cet éloge. Il a gouverné l'Égypte à partir de 1169, la Syrie de Damas à partir de 1174, la région d'Alep à partir de 1183. Il a fait l'union des musulmans pour reconquérir Jérusalem en 1187. L'œuvre est donc louable, mais ses contemporains exècrent son style ampoulé, ses digressions bavardes, ses allitérations filandreuses et ses lourds jeux de mots. Son livre demeure important. Il est une chronique de la reconquête de Jérusalem. Pas uniquement le récit de batailles et de victoires, mais une ode à la cité libérée et purifiée.

Les mérites de Jérusalem

Cette littérature n'est pas nouvelle. Ses prémices apparaissent avec les « Successeurs des successeurs », c'est-à-dire la génération qui, au VIIIe siècle, suit les compagnons de Mahomet. Ils louent la Syrie, terre des prophètes dont Jérusalem est le haut lieu par excellence. Ils sont proches des califes omeyyades, qui y règnent de 661 à 750. Un des premiers est Raja ibn Haywa († 730), aussi chargé de superviser la construction du Dôme du Rocher. Leurs livres dépassent l'exaltation d'une dynastie qui fait de Jérusalem un des cœurs de l'islam. Cette pensée s'épanouit dans les *Mérites de Jérusalem* (*Fada'il al-Quds*) nés au XIe siècle avec Al-Wasiti et Ibn al-Murajia. Ils perdent de leur importance au début du siècle suivant, mais retrouvent leur force au milieu du siècle et continuent à être écrits jusqu'au début du XVIe siècle, moment de la conquête de la ville par les Ottomans. Au XIIe siècle, lors du recul des croisés, Jérusalem affirme sa place dans les discours dévots. Les pèlerins, comme le prince Shayzar Usama ibn Munqidh (m. 1187), rapportent bien des anecdotes car les Francs le laissent prier dans des espaces traditionnels devenus des églises. Après sa visite de 1173, Al-Harawi fournit, avec son *Guide des lieux de pèlerinage*, une description détaillée des lieux. Jérusalem est une Ville sainte, au même titre que La Mecque. Elle est une femme à conquérir et chérir, une porte vers le Ciel dont il faut conserver la pureté, un lien direct avec Dieu. Elle est aussi un héritage, celui d'Abraham et des prophètes qui apparaissent si souvent dans l'islam.

Au moment où des princes veulent en finir avec les États latins des croisés, l'image d'une ville devenue haut lieu de l'islam est politiquement mobilisée. C'est au nom de sa libération qu'il est possible de rassembler la communauté musulmane, de lui demander de faire fi de ses oppositions pour réaliser une œuvre commune pour la gloire de Dieu. Ibn Munir conseille à Nur al-Dîn (1118-1174), émir d'Alep, de poursuivre la lutte « jusqu'à ce que tu voies Jésus s'enfuir de Jérusalem ».

Iman ad-Dîn est au croisement de ces influences ; la politique puisqu'il est le secrétaire de Saladin, le successeur de Nur al-Din ; le religieux car il professe une fidélité inébranlable à sa foi. Héritier de ces louanges qui personnifient la ville, il se fait poète. Il explique qu'il a « consacré son roseau à recueillir le miel des joyeuses nouvelles, à porter le message de la révélation des grâces divines ». Il chante la gloire de la cité. Après La Mecque, elle est la seconde *qibla*, la direction vers laquelle le musulman doit se tourner pour prier ; après la Ka'ba, qui trône à La Mecque, elle est la seconde « des deux maisons de Dieu ». Mahomet a lié les deux sites avec l'aide de Dieu. La Ville sainte est indispensable à tout musulman. Mahomet a demandé que les « hommes sellent leurs montures pour s'y rendre et y attacher leurs espérances ». Il faut la reconquérir :

> L'islam demandait en mariage Jérusalem, prompt à apporter des vies en cadeau de noces, des bienfaits pour la délivrer de ses malheurs. […] On marchait pour passer la bride à Jérusalem devenue rebelle ; pour y faire taire le bruit des cloches et retentir l'appel islamique à la prière.

Le prix du sang va être amplement payé. Le récit est parfois effrayant avec le rachat des Francs ; malheur à ceux qui ne peuvent verser la rançon : hommes massacrés, femmes violées, enfants vendus. Ce ne sont pas que des mots mais une réalité qu'un habitant de Damas décrit : « Tous les jours on voit arriver des têtes de chrétiens aussi nombreuses que des pastèques. » Il observe les troupeaux d'esclaves qui envahissent les marchés. Mais ce n'est pas notre propos, ici, de parler de ces événements. Notre regard est tourné vers les Lieux saints. Pour notre chroniqueur, la conquête est bénie du Ciel puisque les armées de Saladin entrent dans la cité le 2 octobre 1187, jour anniversaire où « le Prophète était, dans la nuit, monté au ciel ».

Un culte restauré

Une semaine plus tard, le vendredi, l'esplanade des Mosquées, débarrassée à la hâte des maisons et des greniers construits par les Francs, peut accueillir la prière. Elle est couverte de tapis. La foule est immense. Sont présents des ascètes et des dévots, des juges et des témoins, des visiteurs et des ambassadeurs. Iman ad-Dîn y voit l'explosion d'une vie musulmane : les jurisconsultes disputent de points complexes ; les conteurs répandent les plus fabuleuses histoires ; des guides se proposent pour la visite ; des commentateurs font des abrégés de la foi. Ici éclatent des oraisons pieuses, là se récitent des prières canoniques, ailleurs se dévoilent des bénédictions. Les temps obscurs sont oubliés, les souillures lavées. Iman ad-Dîn rayonne de fierté : « Quelle est belle notre assemblée, notre pure compagnie, notre communauté victorieuse [...] notre race d'imâms. » La parole de Dieu peut revenir.

Mais qui va faire la prédication ? Beaucoup se pressent autour d'Iman ad-Dîn pour solliciter son intervention en leur faveur afin d'être désigné prédicateur. Les gens se poussent, se pressent, interpellent les puissants pour avoir leur appui. Toute la journée, les discussions et les disputes éclatent ; des vagues humaines se forment, filent vers un couloir, se déversent dans une cour. Ce serait un tel honneur de pouvoir être le premier à déclamer en ces lieux libérés, ce serait l'aboutissement d'une vie. Tous attendent la décision de Saladin. Elle se fait attendre. Le soleil décline : il n'est plus temps. Saladin monte à la tribune entourée d'étendards. Le silence fige l'assemblée depuis si longtemps agitée. Il appelle le *cadi* (juge de paix) Muhyî ad-Dîn. Celui-ci est si surpris qu'il n'a pas de vêtements dignes de la circonstance ; Iman ad-Dîn lui prête une robe noire de cérémonie, cadeau du calife. Ainsi vêtu, le vieil homme monte les degrés, s'arrête, scrute la foule. Sa voix frêle impose le silence, oblige l'attention : « Il parla et on se tut ; il fut éloquent et expressif. » Il rappelle la grandeur de Jérusalem, espace sacré par excellence. Il retrace son histoire, perpétuellement marquée par la bénédiction divine. Mais vint le temps du désastre, la prise de la ville, son viol par les croisés. Heureusement, depuis quelques jours, elle est purifiée. Il faut en remercier le calife et le sultan. Il conclut en citant une sourate : « Dieu ordonne le bien et les bonnes actions. »

Descendu de la chaire, il se rend au *mihrab* (niche orientée vers La Mecque) et commence la prière par la première sourate, la *fâtiha*, surnommée la Mère du Coran. Alors « descendirent sur nous une parfaite miséricorde et une grâce entière ». Les rivalités sont oubliées, les discussions sont apaisées : les hommes s'abordent en frères.

Un nouveau prédicateur se présente. Zain al-Dîn prend place sur un siège pour lancer un avertissement. Aujourd'hui, Dieu bénit les croyants mais nul ne doit oublier les pieux enseignements : « Il prononça les plus justes leçons pour réveiller les endormis, susciter la haine des injustes, la tendresse pour les amis de Dieu et l'inflexibilité pour ses ennemis. » La victoire militaire fait entrer chacun dans un temps de piété. Aujourd'hui, ce n'est pas un simple rassemblement de vainqueurs, c'est le pèlerinage de croyants qui promettent de s'améliorer et de vivre en vrais musulmans. Iman ad-Dîn est lyrique pour chanter les effets de cette parole :

> Alors, on pleurait et on criait à l'envi ; le bruit des lamentations s'éleva, les cœurs s'attendrirent, les soucis s'allégèrent et les larmes coulèrent. Les pécheurs se repentirent, les coupables se convertirent. [...] Il y eut d'éblouissantes extases mystiques et de douces révélations ; de profondes prières s'élevèrent, les supplications furent accueillies, de nombreuses occasions d'amour divin furent saisies et bien des destins furent assurés par la divine providence.

Saladin achève la journée par une prière au Dôme du Rocher, au milieu de « l'entière communauté suppliant Dieu de continuer à lui donner la victoire ».

Iman ad-Dîn est au cœur de ce pèlerinage exceptionnel. Derrière la fierté d'être au plus proche des libérateurs et de jouer un rôle, il nous présente un théâtre bien organisé. La pièce est d'abord celle de la purification. Jérusalem a été polluée, Saladin lui a redonné sa pureté. Au-delà des lieux, notre chroniqueur s'attarde sur les hommes. Ce sont des soldats venus de tout le monde musulman. Dans les jours précédents s'alignaient 12 000 cavaliers et autant de fantassins et d'auxiliaires, auxquels se joignaient des domestiques, des esclaves, des femmes. Ils ne parlent pas la même langue, n'ont pas les mêmes coutumes. La majorité venue de Syrie voisine avec les cavaliers des déserts d'Arabie, les guerriers égyptiens et les montagnards du Liban. Ils ont vaincu ensemble. Mais forment-ils une communauté qui survivra à la victoire ? Quelle évolution au cours de la journée ? Le matin est fait de bruits et de disputes ; il n'y a pas d'animosité forte, pas de violence, mais des individus heureux qui s'affirment. En fin d'après-midi, avec les trois prises de parole, ils s'agrègent, ils forment une communauté, ils participent aux mêmes élans spirituels. Cette force permet de passer dans un monde dédié à Dieu : les âmes s'épurent ; les cœurs s'ouvrent ; les corps parlent avec des larmes et des chants.

Saladin sait la fragilité des résolutions prises sous le coup de l'émotion. Pour que le pèlerinage porte ses fruits et qu'il continue à manifester l'union musulmane, il organise immédiatement le service du culte. Il offre de nombreux exemplaires du Coran placés sur des pupitres à l'intention des visiteurs. Il choisit aussi des hommes « de religion et de dévotion, entièrement adonnés au culte ».

Il s'intéresse ensuite à l'espace. Il est indispensable de le purifier, une œuvre longue et exigeante car il a été si longtemps occupé par les Francs. Ils avaient construit des greniers, des églises et des maisons près de al-Aqsa. Ils s'en étaient pris au plus sacré : le Dôme du Rocher où repose la *sakhrah*. Ils étaient conscients qu'en émane la *baraka*, une force bienfaisante. Bien des pèlerins l'avaient donc caressée, avaient emporté des morceaux qu'ils avaient, une fois rentrés en Europe, considérés comme des talismans ou enfermés dans des reliquaires. Craignant la disparition de cette pierre, un dallage de marbre avait été installé, dissimulant le rocher originel. Ils avaient aussi installé un tabernacle dessus. Saladin fait arracher l'ensemble. Le rocher doit redevenir visible, débarrassé de tout ornement, « apparaître comme une jeune mariée ». Les murs sont dépouillés de leurs décors, les portes dégagées de leurs voiles, les colonnes libérées de leurs chapiteaux animaliers, d'autant plus qu'Iman ad-Dîn croit y voir un cochon. Le rocher est protégé par une grille pour que nul ne tente de le toucher : « Maintenant, on peut voir le Rocher avec ses blessures, mais conservant perpétuellement son honneur, propriété de l'islam. »

Après la purification du Dôme, les musulmans honorent la mosquée al-Aqsa. Le *mihrab* est recouvert « de magnificence et de splendeur ». La famille de Saladin inscrit la victoire dans la pierre. Al-Malik al-Adil (1143-1218), son frère, fait « édifier des œuvres d'art originales ». Le général Al-Malik al-Muzzafar (né en 1139), son neveu, « y accomplit de nombreuses œuvres de bienfaisance ». Malgré sa position sociale prééminente, il balaie les cours et les couloirs avant de les laver à l'eau de rose ; il nettoie les murs intérieurs qu'il parfume avec de l'encens. Ayant ainsi purifié le lieu, il distribue des sommes importantes aux pauvres. Al-Afdal Nur ad-Din Ali (1169-1225), fils de Saladin, « déploya aussi sa lumière, sa générosité, sa libéralité ». Il distribue de l'argent aux nécessiteux, achète les parfums les plus coûteux : « Si bien que nous le crûmes réduit à l'épuisement et à la faillite. » La famille du vainqueur de 1187 inscrit sa légitimité dans les Lieux saints. Il s'agit peut-être de faire oublier que Saladin, envoyé en Égypte, a aboli le califat fatimide (1171) puis prit le pouvoir en Syrie à la mort de Nur al-Din (1174). Dans le récit d'Iman ad-Dîn, ces marques de dévotion définissent le portrait du vrai pèlerin. Ici, il oublie son rang et ses titres ; il décuple ses actes de charité.

Les autorités prévoient également l'arrivée des pèlerins. Une madrassa (école coranique) est immédiatement créée dans l'église Saint-Jean, le couvent proche servira de logement. Les fontaines sont multipliées. Toutes les mosquées sont restaurées « pour qu'il fût possible d'atteindre heureusement les buts du culte ». Le Saint-Sépulcre est fermé. Qu'en faire ?

> Certains voulaient le démolir, en faire disparaître les traces et même le chemin qui y conduisait, en ôter les images, en éloigner les erreurs, en éteindre les lampes, en disperser les Évangiles, en éliminer les faux attraits, en déclarer menteuses les affirmations.

Des voix se font entendre pour éviter la destruction :

> Il ne servirait à rien de la détruire et de l'abattre, non plus que d'interdire aux fidèles de la visiter ou de leur en barrer l'accès, car l'objet de leur culte se limite à la croix et au sépulcre, non à l'édifice en lui-même. Les Chrétiens ne cesseraient pas d'y venir en pèlerinage même si on l'arrachait de la terre pour la lancer au Ciel.

Quelle merveilleuse définition d'un pèlerinage : les lieux ne sont que des supports au souvenir, à l'imagination, à la prière. La rencontre avec Dieu ne nécessite pas de murs. Elle se fait sur les lieux où Il a manifesté sa puissance. Rien ne pourra détourner les chrétiens de cette ville où est mort Jésus.

Pour l'instant, Iman ad-Dîn savoure la victoire. Plus que celle d'une armée, c'est celle d'une vérité religieuse : « Le Coran monta sur le trône et en déposséda l'Évangile. » Jérusalem attire immédiatement les foules musulmanes. Ahmad al-Badawi (1199-1276) est né au sein d'une tribu arabe en Syrie ou à Fez, nul ne le sait avec certitude. Il est formé par un maître irakien. Il visite La Mecque et Jérusalem avant de s'installer en Égypte où il réunit 40 disciples pour créer une des plus importantes écoles soufies. Il est, toujours aujourd'hui, vénéré à l'égal d'un saint. Le pèlerinage dans la Ville sainte a permis ce parcours, il l'a enrichi, convaincu de sa mission. Jérusalem est définitivement placée au même rang que La Mecque. L'avenir montrera que les certitudes qu'on avait cru éternelles s'effritent avec les siècles.

En 1187, Iman ad-Dîn croit fermement à la complémentarité des deux pôles majeurs de l'islam. Annoncer que Jérusalem est restituée aux musulmans, c'est une nouvelle « dépassant la douceur du sucre et du miel ». Les premiers pèlerinages sont des bénédictions :

> Ô ! L'heureux temps pour le sanctuaire ! Les anges venaient à la rencontre des visiteurs, le soleil revêtait les fleurs de sa lumière, les cœurs lui apportaient leurs secrets, les pécheurs déposaient devant lui le fardeau de leurs péchés.

1400
Grethenios face aux divisions chrétiennes

« Le sang du Christ purifia le crâne d'Adam. »

L'archimandrite Grethenios est-il un géographe contrarié ? Le récit de son périple en Terre sainte est empli de mesures, de verstes et de sajènes. Sachant qu'elles ne sont stabilisées qu'au XVIIIe siècle, après une première tentative en 1649, il est presque impossible pour nous de transformer cela en données métriques. D'autant plus qu'un Russe peut utiliser la petite sajène (du sol jusqu'à la main quand les bras sont tendus à l'horizontale), la sajène volante (distance entre l'extrémité des doigts des deux mains quand elles sont tendues au maximum à l'horizontale), la sajène oblique (distance du bras haut tendu jusqu'au talon de la jambe opposée)… Partout, ce sont des mesures mais aussi une infinité de tracés. Ainsi de Ramallah à Jérusalem, « il y a trois chemins : le premier par Chanoutou ; le second par le couvent ibère ; le troisième par le djerid de saint George et par Beït Djallah ». Il emprunte le troisième mais cite les deux autres, manifestant une volonté de saisir l'espace. Il ne dessine pas une carte mais imagine un réseau dont chaque point est relié aux autres par des unités de distance. Cette accumulation est le propre d'un esprit qui cartographie mentalement son expérience pour la rendre perceptible par son lecteur. Il veut donner à voir, pas à percevoir. Les chiffres et les localisations doivent permettre de reconstituer l'espace sacré de la Terre sainte.

Une description scrupuleuse

Grethenios a le temps de compter puisqu'il chemine sur 2 100 kilomètres entre son couvent de la Sainte-Vierge près de Smolensk, en Russie, pour rejoindre la mer Noire en passant par Moscou et Belgorod. Il embarque sur un navire qui, par Constantinople, Chios, Rhodes et Chypre, arrive à Jaffa. Ses premières réactions sont géographiques. Outre le calcul des verstes entre les villes, il observe que Jérusalem se cache. Il ne l'aperçoit que parvenu au mont des Oliviers. Nulle trace de la moindre émotion. Son récit a souvent la froideur d'un guide. Mais les mots le trahissent. Il ne parle pas du Saint-Sépulcre, comme tant d'autres pèlerins chrétiens, mais de l'église de la Sainte-Résurrection. Mettre l'accent sur la montée au Ciel, moins sur l'enterrement, dit beaucoup sur ce qu'il croit et espère, sur ce qui le sépare des Latins.

Longtemps, le Sépulcre fut fermé. Il fallut attendre les négociations menées par Robert d'Anjou en 1333-1335 pour que le sultan d'Égypte, qui contrôlait la ville, le rouvre au culte chrétien. La façade est percée de trois portes. Une accessible par un escalier permet d'atteindre directement le Golgotha. Des deux autres, au niveau du sol, une seule est praticable. Y stationnent des gardes qui exigent, lors de sa première visite, sept pièces d'or, dont deux seront remises au patriarche. Cette formalité accomplie, notre moine entre dans l'histoire de la Passion. Au seuil, il voit la pierre de l'onction où « on déposa le Christ après l'avoir ôté de la Croix ». Huit lampes y brillent constamment. Par un escalier de 18 marches, il atteint le « Lieu du Crucifiement » ou Golgotha. C'est « un roc naturel dans lequel est taillé un rond d'un pied de circonférence ». Lors de la mort de Jésus, il s'ouvrit, créant une fissure béante vers le lieu de sépulture du premier homme : « Le sang du Christ purifia le crâne d'Adam. » De là, Grethenios gagne le Sépulcre, une chambre « couronnée de six voûtes et soutenue par douze fines colonnes accouplées en marbre blanc ». Ses portes sont tournées vers l'orient et le sol couvert de dalles de marbre vert. Au milieu se trouve une pierre de marbre blanc où était assis l'ange du Seigneur. À côté, une dalle de marbre rouge forme une porte « pas plus haute que la taille d'un homme, de sorte qu'il faut y pénétrer en se courbant ». La tombe est là, à droite, couverte de marbre blanc et veillée par douze lampes. Après être sorti du Sépulcre, notre pèlerin se rend au milieu de l'église où « se trouve une petite pierre noire de la forme d'une coupe et « on l'appelle le Centre de la Terre ». Le maître-autel où officie le patriarche est placé juste en face du Golgotha. Surélevé de sept marches et encadré de huit grandes colonnes, il est décoré d'une grande image « représentant Dieu le père entouré des quatre évangélistes et de deux séraphins pleins d'yeux ». À gauche du Sépulcre, sous une coupole, un bloc de marbre blanc arrondi avec une petite cavité au centre est le siège sur lequel « le Christ se tenait quand il apparut après sa résurrection à sa très pure Mère ». Un peu plus loin, on pénètre dans l'église des Francs pour y contempler une colonne en marbre rouge, « c'est à cette colonne que Pilate ordonna d'attacher le Christ pour le battre ». À proximité, après avoir descendu trois marches, on parvient au *philaki* (« prétoire » en grec) où se trouve la prison où Jésus fut enfermé. Derrière se devine une pierre noire, « on dit que Jésus monta dessus après avoir vaincu le diable ». À droite un couloir ouvre sur un escalier au bas duquel se trouve l'endroit où Hélène découvrit la Croix.

Grethenios est scrupuleux. Sa description est celle que fait tout visiteur, y compris aujourd'hui. Il accumule, une fois de plus, les chiffres. La pierre de l'onction est à huit sajènes du

« Lieu du Crucifiement » ; de là, il y a 23 sajènes pour rejoindre le Sépulcre ; du milieu de l'église à l'autel, il mesure 13 sajènes. Il compte les marches, les colonnes, les carrés de marbre... Mais la rigueur des chiffres dissimule mal son émotion. Il ne suit pas un ordre logique qui le mènerait du prétoire au Golgotha, puis au Tombeau. Il est guidé par les lieux. Tous nos voyageurs font la même expérience.

Grethenios se distingue par l'attention qu'il porte aux couleurs : le rouge pour les endroits marqués par la douleur ; le noir pour le diabolique ; le blanc pour la gloire. Il a aussi écouté les guides qui errent dans l'édifice, toujours prompts à conter quelque histoire merveilleuse. L'église semble parler, conservant les sons du passé le plus lointain. Sous la pierre où Jésus s'était assis, les plus attentifs entendent des coups sourds. C'est le bruit du travail du forgeron qui a réalisé les clous de la Croix ; depuis, il est condamné à demeurer à son enclume pour l'éternité. Un autre murmure émane d'un mur, « on y entend comme le bruissement d'une rivière ». Ce serait le lieu où Pilate se lava les mains selon ce que rapporte l'Évangile selon saint Matthieu : « Pilate, voyant qu'il ne gagnait rien, mais que le tumulte augmentait, prit de l'eau, se lava les mains en présence de la foule, et dit : Je suis innocent du sang de ce juste. Cela vous regarde » (Mat. 27, 24). Dans un couloir, « la rosée coule incessamment ». Grethenios rapproche cela de l'Ancien Testament : « Les eaux t'ont vu, ô Dieu ! Les eaux t'ont vu, elles ont tremblé ; Les abîmes se sont émus » (Ps. 77, 16). L'édifice est une page d'histoire vivante. S'y lisent tous les épisodes de la Passion liés à l'Ancien Testament et à des croyances non bibliques qui manifestent le merveilleux.

Beaucoup de divisions

Grethenios n'est pourtant pas totalement satisfait, car « outre les orthodoxes grecs et les Ibères, il y a encore les maudits hérétiques qui y célèbrent leurs offices : les Latins, les Arméniens sur le Golgotha ; les jacobites derrière le Saint-Sépulcre ; en face d'eux, les Ariens ; à droite du Saint-Sépulcre, derrière les colonnes, les Abyssiniens et de l'autre côté les Nestoriens ». Sa visite est le répertoire des endroits où chaque confession prie. Les insultes pleuvent : les Arméniens sont « trois fois maudits » et les nestoriens sont « maudits ». Le pire est qu'ils imposent dans l'église leurs habitudes et leurs goûts. Au Golgotha, les Arméniens ont couvert la voûte de mosaïques dorées. Près du Tombeau, les Francs ont dressé « une image peinte sur toile représentant le seigneur sur son trône, la main droite tournée vers le ciel ; devant lui se tient François et, à ses côtés, dorment les gardes ». Autant de décors jugés inconvenants par notre pèlerin.

Cette église, si disputée, est close la plupart du temps. Six ecclésiastiques y sont enfermés pour assurer une continuité de la prière : un Grec, un Ibère, un Franc, un Arménien, un Jacobite et un Abyssinien. Chacun dispose d'une cellule. Les aliments leur sont glissés par une petite ouverture pratiquée dans un mur. Tout change quand des pèlerins extérieurs arrivent, car les autorités leur font payer l'accès. Autre moment d'ouverture, le temps de la Passion. Le Vendredi saint, après le marché, la foule se presse et plusieurs milliers de fidèles se font enfermer pour passer la nuit sur place. Le Samedi saint a lieu le miracle des lumières déjà décrit par l'higoumène Daniel. Chaque chrétien allume son cierge à la lumière du Sépulcre ; il l'éteint avant de sortir pour le conserver « comme une bénédiction ».

Dans toutes les descriptions des lieux qu'il visite, Grethenios hésite entre ces trois positions : une description topographique exacte ; une dénonciation des autres confessions chrétiennes avec des mots souvent durs ; une quête du merveilleux. Il se rend avec plaisir à l'église Saint-Jacques qui se trouve dans ce qui est aujourd'hui appelé le quartier arménien. Elle aurait été construite à l'emplacement de la maison où Jacques, frère de Jésus, premier évêque de Jérusalem, aurait vécu. Une des chapelles, à gauche, marquerait l'endroit où il fut décapité. Avant le ve siècle, il y avait là un oratoire dédié à saint Ménas ; il fut détruit lors de l'invasion perse (614). L'édifice que visite Grethenios date du xie siècle. Il se plaint de « ces maudits Arméniens » qui ont édifié un couvent à proximité et inclus dans leur chapelle « une très grande pierre enlevée au Tombeau ». Il s'extasie devant « deux pierres en marbre rouge, du poids qu'un homme peut soulever ». Elles furent apportées par des anges à la demande de la Vierge, qui, peu de temps avant de quitter ce monde, souhaitait prier au mont de Sion. Trop fatiguée pour entreprendre le voyage, l'archange lui fit apporter ces deux morceaux de la montagne pour qu'elle s'éteigne en paix. Même constat à Gethsémani. Il prie « dans un bâtiment carré, juste en face du Mont des Oliviers de la sainte Ascension du Seigneur ». Cruelle déception quand il se rend compte qu'il « y a aussi des autels où officient les Arméniens, jacobites et Abyssiniens ».

Ailleurs, ce sont des juifs qui gênent sa dévotion. À Sion, le site de « l'Assomption de notre sainte Dame et Mère de Dieu » est signalé « par un monceau de pierres ». Il s'y prosterne. Il touche la pierre ronde « où se tenait le Christ descendu des Cieux pour prendre la sainte âme de Sa Mère ». Il se recueille dans la « cellule de la très Pure où elle priait avec des génuflexions ». Sur ce site de grande dévotion, la place des chrétiens est cependant contestée. Il raconte l'histoire d'un juif « qui voulut renverser le lit mortuaire de la Sainte Vierge, mais un ange lui trancha les mains ». Ailleurs, des musulmans se dressent devant les pèlerins. Lorsque Grethenios veut pénétrer à l'Alkafros, « l'autel de la Sainte Ascension, endroit où Abraham voulut immoler son fils Isaac », il est repoussé « par des Sarrasins qui ne permettent pas aux Chrétiens de pénétrer dans l'église convertie en mosquée ». Le Saint des Saints est une église construite par sainte Hélène. S'y trouve un « dallage de marbre blanc qui a l'air d'un lac d'huile ». Il se présente à la porte, mais il est fermement repoussé en se faisant traiter d'« infidèle ».

Lorsqu'il quitte Jérusalem, Grethenios a visité des dizaines de lieux et consigné bien des faits merveilleux que ne rapportent pas les Évangiles. Il est trop discret pour parler de ce qu'il ressent, mais, à près de six cents ans de distance, nous devinons qu'il a empli son âme d'une histoire qu'il a rendu vivante. Il ne peut s'empêcher d'être déçu par les interdictions imposées par les musulmans et la présence des autres confessions chrétiennes. Bien d'autres après lui noteront la cacophonie et les dissensions dans ce qui devrait réunir la famille chrétienne. Les conflits sont nombreux. En 1475, Franciscains et Géorgiens se disputent le contrôle du Calvaire. En 1523, les Franciscains s'approprient l'église située au-dessus du tombeau du prophète Daniel. Cinq ans plus tard, les Géorgiens tentent de chasser les Latins. Ces tensions lassent l'empereur ottoman, qui règle la situation. L'église appartient aux musulmans. En 637, Omar en avait confié la clé à la famille Nusseibeh. En 1192, Saladin partage cette responsabilité entre les Joudeh et les Nusseibeh, aux premiers la clé, aux seconds la garde de la porte. En notre XXIe siècle, leurs descendants ouvrent toujours les portes tous les matins. L'intérieur de l'église est distribué : aux Latins la chapelle Sainte-Marie, l'édicule du Tombeau et la moitié du Golgotha ; aux Jacobites la pierre de l'onction ; aux Syriens l'autel adossé au Sépulcre ; aux Grecs le chœur et une partie de la prison ; aux Géorgiens une moitié du calvaire… En plus, le pouvoir impose des heures de prière et des itinéraires de procession. Cette répartition est confirmée en 1555, 1767 et 1852. Mais les disputes dégénèrent parfois. En 1846, pendant les célébrations de Pâques, une rixe éclate au Saint-Sépulcre entre catholiques et orthodoxes ; il y a près de 40 morts avant l'intervention des gardes turcs. L'arrivée, au XIXe siècle, d'orthodoxes coptes, éthiopiens et syriaques oblige à leur octroyer de petites parties de l'édifice. L'affaire n'est pas anecdotique. Un des articles du traité de Berlin (1878) sur la situation de l'Europe orientale confirme les modalités de la cohabitation dans les Lieux saints.

En notre XXIe siècle, le feu couve toujours. En 2002, Coptes et Éthiopiens en viennent aux mains car une chaise a été déplacée sur le toit de la chapelle Sainte-Hélène : 11 personnes hospitalisées. Deux ans plus tard, nouvelle rixe car la porte de la chapelle des franciscains est restée ouverte pendant la célébration d'un office orthodoxe. Encore un pugilat le dimanche 9 novembre 2008. Ce jour-là, les Arméniens célèbrent la fête de la Croix dans le tombeau. Les Grecs orthodoxes qui gèrent cet endroit l'autorisent à condition que l'un des leurs soit présent, ce que refusent les Arméniens. Quand la procession se met en chemin, les Arméniens s'en prennent au moine grec, immédiatement défendu par ses coreligionnaires. Seule l'intervention de la police israélienne ramène le calme. L'Église grecque-orthodoxe se considère comme Église-mère à Jérusalem, devant régir les Lieux saints, les autres communautés étant simplement ses invitées, ce que, bien évidemment, elles contestent.

Quand les soucis ne viennent pas des chrétiens entre eux, ils sont extérieurs. Depuis l'occupation de tout Jérusalem par les Israéliens (1967), le Sépulcre a été fermé quatre fois. La première en 1990 à cause d'extrémistes juifs. La deuxième neuf ans plus tard car des musulmans veulent construire une mosquée près de l'église de l'Annonciation à Nazareth.

La troisième en 2005, à la suite d'un acte de vandalisme. La dernière, en avril 2018, à l'initiative de toutes les communautés chrétiennes qui s'opposent à la municipalité qui veut les taxer, considérant certains Lieux saints comme des locaux commerciaux.

Les rivalités que dessine Grethenios en 1400 ne sont pas propres à son siècle. Depuis des centaines d'années, les chrétiens se disputent des lieux qui leur sont communs, où il semblerait logique qu'ils vivent leur unité. En fait, ils défendent leur identité. Leur présence en Terre sainte est le gage de leur existence légitime dans l'histoire.

1496
L'amour de Mujīr al-Dīn pour une ville musulmane

« Ô mon Dieu ! Quiconque viendra ici
après avoir commis un péché, pardonne-lui. »

Mujīr al-Dīn al-ʿUlaymī (1456-1522) a toujours été amoureux de Jérusalem. Il y est né dans une famille de notables qui compte nombre de savants et de juges. Élève scrupuleux, il est remarqué par ses maîtres dès l'âge de 6 ans. À 10 ans, il commence à apprendre par cœur le Coran sous la férule de prestigieux juristes. Trois ans plus tard, il étudie à la mosquée al-Aqsa et est sollicité pour expliquer certains passages complexes. À 18 ans, il se rend au Caire pour poursuivre sa formation. Il rentre à Jérusalem en 1484 occuper divers postes dans l'administration mamelouk. Savant, il compose deux volumes d'exégèse coranique. Il est surtout connu pour sa *Glorieuse Histoire de Jérusalem et d'Hébron* (1496).

Il y retrace les grands événements, s'attardant sur ce qui est arrivé depuis l'intervention des croisés. En 1099, lors de leur conquête, ils associèrent cruauté et blasphème, en tuant 70 000 personnes et en dérobant les 42 lampes d'argent qui faisaient la fierté du Dôme du Rocher. Quand, en 1187, Saladin reprend la cité, « il était dans toute sa splendeur et avait un aspect terrible ». Il purifia la ville « de la souillure des polythéistes », autrement dit des chrétiens. Dans ce récit, l'islam a définitivement conquis la Ville sainte. En fait, elle a changé sept fois de mains entre 1229 et 1261. Donnée aux Francs (1240), pillée par les Turcs (1245)... Au siècle précédent, l'islam s'était mobilisé en son nom ; maintenant, elle est à peine un enjeu stratégique. En 1261, elle passe sous la domination des Mamelouks du Caire et le restera jusqu'en 1516 – longue période de redressement. En effet, pour Mujīr al-Dīn, la Ville sainte n'est pas uniquement un sujet de discorde ; son histoire est une longue procession de pèlerins célèbres : Omm-el-Khayr Râbé'ah (m. 753), femme pieuse enterrée au mont des Oliviers près de l'endroit de l'Ascension de Jésus ; Mohammad ibn Karrâm (m. 869), auteur de hadiths qui inspirent la crainte ; le théologien Abdou'l-Fath Nasr ; Abou'l-Qâsem Makky, historien tué par les croisés en 1099. Notre historien gomme toutes les ombres pour planter le décor d'une cité millénaire longuement disputée mais depuis près de deux cent cinquante ans dans les mains des musulmans.

Fier d'elle, Mujīr al-Dīn la présente comme une « ville immense ». C'est prendre bien des libertés avec la réalité, car elle n'est sans doute peuplée que d'un peu plus 6 000 habitants. Elle jouit cependant d'un prestige sans aucune mesure avec sa réelle importance économique ou politique. Depuis le milieu du XIIIe siècle, 86 nouvelles institutions pieuses ont été fondées par de puissants personnages qui rêvent de s'y faire inhumer. Ainsi vers 1328-1329, l'émir Tankiz (m. 1340), gouverneur de Damas, fonde la madrassa Tankiziyya. Y sont prévus des salles pour les *muḥaddithūn* (spécialistes des hadiths), 15 logements pour des étudiants, une bibliothèque, une *khanqah* (lieu de prière), un hospice pour des femmes et un lieu d'accueil d'esclaves affranchis. Cette fondation jouit des revenus d'immeubles situés dans le quartier et d'un marché couvert avec des boutiques, des entrepôts, deux bains publics et une halle. Bien d'autres puissants font de même, donnant à Jérusalem un lustre qui la recommande à l'attention et en fait un des hauts lieux de l'islam. La vie demeure cependant difficile, en particulier à cause de la peste en 1468 et 1477. Mujīr al-Dīn fait fi de ces réalités douloureuses pour contempler la Ville sainte.

Si nous pouvions entrer dans son esprit un instant, nous verrions sans doute Jérusalem comme un ensemble de cercles concentriques. Le cœur du système est ce qu'il appelle le Masdjid, en fait le mot générique pour dire « mosquée » est utilisé pour définir l'actuelle esplanade des Mosquées comme si elle était LA mosquée par excellence :

> Cette auguste enceinte renferme tant de beautés qu'on ne peut se les représenter qu'en les voyant de ses propres yeux. [...] Ce masdjid est remarquable par son aspect riant, par sa vaste étendue et par la beauté de son coup d'œil.

Le Dôme du Rocher

Au centre se trouve la *sakhrah* (rocher) au-dessus de laquelle s'élève le Dôme du Rocher. Le lieu est une porte vers le Ciel depuis le temps d'Abraham. Au temps de Salomon s'élevait le Temple dont le sommet était couronné d'une gazelle d'or au front de laquelle brillait un rubis rouge. Le joyau était d'une telle pureté que la nuit sa lumière balayait la cité, permettant aux femmes de tisser sans allumer de chandelles. Une fois le Temple édifié, Salomon se hissa sur la *sakhrah*, se tourna vers le Ciel et s'exclama : « Ô mon Dieu ! Quiconque viendra ici après avoir commis un péché, pardonne-lui ; si c'est un malheureux, soulage son infortune. » Depuis, « personne ne se présente en ce lieu sans éprouver le bénéfice de ce double vœu de Salomon ».

La *sakhrah* est une gigantesque pierre où se voit la trace du pied de Mahomet quand il monta Boraq, le cheval ailé du Voyage nocturne. Lorsqu'il l'enfourcha, la roche s'inclina « mue par une respectueuse crainte ». Pour éviter qu'elle ne bascule, les anges « la soutinrent au moment où elle fléchit » ; on voit encore la trace de leurs doigts. Ce mouvement se comprend quand on sait qu'elle est suspendue dans le vide, simplement retenue par « Celui qui empêche le Ciel de tomber sur la terre sans sa permission ». Auparavant, elle était visible de tous, flottant dans l'air. Mais contemplant ce fabuleux miracle, une femme enceinte fit une fausse couche tant le fait semblait extraordinaire. Pour éviter que d'autres visiteurs ne soient saisis d'effroi, la *sakhrah* fut dissimulée à leurs yeux. Autour a été construit un « très beau et très solide édifice » : une coupole supportée par 12 colonnes de marbre, entourée d'un édifice de forme octogonale à un étage au toit plat couvert de « mosaïques de plusieurs couleurs ». Ce Dôme du Rocher s'ouvre sur quatre portes « qui regardent les quatre points cardinaux ». La force divine qui émane de la *sakhrah* s'étend à tout l'espace alentour. Ceux qui veulent obtenir la pluie prient sur les marches qui font face à la mosquée al-Aqsa.

Après avoir pénétré modestement dans l'édifice, le pèlerin peut passer sous la roche, où, selon une tradition, « toutes les eaux de la terre sortent ». À la moitié de l'escalier qui mène à cette grotte, il découvre une banquette appelée la « Langue de la roche ». Il arrive enfin en un lieu sombre qui « inspire le respect et la vénération ». Mujīr al-Dīn a longtemps hésité avant d'y aller. N'est-il pas pécheur ? Ses fautes ne risquent-elles pas de provoquer le basculement du rocher qui l'écrasera ? Après bien des hésitations et « ayant pris une ferme résolution, je pénétrai dans l'intérieur. Je me vis entouré de tous côtés de prodiges extraordinaires. On aperçoit en effet la Roche entièrement séparée de la terre à laquelle rien ne la relie ».

Ressorti à la lumière du jour, le pèlerin se dirige vers la Coupole de la Chaîne « excessivement gracieuse, portée par des colonnes de marbre ». Jadis, une chaîne était suspendue entre Ciel et Terre. Les juges y présentaient les témoins lors des procès : celui qui détenait la vérité pouvait la toucher ;

les menteurs en étaient incapables. Elle a malheureusement disparu à cause de la perversité humaine. Un usurier fut accusé d'avoir volé de l'argent mis en dépôt chez lui. Il assurait l'avoir rendu. Juste avant d'être confronté à la Chaîne, il dissimula les pièces d'or dérobées dans une canne. Se présentant chancelant, il s'appuyait sur cette canne. Juste avant l'épreuve, il demanda à son détracteur de la porter un instant. Il put alors toucher la Chaîne en assurant avoir rendu l'argent à son propriétaire. Ainsi blanchi, il récupéra sa canne et s'éloigna. Dieu, choqué de tant de fourberie, fit remonter le lien merveilleux vers les cieux. Si le lieu est désormais vide, la puissance divine y a laissé des signes que les vrais musulmans peuvent percevoir. Lors de la nuit de son Voyage nocturne vers le Ciel, Mahomet y vit les houris.

À la droite de la *sakhrah* se dresse la Coupole de l'Ascension, « fort connue et objet de pieuses visites ». Elle a été bâtie en octobre 1200. À proximité, les guides montrent l'endroit où Mahomet « fit la prière avec les prophètes et les anges, la nuit du Voyage nocturne ». Il y trouva « deux échelles, l'une en or et l'autre en argent, placées à son intention ; c'est là le lieu de l'Ascension ». Le pèlerin doit y réciter une prière bien précise :

> Ô mon Dieu, répartis-nous les trésors de ta crainte de quoi te faire faire une différence entre nous et tes ennemis ; de la soumission envers toi, de quoi nous faire parvenir à ton paradis ; et de la vraie foi, de quoi nous aider à supporter les calamités de ce monde et de l'autre. [...] Accorde la même grâce à nos héritiers. Venge-nous de ceux qui nous ont opprimés et donne-nous la victoire sur nos ennemis.

Après avoir traversé l'esplanade, le pèlerin parvient à la mosquée al-Aqsa. Mujīr al-Dīn en vante l'harmonie : « Il n'a jamais été construit d'aussi beau ni d'aussi vaste édifice. [...] C'est une merveille tant à cause de la beauté de sa construction que de sa solidité. » Une fois de plus, Dieu y manifeste sa puissance depuis Salomon. À présent, il l'octroie aux musulmans, pour les honorer, leur rappeler que, maintenant, il agira pour eux. Alors qu'Omar venait de prendre la cité, Chorayk ebn Habâcheh fut chargé d'aller puiser de l'eau dans un puits proche de la mosquée. Fut-il maladroit ? Était-il fébrile ? Toujours est-il qu'il laissa tomber son seau au fond du puits. Embarrassé de cette étourderie, il prit une échelle et descendit. Parvenu au fond, il eut la surprise de trouver une porte. Intrigué, il la poussa, pénétrant dans un splendide jardin aux arbres chargés de fruits, aux fleurs aromatisées, aux herbes scintillantes. Machinalement, il arracha une feuille et la glissa derrière son oreille. Décidant d'aller chercher ses amis, il remonta et se rendit chez le Seigneur de Jérusalem pour conter son aventure. Le gouverneur était intrigué. Cet homme était-il fou ? Pis, était-il ivre ? Un jardin dans un puits ? Il avait l'air si sincère qu'Omar fut interrogé. Il se rappela alors que Mahomet avait dit à ses compagnons : « Il y aura un homme de ma nation qui entrera dans le paradis, marchant sur ses pieds et en vie. » Chorayk serait-il ce découvreur ? La foule se précipita vers le puits, mais nul ne retrouva la porte. Le jeune homme fut regardé avec suspicion, mais, au bout de quelques jours, sa feuille n'avait toujours pas séché. Elle demeurait luisante, fraîche, d'un vert somptueux. Elle ne pouvait venir que du paradis, cet extraordinaire jardin visité par Chorayk. Que nul n'ignore cette histoire ! Le Puits de la Feuille (*Bîr el waraqah*) est toujours là, à gauche en entrant dans la mosquée al-Aqsa. C'est la certitude que sous l'esplanade, il y a le Temple, encore plus profond il y a le paradis qui s'est ouvert à un musulman. L'islam est à sa place en ce lieu.

Si ses fondations reposent sur la porte du Paradis, la mosquée est un condensé de l'histoire biblique et musulmane. Mujīr al-Dīn égrène la liste des *mehrâb* (chapelle), chacune reliant le pèlerin à un personnage historique. Il contemple, au fond de la mosquée, le *mehrâb* de David, « le lieu où il célébrait sa prière quand il entrait dans le Temple ». Son souvenir attire l'énergie divine : « Il est de tradition que toutes les prières que l'on y fait sont exaucées ; j'y ai adressé une prière à Dieu en lui demandant diverses choses, et, dans sa bonté et sa générosité, il m'a exaucé. » Lorsqu'il s'empara de la cité, Omar s'y précipita pour remercier Dieu. Un autre *mehrâb*, appelé le Marché de la Connaissance (*Soûq el ma'réfeh*), correspondrait à l'antique porte du Repentir. Quand un juif commettait un péché, sa faute était mystérieusement écrite de nuit sur la porte de sa maison. Pour laver cette inscription, le coupable devait venir en cet endroit implorer Dieu. Le signe de ce pardon consistait en l'effacement miraculeux de la formule de dénonciation. Sous cette pièce, il faut gagner le *mhad 'Ysa* (« berceau de Jésus »), en fait l'oratoire de Marie. Le pèlerin s'y agenouille, récite la sourate 19, dite de Marie, avant de présenter sa requête ; elle sera exaucée.

Bien d'autres lieux disent le lien étroit entre Dieu, les anciens prophètes et l'islam. Le pèlerin aime se reposer dans le *djâmé* de Omar ; pour y pénétrer, il passe par la station d'Esdras (*Maqâm 'Ozayr*). Ainsi le prêtre qui, selon la Bible, mena 5 000 juifs de Babylone à Jérusalem en 459 av. J.-C. est étroitement associé au calife qui s'est emparé de la cité en novembre 636. Les lieux et les objets disent cette lignée séculaire. La principale chaire (*minbar*) est en ébène et ivoire, réalisée à Alep en 1168 en prévision de la reprise de la ville aux croisés. Elle attendit jusqu'en 1187 pour arriver dans la mosquée.

De multiples lieux sacrés

Outre ces hauts lieux, Mujīr al-Dīn signale bien d'autres sites saints. La Coupole de Salomon marque le lieu où le roi s'était tenu sur un rocher après avoir achevé la construction du Temple et avait prié Dieu. Celle de Moïse ne date que de mars 1251 ; malgré son nom, rien ne la rattache au célèbre prophète. L'esplanade est emplie de « mehrâbs sur des estrades, bâtis pour la prière ». Est remarquable la Coupole du Rouleau. Selon une tradition, un roi-pèlerin se rendit sur le mont des Oliviers. De là, il lança un rouleau de parchemin vers l'esplanade. Il construisit un édicule où l'objet tomba. L'enclos du Qâchâny est le site où le cheikh 'Abd el-Malek s'enferma pour ne se consacrer qu'à Dieu. À la *zâwieh* (angle où se réunissent des confréries) des Bestâmiens se regroupent les *faqîrs* (personnages pauvres et pieux) qui y chantent leurs hymnes. Les pèlerins méditent sur les espaces funéraires, la Nahwiyeh, la Nâseriyeh ou la Fâresiyeh. Ils se rafraîchissent aux 33 puits et font des achats dans de multiples boutiques, avant de se reposer aux Écuries de Salomon.

L'espace est saturé de sacré. Cela ne suffit pourtant pas. Les plus dévots pourraient apercevoir ce qui est caché à la multitude. L'esplanade abriterait une des résidences de Kher, génie gardien des déserts et des mers. Le vendredi, il prie, successivement, à La Mecque, Médine, Jérusalem, Quba et au mont Sinaï. Les pèlerins pourraient le reconnaître car il ne mange que des truffes et du céleri, ne boit que l'eau de Jérusalem et se lave uniquement à la fontaine de Siloé. Combien d'autres merveilles sont cachées sur le Masdjid.

Si Dieu bénit le site, y manifeste sa puissance et y octroie ses grâces, c'est parce que les hommes l'honorent correctement. Pour éviter la cacophonie, un règlement de janvier 1485 règle la hiérarchie qui préside à la prière des imâms. Celui des malékites commence, suivi par celui des châfé'ites, celui des hanafites, enfin celui des hanbalîtes. Chacun a son moment et son emplacement. Les autres imâms n'ont pas le droit de célébrer tous les jours, tout au plus de réciter les *tarâwîh* (« prières ») durant le mois de ramadan. Quand vient le soir, la lumière rompt les ténèbres : 750 lanternes sont allumées à al-Aqsa, 540 au Rocher, 500 autres disséminées sur tout le site. Lors des grandes fêtes, plus de 20 000 luminaires ornent l'esplanade : « Il n'y a pas un seul des Masdjids de ce monde, dans notre empire islamique, où l'on allume un pareil nombre de lampes. Dieu sait mieux la vérité. »

En la voyant, Dieu y porta un « regard de beauté » alors qu'il avait eu un « œil de gloire » sur La Mecque. Les musulmans aiment rapporter une histoire merveilleuse. Un vieillard aveugle couvert de haillons psalmodiait une louange à l'ombre d'arbres à fleurs : « Gloire à celui qui a réuni en ce Masdjid toutes les beautés ; qui l'a orné de ces riches vêtements, et a déposé en son sein les trésors de ce monde et de l'autre. » Voir un infirme misérable aussi joyeux intrigua un pèlerin :

> Le pèlerin : Ô mon maître, qu'entends-tu par trésors de ce monde ?
>
> – L'aveugle : Il n'y pas une de ces fleurs que tu vois qui ne renferme des propriétés utiles ou nuisibles, connues des gens spéciaux.
>
> – Le pèlerin : Certes ! Je le sais. Mais peut-être me montreras-tu que tu sais quelque chose qui augmentera ma foi en parlant à mon intelligence ?

L'aveugle le prit par la main pour l'entraîner vers une pelouse. Après lui avoir emprunté un *dirham* (pièce de faible valeur), il saisit une poignée d'herbe et en frotta la pièce. Elle devint aussi brillante qu'un *dinâr* (pièce d'or) : « Voilà des secrets qui renferment des trésors. Gloire à Celui qui peut tout ce qu'il veut ! »

Le Masdjid est un centre polysémique. L'héritage biblique et la tradition musulmane s'y entremêlent. Le merveilleux voisine avec l'histoire ; la piété la plus pure avec des dévotions populaires non approuvées ; les histoires officielles avec les récits des guides ou des mendiants. Ici, le pèlerin est hors des lois du monde : le rocher lévite, les puits ouvrent sur des jardins secrets, la nuit est vaincue par la lumière, les métaux vils deviennent de l'or. C'est le cœur du monde, la porte du paradis, la source centrale, le lieu de l'élévation de Mahomet. Toute la dévotion s'y vit aussi bien qu'à La Mecque ou Médine. Mahomet y côtoie Salomon et Moïse. Le musulman est l'héritier des promesses faites à Abraham, le restaurateur du Temple de Salomon. Il est ici chez lui et Dieu renouvelle l'Alliance en lui offrant ses bénédictions.

Pour quitter le Masdjid, le pèlerin ne peut emprunter ni la porte du Repentir ni la porte de la Miséricorde bouchées par Omar pour des raisons militaires. Elles ne se rouvriront que « quand descendra le seigneur Jésus, fils de Marie, sur qui soit le Salut ! ». Le visiteur sort donc par une des huit autres portes : celle de l'Inspecteur édifiée en 1203 ; celle des Marchands reconstruite en 1336 ; celle de Hetta à laquelle étaient attachées des indulgences au temps de Moïse ; celle de la Gloire des Prophètes par où entra Omar…

À celui qui revient dans le labyrinthe des rues, la ville s'impose par quatre minarets dont l'un date d'avril 1298 et l'autre d'août 1367. En flânant dans les rues qu'il aime tant, Mujīr al-Dīn compte les madrassa (écoles), n'oubliant jamais d'en signaler les pieux fondateurs. Jérusalem n'est pourtant pas uniquement musulmane. Il ne cite qu'une synagogue, et encore pour ne s'en servir que de point de repère. En revanche, il mentionne 20 églises chrétiennes dont certaines sont fréquentées par les musulmans. Le tombeau de la Vierge à Gethsémani a été découvert par sainte Hélène et Omar vint y prier comme bien d'autres *sahâbeh* (principaux compagnons de Mahomet). Les chrétiens se retrouvent surtout à Qiâmeh (« Résurrection »), c'est-à-dire le Sépulcre. C'est une « construction extrêmement forte et solide », les pèlerins y viennent « plusieurs fois par an du pays Roûm [Grèce], des Francs, de l'Arménie, de l'Égypte, de la principauté de Syrie et de toutes les contrées ». Trois autres églises « sont l'objet principal de la vénération des

Chrétiens » : Sion gérée par les Franciscains ; Saint-Jacques qui relève des Arméniens ; Sainte-Croix dont s'occupent les Géorgiens. Là aussi le merveilleux est présent. Au Sépulcre, deux colonnes sont surmontées de chapiteaux figurant des serpents. Une croyance y est attachée. Si une personne mordue par un reptile vient y prier, le poison ne le tuera pas, à condition qu'il demeure au moins trois cent soixante jours à Jérusalem ; s'il ne respecte pas ce délai, il sera foudroyé dès qu'il aura franchi les murs de la ville. Jérusalem tient à ceux qui l'aiment.

La situation n'est pourtant pas celle d'une cohabitation paisible. Si les chrétiens et les juifs jouissent d'un statut légal, leur influence dans l'espace public est sévèrement discutée. En juillet 1305, l'église de la Sainte-Croix est transformée en mosquée ; elle n'est rendue au culte chrétien qu'après de longues tractations menées par le roi de Géorgie. Seuls les édifices anciens sont tolérés ; les moindres travaux nécessitent de complexes négociations, comme c'est le cas pour les Franciscains en 1446-1447. S'ajoutent à ces inconvénients du quotidien nombre d'affaires épineuses. En novembre 1473, des pluies catastrophiques ruinent une partie d'une synagogue, dégageant un passage vers une mosquée. Les musulmans occupent immédiatement le terrain. Il faut une intervention du sultan pour que l'édifice puisse être reconstruit en 1475. L'année suivante, les religieux gestionnaires des lieux dévolus aux Francs sont arrêtés et transférés au Caire. Lorsqu'en janvier 1492 de nouvelles pluies provoquent un effondrement d'une annexe du Sépulcre, Mujīr al-Dīn se réjouit : « Aucun réparation n'a été faite jusqu'à ce jour ; Dieu veuille, dans sa bonté, renverser le reste ! »

Dieu a donné Jérusalem à l'islam, qui réalise le destin défini par les antiques prophètes. Il se manifeste à ses fidèles en leur octroyant bien des grâces. En cette fin du XVe siècle, la ville est définitivement un des principaux hauts lieux de la piété musulmane.

1531
Dom Loupvent en quête des souffrances du Christ

« Ce n'est chez nous
que larmes et demandes de pardon à Dieu. »

Avant de prendre ce bateau pour la Terre sainte, Dom Nicole Loupvent (v. 1490-1550) n'avait sans doute jamais quitté la vallée de la Meuse. Né à Saint-Mihiel dans une famille de drapiers, il entre à l'abbaye bénédictine de la ville à 14 ans. Il y reçoit le diaconat en 1512 et la prêtrise peu de temps après. Respecté, sérieux, il est le trésorier de sa maison. Comment a-t-il connu un groupe de nobles lorrains qui lui proposent de les accompagner à Jérusalem ? Ils veulent prier au Tombeau du Christ et gagner le titre honorifique de chevalier du Saint-Sépulcre qu'acquièrent ceux qui passent une nuit en prière dans l'église de Jérusalem. Le pèlerinage est le but de bien des chrétiens.

Ayant renoncé au métier des armes, Ignace de Loyola (1491-1556), futur fondateur des Jésuites, l'effectue en 1523. De retour en Europe, il ordonne aux futurs pères de faire le voyage « sans argent, mendiant même aux portes [...] pour pouvoir s'habituer à mal manger et à mal dormir ». Loupvent décide de vivre cette aventure. Celle qui va lui permettre de parcourir la région où « notre Sauveur et Rédempteur Jésus a enduré ses souffrances et a été supplicié pour notre

Rédemption ; et en se remettant en mémoire que c'est sur cette Terre Sainte-là que Notre-Seigneur a accompli des prodiges et des miracles sans nombre, et qu'Il l'a ennoblie par Sa présence, Ses prédications, Sa glorieuse Passion, l'effusion de Son sang et une mort qui L'a étreint de son angoisse ».

La découverte du monde

Il se met en route avec Charles de Condé, archer de la garde personnelle du duc de Lorraine, Bertrand de Condé, seigneur de Clévant, et Didier le Dard, commis à la recette de Pont-à-Mousson. Le 9 mai 1531, ils se retrouvent dans l'église de pèlerinage de Saint-Nicolas-de-Port pour se placer sous la protection du puissant saint. Autour d'eux, il y a un « grand rassemblement de gens de bien désireux d'assister à notre départ [...] nous quittâmes ledit lieu accompagnés de plus de trois cent personnes ». Ceux qui restent prieront pour les voyageurs, espérant, en retour, qu'ils bénéficieront des grâces obtenues près du Tombeau du Christ. Vingt jours de voyage pour parcourir 800 km qui, par la vallée du Rhin et les Alpes, les amènent à Venise. Ils rejoignent Claude d'Haussonville, le puissant gouverneur de Nancy. Parti un peu avant eux, il leur a laissé des graffitis sur les murs des auberges. Il régnera sur le groupe, distribuant les pourboires qui aplanissent tous les obstacles.

À Venise, il faut trouver un bateau. Ils passent contrat avec le capitaine Jean Dauphin. Que de temps pour discuter les modalités de paiement, la nature des repas, les espaces dévolus aux passagers... Dans l'attente, les pèlerins visitent la cité. Ils se rendent, par exemple, chez les verriers de Murano. Invité à souffler dans une canne de verrier, Loupvent donne naissance à « un membre viril long de trois pieds et gros plus de trois fois comme mon poing ». Éclat de rire général ! Ils font les dernières courses. Loupvent achète un coffre « où vous pourrez enfermer vos affaires personnelles, et qui pourra vous servir d'oreiller pour la nuit, un petit matelas de bourre et deux petits draps [...] une chaise percée munie d'un petit vase fixé en dessous, les deux choses tenant ensemble ». Chez un apothicaire, il se procure de « l'huile d'aristoloche longue » contre les poux et « une certaine poudre [...] au cas où vous en auriez besoin pour aller à la selle, et également pour vous guérir lorsque vous êtes soumis à la tyrannie galopante de votre ventre ». Il rassemble des vivres : vin du Frioul, baril d'eau douce, parmesan, biscottes, jambon, saucisson et confiture. Enfin, en prévision des rencontres en Terre sainte, il remplit sa bourse de petites pièces, d'aiguilles et de rubans à distribuer aux Arabes.

Le 22 juin, les pèlerins montent sur la *Santa Maria*, une grosse nave de 26 mètres de long dont les cales sont emplies de 500 tonnes de fret de laine et de grains. Ils sont près de 200 entassés à bord, venus « d'Espagne, d'Angleterre, des Flandres, de Lombardie, d'Allemagne, de France et de Bretagne ». La société pèlerine est cosmopolite. Parmi eux, il y a quelques femmes, mais Loupvent n'en parle pas sauf pour signaler la chute burlesque d'une Espagnole « exposant à la vue les reliques de sa venue au monde ».

Une lente navigation commence. Le navire se traîne à une vitesse moyenne de 3 km/h. L'ennui s'installe. Le capitaine est très vite détesté. Loupvent l'appelle « mouton cornu », « bâtard de capitaine », « traître à l'égal de Judas ». Il rationne la nourriture, fait sans cesse payer des suppléments, refuse les escales, menace son équipage des pires punitions... À la colère s'ajoute la disette. L'eau fraîche est la principale préoccupation. Près de Candie, les provisions du bateau se réduisent à « une eau si puante et si empoisonnée qu'il était impossible d'y goûter ». À Rama, « l'eau principalement faisait défaut ». Pendant quelques jours, il faut « se contenter de pain, de vin, de fromage et de sardines, car il était impossible de faire un potage à la viande ou de toute autre chose, pour la bonne raison qu'en fait d'eau nous n'en avions pas qui ne fût puante ». Au bout de deux semaines, « nos vivres étaient en train de se gâter. Il y avait plus de huit jours qu'en fait de pain nous n'avions mangé que des biscottes où pullulait la vermine, bu que de l'eau qui puait, avec laquelle étaient préparés nos aliments et nos potages ». Tous attendent avec impatience les escales pour se ruer vers les auberges. À Chypre, ils font « grosse chère » pour se « dédommager du temps passé où nous avions été mal traités ». À Zante, Loupvent déguste « plusieurs sortes de fruits qui nous étaient inconnus et qui étaient d'un goût merveilleusement savoureux ».

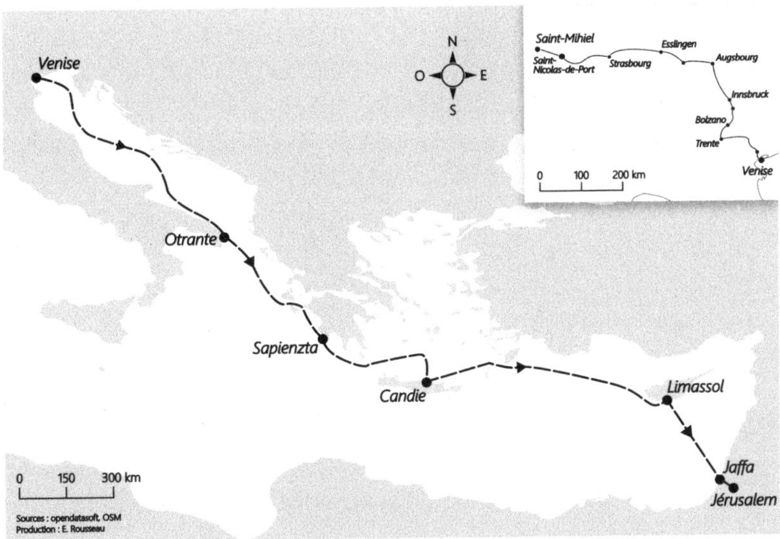

Le trajet de Dom Loupvent vers Jérusalem en 1531

La mer terrifie le moine. La moindre houle lui semble annoncer un naufrage. Il se méfie du vent qui « va où il veut, quand il veut et comme il veut ». Puis c'est la panne avec tous ses dangers sur des flots immobiles. Terrible impression d'impuissance !

Les pèlerins se sentent comme des « vers de terre prisonniers de la patte des poules ». À la furie des éléments s'ajoute la peur des pirates barbaresques. Un jour, Loupvent aperçoit un objet flotter au loin. Il en est persuadé, ce sont les restes d'un bateau coulé, dont les passagers ont été entraînés en esclavage. De près, ce n'est qu'une branche d'arbre.

Le 4 août, Jaffa est en vue. L'accueil des Ottomans est très froid. Le capitaine ayant essayé de faire entrer en fraude des marchandises, les passagers sont mis en prison quelques jours. Libérés, ils sont immédiatement encadrés par un franciscain dont l'ordre représente officiellement les intérêts catholiques en Terre sainte depuis 1342. Sept ans auparavant, Robert d'Anjou avait obtenu du sultan la réouverture du Sépulcre aux chrétiens, les Franciscains créèrent le couvent du Cénacle sur le mont Sion pour recevoir les pèlerins. Ils sont responsables devant les autorités musulmanes des éventuels incidents. Un règlement très strict est donc imposé aux pèlerins : interdiction de circuler seul, de regarder les femmes ou de boire du vin, de dégrader les édifices et de voler des reliques, de s'exposer trop longtemps au soleil, de manger dans les Lieux saints… Ils ne peuvent circuler en Terre sainte qu'accompagnés de deux guides parlant le français et l'allemand et d'une petite escorte armée ottomane.

Malgré ces contraintes, Loupvent est ravi. Ce pays est une révélation. Tout le passionne. Les mosquées sont des « constructions de jolie facture tant avec voûtes qu'avec tourelles en encorbellement à l'extérieur ». Les marchés sont emplis de « tissus de soie, de taffetas, de satin, de chapelets de cornaline, des rubis, diamants, fines turquoises, merveilleuses agates, des noix d'Inde, des pierres d'aigle utilisées comme traitement pour les femmes durant le temps de la grossesse ». Les conditions de voyage sont dures à cause d'une chaleur insupportable et des risques de « char sang » (dysenterie), mais la région est « étonnamment fertile, riche en céréales, coton, dattiers ».

Depuis décembre 1516, date de la prise de Jérusalem par les Turcs, le sultan y maintient un savant équilibre entre les confessions. Les juifs sont maintenant protégés par les autorités. Vers 1530, lorsque les responsables de la mosquée al-Umari demandent la démolition de la synagogue Ramban car ils estiment qu'elle gêne leur culte, le pouvoir interdit toute destruction. En 1535, l'Italien David dei Rossi remarque que la communauté dispose d'une certaine autonomie : « Ici, nous ne sommes pas en exil, comme dans notre patrie ; ici, ceux qui décident des us et des coutumes et droits sont juifs. » Malgré cette présence, Loupvent ne parle jamais d'eux. En revanche, il se déchaîne contre les chrétiens non romains, coupables, à ses yeux, des pires hérésies. Les jacobites « commettent de lourdes erreurs doctrinales, car s'ils reconnaissent qu'il y a deux personnes en Jésus-Christ, une divine et une humaine, ils ne veulent pas admettre que la Vierge Marie soit la mère de Notre-Seigneur ». Les nestoriens « ne s'apparentent franchement ni à la religion de Moïse ni à celle de Jésus-Christ, empruntant à l'une et à l'autre à la fois. Ils sont fort cupides, et ont la taille serrée par une large ceinture de laine mi-noire et mi-blanche ». Les Arméniens « n'utilisent pas de cloches pour annoncer leurs offices, mais bien une crécelle ». Les musulmans sont encore plus mal jugés. Ce sont « de maudits chiens exclus de la communauté chrétienne », de « faux chiens de Maures et de Sarrazins » et de « maudits Turcs et Sarrazins ». Le moine craint les « gestes fielleux de tous ces mahométans sectateurs de la monarchie de Lucifer ». Depuis la fin des croisades, la Terre sainte est « polluée et infectée par les souillures, les ordures et les immondices de ces maudits Turcs et Sarrazins ». Loupvent entre en Terre sainte empli de détestations. Il est catholique romain, fier de l'être, assuré d'être dans la vérité.

Une piété doloriste

Ici, il veut tout voir. Son récit contient la description de 102 sites : l'endroit où Jonas sortit du ventre de la baleine ; l'église où saint Pierre guérit une paralytique ; la plaine où David tua Goliath ; la route où les pèlerins d'Emmaüs rencontrèrent Jésus ; la grotte où Pierre pleura ; les maisons de Judas, Lazare ou Véronique ; la pierre de la pamoison de la Vierge… Il veut aussi tout savoir. Il recopie les innombrables panneaux qui, en plusieurs langues, sont accrochés aux portes des églises. Il demande aux Franciscains des documents et ne cesse de les interroger. Il demeure cependant prudent face au légendaire qui est déployé devant lui. Quand un guide lui présente un parchemin l'assurant qu'il s'agit d'un autographe de Pilate, il lit le texte, le recopie mais laisse planer des doutes sur son authenticité.

Il est peu adepte du merveilleux. Il ne mentionne que quatre sites de miracles : la piscine probatique, les indulgences attachées à certains endroits du Saint-Sépulcre, les pierres noires de la Maison de Jacob que les femmes enceintes récupèrent afin de faciliter leurs couches, l'église de Bethléem. Il est tout aussi discret face aux reliques. Est-il marqué par l'esprit de la Renaissance qui se méfie des miracles trop faciles, des reliques douteuses et des prières de demande ? Partage-t-il les idées d'Érasme ? Dans ses *Colloques* (1524-1526), celui-ci se moque des pèlerins qui espèrent passer quelque « marché avec les saints » et adressent à la Sainte Vierge « des demandes qu'un jeune homme timide oserait à peine faire à une entremetteuse ». Méfiance envers le surnaturel ? À moins que la quête de Loupvent ne soit ailleurs. En Terre sainte, il veut voir et sentir le Christ. Il lui consacre 187 passages de son manuscrit. Jésus est un personnage historique (45 fois), le Sauveur

(32 fois), « Notre Seigneur » (110 fois). Il est celui qui s'est offert et a souffert par amour des hommes. C'est ce souvenir que Loupvent veut vivre.

Le moment le plus fort de son pèlerinage est la nuit du 11 août, passée au Sépulcre. Nul ne peut y pénétrer sans une soigneuse préparation, une confession, une messe et une lente procession pieds nus dans les rues sous les quolibets des habitants pourtant habitués à ces cortèges. Après être passés devant les gardes musulmans goguenards qui leur réclament l'argent du droit d'entrée, les pèlerins avancent selon un « ordre protocolaire » bien précis : en tête leur guide franciscain puis les religieux, les « membres du clergé séculier », « les gens de la noblesse », les marchands et les autres dont des chrétiens locaux qui profitent de cette occasion. Une fois les portes refermées, les pèlerins vivent une expérience absolue. L'un d'entre eux s'évanouit tant l'émotion est forte. Un autre réclame une mort immédiate, car, après cet événement, le reste de sa vie lui apparaîtra fade. Les plus nombreux pleurent, embrassent le sol. Ils écartent les bras pour se coller aux pierres. Loupvent reste pratique. Il a apporté un petit tapis et un « coussin de coton que l'on nous avait distribué pour nous servir de couche et d'oreiller ». Immédiatement, il repère « les commodités et les latrines ».

L'émotion de la découverte passée, les pèlerins se groupent en une procession : « Nous nous avancions, chantant à haute voix la belle oraison pascale. » Ils parcourent tous les sites de l'église en suivant les étapes de la Passion. Les chants sont lancés vers les voûtes en « un concert étonnant à entendre, l'un bien, l'autre mal, un autre encore comme il savait, mais nous fîmes tant et si bien que nous en vînmes à bout ». Le rite collectif effectué, chacun peut maintenant s'adonner « librement à ses petites affaires personnelles ». Loupvent compte les marches, les détours des couloirs, le nombre de colonnes : il ne se trompe jamais. Il veut tout conserver en mémoire ; non pas des images mais une vérité. Deux heures avant le lever du soleil, quelques prêtres préparent la messe. Au matin, épuisés par l'émotion et rompus de fatigue, ils retournent à leur logis.

Le pèlerinage de Loupvent est marqué par la Passion. Certes, il se rend à Bethléem. Mais il n'envisage la naissance que comme le prélude à une agonie et une mort ignominieuses. La Croix découverte par Hélène l'obsède. Il revient 51 fois sur ce sujet. Au Sépulcre, il recopie une « oraison en langue vulgaire » placardée sur un mur. Elle personnifie le bois :

> Bois éclatant de beauté, qui fut jadis dressé sur ce Mont Calvaire, la malheureuse personne que je suis vient se mettre sous ta protection, afin d'échapper à la captivité du noir cachot de mes ennemis. Du vrai salut, c'est toi qui es la dispensatrice, titre prestigieux marqué de trois clous glorieux plus éclatants que le soleil au firmament, qui te vaudront d'être adorés de tous. Pour ce qui est de moi, de tout mon être, me voici sous ta protection, tendant vers le ciel mes deux bras ; tu vois combien je suis persécutée et poursuivie sans relâche par mes ennemis.
>
> Reçois-moi, je t'en prie, à l'ombre de tes branches.
>
> Prince des Cieux, je viens adorer ta Croix tant vénérée. Tire-moi du fond de l'abîme du péché qui souille mes blanches mains. Sans ton secours, je suis une âme damnée. Je veux m'endormir sous ta verte feuillée.
>
> Reçois-moi, je t'en prie, à l'ombre de tes branches.
>
> Amen.

La Croix amène Loupvent aux pleurs et au sang. Les pleurs de l'homme pécheur, conscient de son indignité. Le sang divin qui le rachète. Sur un pilier, il lit une élégie laissée par un prêtre flamand. Des propos qu'il partage tant ils rendent visibles l'agonie du Christ et la faiblesse des hommes :

> Ah ! Combien il faut pleurer, combien il faut gémir sur ce corps où s'est dissimulée la véritable gloire d'un grand Dieu [...].

Ah ! malheureux que je suis, à voir Tes membres bleuis, recouverts d'affreuses blessures. Ta poitrine sacrée s'ouvre, béante, sur une effrayante plaie.

Ta tête, sur un front plein de calme, est recouverte d'une couronne de redoutables épines, et Ta face est tuméfiée sous le coup d'une taillade impie.

Tous Tes membres sont endoloris, tout trempés de sang vermeil ; aucun endroit, sur la totalité de Ton corps, ne reste exempt de blessure [...].

Grand Dieu, quelle bonté faut-il qu'il y ait en Toi pour accepter le supplice de la Croix à cause de mes fautes à moi ?

Loupvent communie avec le destin sanglant de Jésus. Sous sa plume le passé et le présent se mêlent comme s'il voyait véritablement les moments de la Passion. Il contemple le trou dans lequel la Croix fut fichée ; il pleure dessus, voit le sang sur les pierres, entend les quolibets des gardes romains, sent le vent sombre qui accompagne la mort. Il est revenu quinze siècles en arrière. Il participe au moment. Ses mots se troublent pour rendre présente la mort du Christ. Au moment où il sort de cette extase, il s'apitoie sur sa condition de pécheur et prend la résolution de se dévouer encore plus pieusement à Dieu. Le processus intervient une dizaine de fois au cours du pèlerinage. Ce sont des moments où s'efface le temps, où la foi prend corps, où l'âme communie avec le divin. L'intense expérience est bouleversante.

Elle n'est pas uniquement spirituelle. Elle change le pèlerin. Sur le bateau qui le ramène vers l'Europe, il admire l'éducation qu'un pope donne à son fils et loue sa manière de prier. Lui qui vient d'une Europe qui se déchire pour des raisons religieuses et où l'iconoclasme fait des ravages, il découvre que les musulmans préservent les Lieux saints chrétiens : « Je suis par ailleurs fort étonné que les Turcs et les Sarrazins les gardent ainsi dans leur intégrité. » Les deux religions partagent bien des lieux de prière. Au Tombeau de Lazare, à Béthanie, « qu'il soit clair pour tous que ce sépulcre est autant révéré des Turcs et des Maures ». En passant près du tombeau d'Absalon, chrétiens et musulmans ont le même geste : « Jamais ils n'y passent sans lancer une pierre contre le tombeau parce que, c'est la raison qu'ils avancent, il [Absalon] s'était lancé dans une guerre mortelle contre son père David. » Il laisse à Jérusalem ses préjugés et ses détestations ; il s'est ouvert à l'Autre.

Le 21 août, à 6 heures du matin, les pèlerins font leurs adieux aux franciscains : « Et croyez bien que cela ne se passa pas sans larmes tant de notre côté que de celui des religieux. » Leurs aventures ne sont pas finies. Ils attendent dix jours que le bateau puisse prendre la mer, longue période où ils sont « bien mal nourris et rassasiés ». Enfin, les ancres sont levées et ils mettent le cap à l'ouest. Tous se tournent une dernière fois vers la Terre sainte : « Chacun se mit en devoir de saluer pieusement et de remercier Dieu de nous avoir fait la grâce de nous maintenir en santé et de nous avoir accordé le temps et l'opportunité de contempler et de visiter les Saints Lieux qu'Il avait foulés de Ses précieux pas. »

Dom Loupvent rentre seul en Europe. Ses compagnons meurent d'une intoxication alimentaire au large de Limassol. Il a effectué son voyage à une période charnière. C'est le « crépuscule du Grand Voyage » ; les flux vont commencer à se tarir. En 1519, le marquis de Tarifa assiste à l'embarquement de 190 pèlerins alors qu'en 1593 Nicolas de Hault ne rencontre que 15 Européens à Jérusalem. De retour sur les bords de la Meuse, Dom Loupvent retrouve son abbaye et son poste de trésorier. En 1543, il devient prieur claustral. Catholique réformiste, il réunit en 1545 un chapitre général pour spiritualiser la vie de ses frères. Le goût du voyage le tenaille pourtant. Il repart en pèlerinage à Saint-Maur-des-Fossés (1545) puis à Rome (1549-1550). Son séjour à Jérusalem l'a transformé.

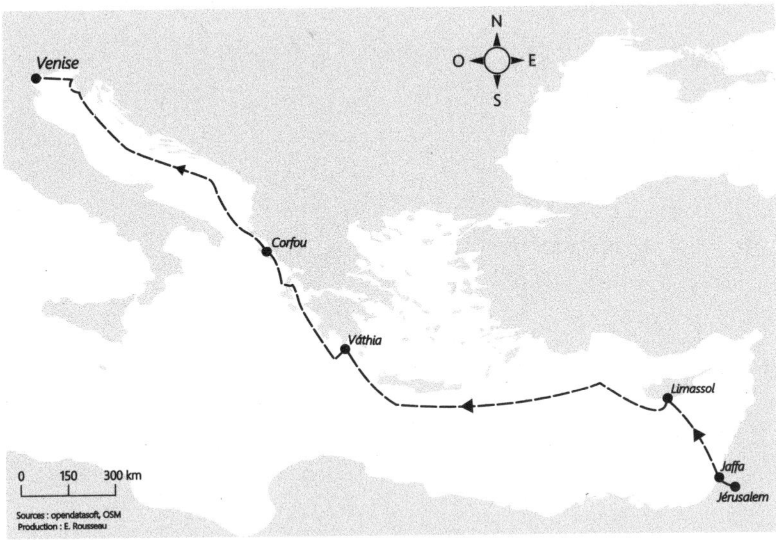

Le trajet de Dom Loupvent depuis Jérusalem vers l'Italie

Loupvent demeure résolument catholique :

> La meilleure religion et la plus avérée est bien celle qui nous est enseignée et dont la vérité nous est démontrée par le magistère de la cour de Rome. Car c'est là que se trouvent les saints et sacrés Évangiles auxquels nous devons accorder foi et croyance, sans y admettre la moindre variation ni hésitation.

Mais il a découvert qu'il y a tant de manières d'honorer Dieu. Il a vu que d'autres pourront être sauvés, que tous peuvent prier ensemble pour s'élever. De manière particulièrement humaniste, il note : « Chacun étant persuadé néanmoins que sa propre manière de faire est la bonne et la seule valable. Dieu, lui, sait. »

1586
Jean Zuallart, un guide pratique pour aller en Terre sainte

« En quelle révérence il [le pèlerin] doit entrer, contempler et voir en esprit son Dieu, son Créateur, son miséricordieux. »

Jean Zuallart (1541-1634) est un homme prudent et pratique. Il n'a sans doute jamais voulu aller à Jérusalem, mais pouvait-il faire autrement ?

Bailli de Silly et mayeur (maire) de la ville d'Ath, en Wallonie, il est apprécié pour ses qualités de diplomate et de gestionnaire. C'est ce qui lui vaut une proposition du puissant prince de Mérode : accompagner son fils, Charles-Philippe baron de Mérode-Houffalize, pendant son voyage en Allemagne puis en Italie. Jean promet de suivre le jeune homme, ravi de découvrir l'Europe. Arrivés à Rome, le prince demande à son nouvel ami s'il le suivra partout. Bien sûr, répond le bourgeois. Alors, allons à Jérusalem… Zuallart est surpris. Il tente de dissuader le prince. En cette fin du XVIe siècle, l'idée même de pèlerinage est sévèrement critiquée par les protestants. Dans son *Traité des reliques* (1543), Jean Calvin explique qu'en partant, le fidèle commet les « plus lourdes sottises du commun populaire ». D'autant plus que le but de ces courses n'est que chimère. Il se moque des reliques de saint Pierre : le corps entier est à Rome, une moitié à l'église Saint-Pierre, l'autre à Saint-Paul. Il faut y ajouter une mâchoire à Poitiers, la barbe à Trèves, un os à Argenton… Et il continue une impressionnante liste. Quant à la Vierge, il y a tant de reliques d'elle que son corps était assez grand pour « remplir un grand charnier ». La conclusion tombe : « L'honneur de Dieu est ailleurs. » Pour Zuallart, les « hérétiques, hommes mondains, charnels » agissent sur l'ordre de « Satan, ennemi mortel de l'honneur de Dieu et du salut des humains, nous empêche de tout son pouvoir » de partir en pèlerinage. Un bon catholique n'écoute pas les erreurs proférées car il sait que l'acte pèlerin est « une dévotion et pieuse conception ». Cependant, au sein même de l'Église, des voix s'élèvent contre le voyage en Terre sainte. Les lieux seraient des faux, des reconstructions tardives ; il n'existerait plus aucune trace véridique du passage de Jésus. Ces allégations sont « vaines, frivoles et fausses ». Jérusalem actuelle est « située sur les fondements des murs de l'ancienne » et les lieux visités « sont les mêmes qu'ont visités les anciens ».

Bien se préparer

Nous voilà rassurés. Zuallart part. À l'issue de son voyage, il écrit *Il Devotissimo Viaggo Di Gerusalemme* (1587), véritable succès avec, avant 1610, quatre éditions en italien, deux en français, deux en allemand… Plus qu'une expérience personnelle, c'est un guide pratique et vivant sur ce que le pèlerin peut faire et ce qu'il doit éviter.

Avant même de penser à partir, nous devons avoir un état d'esprit approprié, nous préparer spirituellement à supporter « avec patience, charité et modestie pour l'amour de Dieu les fâcheries, injures et incommodités qu'on y rencontre ». Le pèlerin demeure « humble prudent et pacifique […] le plus simplement et modestement que l'on peut ». Il se souvient que

« la douce parole multiplie les amis, apaise les ennemis ». En Terre sainte, le danger de se faire rançonner est bien réel. Il ne faut donc pas attirer l'attention, demeurer discret sur sa fortune et sa noblesse ; ne jamais « ouvrir imprudemment son cœur à tous ceux qui feront semblant d'être amis ». Les provocateurs sont nombreux qui « développent de fausses accusations et cauteleuses inventions ». Ils vous dénoncent aux Ottomans qui vous emprisonneront ou vous feront payer des amendes. Les Grecs et les juifs sont tout autant suspects car ce sont des « ennemis couverts ». Le plus prudent est de toujours rester avec le groupe des pèlerins, de suivre le franciscain qui vous accompagne et de ne jamais quitter sa « robbe pèlerine ».

Si, malgré les risques, vous persistez dans l'intention d'aller en Terre sainte, il convient de s'équiper matériellement. Une « bourse bien garnie avec lettres de change et de crédit » est indispensable. Mais il ne faut jamais la sortir à la vue de tous, car des étrangers « vous tireront par paroles blandissantes [flatteuses] », autrement dit ils essaieront de vous voler ou de vous escroquer. Il est bon de se munir aussi d'« un placet de sa sainteté [le pape] ou de son légat à Venise ». Ce document officiel sera présenté pour entrer au Saint-Sépulcre et dans d'autres Lieux saints. Les franciscains qui vous accompagnent peuvent fournir des exemptions, mais ce n'est pas toujours suffisant. Et ne comptez pas sur la possibilité de verser un bakchich aux gardes ; sur ce point, ils sont intransigeants.

En homme prudent, Zuallart fournit la description précise du paquetage. Le point essentiel concerne la nourriture. Pendant la traversée, les portions distribuées sont infectes ou insuffisantes. On peut, moyennant un supplément, se faire inviter à la table du capitaine. Mais, une fois de plus, l'idéal est de compter sur soi, donc de prévoir des provisions. La liste est impressionnante : des biscuits, du pain d'épice, du fromage parmesan, des œufs durs, des oignons, des jambons et langues de bœuf salés, de l'huile et du vinaigre pour préparer les repas, des fruits ou légumes confits comme des oranges, des citrons, des grenades, des raisins de Corinthe, des pruneaux, des abricots séchés qu'on peut acheter aux escales et des « choses semblables qui sont de garde ». Avoir aussi un tonnelet de vin à cacher, car les marins, y compris les musulmans, les volent « sans respecter la défense qui leur est faite par la loi de l'Alcoran ». Ne croyez pas les marins qui affirment que tout cela est superflu, que la navigation est rapide, que tout est fourni à bord... Les périodes de calme plat provoquent l'immobilisation du navire en pleine mer plusieurs jours, ce qui engendre des disettes.

La nourriture pouvant provoquer des indispositions intestinales, une petite pharmacie est requise. Elle contiendra, contre les diarrhées, du gingembre, de la cannelle, de la noix muscade, du clou de girofle ; mais « n'en usez que le temps nécessaire, craignant que la chaleur n'augmente votre altération ». En cas de constipation, il faut avoir un laxatif. Contre les « maladies contagieuses », se munir de sirop de julep (mélange d'eau, de sucre et de pavot), du sirop de rosat (eau, sucre et plantes comme la verveine). Bien évidemment, il faut avoir avec soi de la thériaque que, dans sa *Pharmacopée*, best-seller de l'époque moderne, le médecin Brice Bauderon (1539 ?-1623) présente comme « la panacée toute-puissante nécessaire aux humains, antidote très fameux, composition exquise ». La composition en est complexe puisqu'il faut de la valériane, de la racine d'aristoloche, de la dictame de Crète, des feuilles de laurier et de scordium, de l'iris de Florence, du gingembre, de l'opium de Smyrne, du millepertuis, de la rose rouge, du safran, du poivre, des fruits de fenouil, anis et navet, du bitume de Judée, de la myrrhe, de la mie de pain, du suc de réglisse... Zuallart prévient : n'utiliser ces produits qu'à petite dose ; être prudent avec la nourriture mais laisser le ventre s'adapter aux cuisines locales.

Nourriture et médicaments seront conditionnés dans de petites caisses faciles à manipuler et à ranger. À l'arrivée en Terre sainte, elles seront laissées sur le navire, car les guides franciscains pourvoient à tout. Sur place, en cas d'envies particulières, vous trouverez très facilement du poulet grillé, des viandes, des gâteaux, des œufs et des fruits qui sont proposés à des prix très modiques par les marchands locaux.

Reste la question des vêtements ; une fois de plus, il convient de respecter des règles très strictes. S'acheter un pourpoint et des chausses, « le meilleur est qu'ils soient de pauvre ou vile étoffe, non riche, brodée ou passementée ». La discrétion est de mise car tout luxe tapageur attirera l'attention des aigrefins. En outre, le pèlerinage est la rencontre avec Jésus qui s'est fait humain, le voyageur doit « rechercher l'humilité et la pauvreté ». Proscrire absolument tout ce qui est de couleur verte « car elle n'est permise qu'aux musulmans ». Il faut préférer au manteau « une robe longue jusqu'aux pieds », serrée à la taille par une ceinture, sur le modèle de celles que portent les Franciscains. N'y coudre aucun signe particulier comme le font les pèlerins en Europe ; surtout pas une croix car cela est « odieux au Mahométistes ennemis d'icelle ». Prévoir encore cinq ou six chemises sans col, des mouchoirs, des chaussettes et du savon pour les laver. Ne pas oublier un bonnet pour la traversée. Les armes et bourdons, ces lourds bâtons que les pèlerins utilisent en Europe, sont à bannir. Les musulmans les confisqueront ; les cacher, c'est prendre un risque énorme car les bagages sont fouillés à Tripoli, Jaffa et Jérusalem. Enfin, se chausser de souliers à semelle double « qui vous puissent durer et servir aux chemins âpres et rudes ».

Ainsi équipés, vous pouvez vous diriger vers un des deux ports en relation avec le Moyen-Orient. Les navires de Marseille sont plus rapides mais ceux de Venise étant plus gros, le pèlerin risque moins le mal de mer. En outre, ils font des escales « beaucoup plus agréables pour ceux qui sont curieux de voir le monde ». C'est Venise que choisissent Jean et Charles-Philippe. Comme eux, vous vous présenterez en mai ou juin. Deux types de navires gagnent la Terre sainte. Les uns filent en ligne directe vers Jaffa ; il faut les éviter car ils ne transportent que des pèlerins qui sont attendus à Jaffa où ils subissent mille avanies. Ceux, plus nombreux, qui font du commerce avec la Syrie sont discrets. Si plusieurs capitaines proposent leurs services, les conseils désintéressés d'un franciscain seront les bienvenus. Une visite du bâtiment s'impose, regarder que la coque est bien calfatée, que le garde-manger est rempli, que les armes sont propres. Vous pouvez alors parler du contrat. L'idéal est de partir avec les premiers navires, ceux qui prennent la mer en mai ; il sera plus facile de trouver un retour en août-septembre à Alexandrie ou en Syrie.

Nos pèlerins embarquent à Venise le 29 mai 1586 avec huit religieux et 10 autres laïcs, venus de Paris, de Liège, d'Irlande, de Milan, du Tyrol, de Toulouse et de Lille. Certains effectuent leur second pèlerinage. Lors de l'escale à Tripoli, ils sont rejoints par 12 Français qui arrivent de Constantinople. L'équipage est composite, marins italiens, syriens et musulmans. En montant à bord, Zuallart choisit avec soin le lieu de son couchage : le centre du navire ; il évite la proue trop humide. Il pose immédiatement son matelas et son coffre pour marquer son territoire. Moyennant un petit supplément, il fait délimiter cette zone avec des planches et des rideaux, de quoi avoir un minimum d'intimité dans une « petite chambrette pour y coucher et enserrer ses hardes, baril de vin et choses semblables ». Ce sera impossible au retour, car le bateau sera rempli de marchandises.

Personne n'est habitué à la mer et « nul ne fut exempt de vomissements extrêmes ». Quelques tempêtes rendent encore plus malade. Au large de Jaffa, « nous fûmes à voguer deux jours et deux nuits sans guère manger ni boire à cause du dégoût que nous avions ».

Prudence en Terre sainte

À Tripoli, les pèlerins s'interrogent. Quelle route prendre ? Ils peuvent débarquer pour se joindre à une caravane terrestre qui part vers le sud. C'est sans doute risqué. Les troupes ottomanes, en guerre contre les Perses, étant presque absentes de la région, les bandits en profitent : « Arabes, Druzes, Bédouins et semblables gens dévalisent tous les passagers sans exception. » La seconde solution est de continuer en bateau jusqu'à Jaffa. C'est ce qu'ils font. Ils s'entendent avec un capitaine pour qu'il les emmène et les attende vingt jours avant de les ramener à Tripoli d'où ils repartiront pour l'Europe. Ils sont à Jaffa le 25 août.

Après l'accueil par un franciscain, ils prennent contact avec des « mouquères », les loueurs de montures. Les ânes « sont difficiles à monter pour n'avoir autre selle qu'un pauvre coussin ». Avec une corde passée sur le dos de l'animal et un morceau de bois, le pèlerin se constitue de quoi remédier à l'absence d'étriers. Il donne aussi des pièces aux mouquères, car ils sont « si malins qu'ils courent toujours criant, sifflant et huant après leurs ânes et les picotant derrière, tant qu'ils les font courir et ruer pour vous faire tomber en quoi ils prennent un grand plaisir, car pour vous aider à remonter il faut nouvelle courtoisie [cadeau] ».

Au cours de sa déambulation en Terre sainte, Zuallart distingue nettement les populations. Selon lui, les Arabes sont des nomades qui « tant ceux de cheval que de pieds, par toute la Palestine, entre les ruines des anciens édifices, dans les bois et les cavernes, ne vivent que de proies, volerie ». Le pèlerin ne se déplace jamais seul et prend une escorte armée d'Ottomans pour se rendre à Hébron, au mont Sinaï ou au Jourdain. Pour autant, les Turcs ne sont pas sympathiques : « Il faut se tenir en toute modestie, sans se moquer ou prendre question avec eux », car pour le moindre prétexte « ils vous taxeront à très grosses tailles et amendes (qu'ils nomment vannies) ». Pour éviter les problèmes, il ne faut pas les regarder dans les yeux ; les saluer en enlevant son chapeau, un hochement de tête suffit ; faire des graffitis ; parler aux femmes ; les appeler chiens ; entrer dans une mosquée... Agir autrement, c'est prendre bien des risques « car pour l'un de ces points seuls, sans aucune rémission, vous seriez brûlé ou empalé vif » ou alors il faudrait se convertir.

Le point le plus important est : « Ne disputez pas avec eux de leur foi et religion. » Sur le parvis du Saint-Sépulcre, Zuallart interroge son guide sur une grande tache noire qui marque le sol. Il apprend qu'en 1580 vivait à Jérusalem une pieuse Espagnole qui ne voulait pas quitter la Ville sainte. Ayant appris quelques mots d'arabe, elle aimait discuter avec les femmes et leur parler de son interminable pèlerinage. Malheur ! Le *cadi* (juge et notaire) la fit arrêter. On l'amena devant le Saint-Sépulcre, on lui fourra des branches dans la bouche et on la brûla vive. Les traces noires sont les restes du bûcher de cette martyre. Le moine conclut en expliquant que les provocations sont permanentes. Un soir, il trouva dans le jardin du monastère une tête humaine, elle avait été jetée là pour que les moines soient accusés de meurtre.

Malgré les dangers, le 2 septembre, une heure avant le coucher du soleil, les pèlerins sont devant les portes du Saint-Sépulcre. Ils ont dû payer une licence exceptionnelle de sept sequins ou ducats d'or par tête. Cette somme est imposée aux Latins et aux Abyssiniens ; les autres chrétiens, habitant l'Empire ottoman, ne versent que deux ou trois ducats. Il ne faut surtout pas s'y opposer. Régulièrement, les Turcs menacent de détruire l'église ; ils acceptent de sursoir en échange d'une somme d'argent que les religieux paient. En plus, les pèlerins sont contraints de se cotiser pour offrir au *cadi* des friandises sucrées ; sans oublier un sequin remis aux franciscains pour les cierges, l'encens et autres services.

Étant entrés, les pèlerins sont enfermés jusqu'au lendemain. La visite est source de tristesse, car les Turcs ont enlevé les plus beaux marbres. Elle est source de découvertes, car « les Chrétiens arméniens, les Coptes, Syriens et autres nations ont leurs retraites, oratoires et chapelles, où ils font leurs offices et prière chacun selon son rit et coutume ». Un franciscain accompagne Jean et ses compagnons. Il leur montre toutes les parties de l'édifice, commente chaque endroit. Au Golgotha, ils rencontrent le Christ souffrant :

> Considérez, bénin lecteur, en quel état se doit trouver le dévot pèlerin, quand après un si grand travail, chemin long et pénible par lui supporté, enfin il parvient jusqu'à ces saints lieux, et en quelle révérence il doit entrer, contempler et voir en esprit son Dieu, son Créateur, son miséricordieux Sauveur, innocent, sans péché, couronné d'épines poignantes, son divin corps couvert de plaies, depuis le sommet de la tête jusqu'aux plantes des pieds [...] attaché de gros clous à l'Arbre de la Croix pour nos péchés et prévarications.

L'impression mystique terrasse Zuallart. Lui d'habitude si bavard se fait silencieux : « Je ne saurais la plume écrire, ni la langue exprimer, la consolation que l'Âme fidèle y reçoit. » Sa dévotion est doloriste, accompagnée d'une foule de saints qu'il convoque dans ses prières. Elle culmine au Tombeau. Après une exhortation, les franciscains entourent le lieu en entonnant des cantiques. Chaque pèlerin entre dans l'espace clos, accompagné de ces chants. Les larmes fusent. Une inquiétude ? S'agit-il véritablement de la pierre qui reçut le corps de Jésus ? Selon une rumeur ce n'est qu'une copie. La vraie, enchâssée dans des plaques d'or, serait enterrée profondément à l'abri des convoitises des musulmans qui pourraient la profaner. Seuls les Grecs connaîtraient le passage secret permettant de rejoindre cette pièce souterraine. Peu importe pour Zuallart car « soit dessous, soit dessus, c'est le même lieu » pour ses prières. Les portes se rouvrent deux heures après le lever du soleil.

Zuallart revient le vendredi suivant, puis une troisième fois pour être fait chevalier du Saint-Sépulcre avec deux de ses compagnons. Une fois de plus, ils processionnent dans l'église en suivant le père gardien du couvent franciscain qui porte les ornements pontificaux. Arrivé au Tombeau, il célèbre la messe à l'issue de laquelle il exhorte les futurs chevaliers : « Soyez charitables aux pauvres. [...] Cherchez de composer paix et concorde. [...] Essayez d'être irrépréhensible devant Dieu et les hommes. » Ils sont désormais les descendants des Templiers : « Endossez les armes de lumières [...] prenez le bouclier de la foi, le heaume de salut et le glaive de l'Esprit afin que vous puissiez résister aux embûches du Diable et tous autres ennemis. » Chacun des candidats entre à tour de rôle dans le Tombeau en se persuadant qu'il y voit le Christ mort, étendu sur la pierre. À leur sortie, groupés autour du père gardien, ils s'engagent à entendre la messe tous les jours ; accepter une future croisade pour défendre la Terre sainte ; éviter les guerres entre les chrétiens. L'assemblée entonne des chants, pendant qu'ils se mettent à genoux et que le père, une épée au côté, leur touche la tête pour les consacrer. Il leur remet une chaîne d'or qu'ils s'empressent de rendre, manifestant ainsi leur dédain pour les richesses de ce monde. Ils embrassent la pierre du Tombeau avant de se retirer.

Zuallart a encore bien des lieux à visiter, des églises où prier, des routes à emprunter. Il peut quitter Jérusalem, le cœur ravi. Le pèlerinage est une épreuve à laquelle il convient de faire face en se préparant sérieusement. C'est une découverte. Il est une école de patience, d'humilité et de foi, car « en ce saint voyage, il faut faire état et se résoudre de quitter toutes ses aises et bons traitements, et d'endurer patiemment toutes les peines, incommodités et travaux qui surviennent, voyageant par mer. »

1662
Revenir à Jérusalem avec le messie Sabbataï Tsevi

« Il promit aux Juifs de les tirer de l'exil
parmi les nations et de leur restituer Jérusalem. »

À la fin de l'été 1662, l'entrée à Jérusalem de Sabbataï Tsevi (1626-1676) ne passe pas inaperçue. Une légende nimbe l'étrange personnage. Il semble grand, impressionnant par son maintien strict. Très fort, la peau basanée, il est habillé de robes orientales colorées. Son visage s'orne d'une barbe noire, ronde, parfaitement taillée. Né à Izmir, en Anatolie, il a étudié auprès du respecté rabbin Joseph Eskafa. Il s'affirme comme un fin connaisseur de la kabbale, ce qui, à 18 ans, lui vaut le surnom de *hakham* (« sage »). Sa vie a basculé en 1648. L'Europe croit alors à la paix ; la terrible guerre de Trente Ans vient de prendre fin. Mais, pour les juifs, la violence est toujours d'actualité avec les sanglants pogroms d'Ukraine dont les victimes se comptent par milliers. Selon certains mystiques, cette année serait celle de la rédemption du peuple juif. Persuadé que la fin des temps approche, Sabbataï s'enflamme tellement qu'il subit un *herem*, sorte d'excommunication qui l'oblige à quitter sa cité vers 1651-1654 sans que nous puissions préciser l'année. Il s'installe à Constantinople, puis à Salonique, toujours péremptoire mais moqué pour ses comportements étranges, ce qui finit par son expulsion par les autorités juives. En 1660, il s'installe au Caire, aux côtés du puissant Raphaël Joseph, *chelebi* (« seigneur ») des juifs locaux, trésorier du vice-roi, banquier et marchand.

La naissance d'un messie

Mais il ne trouve pas la paix intérieure. De nos jours, un médecin le jugerait instable, oscillant entre des phases de dépression, d'illumination maniaque et de doutes. Rêvant de devenir rabbin, il lutte contre les démons qui assaillent son âme. À un ami, il assure étudier la « kabbale pratique » pour calmer son esprit afin de devenir « comme quelqu'un du peuple ». Pour trouver la sérénité et la connaissance, une destination s'impose : Jérusalem.

La ville compte alors 200 ou 300 familles juives regroupées dans la Vieille Ville. Une génération auparavant, la kabbale lourianique y a écrit ses lettres de noblesse. Née avec Isaac Louria (1534-1572) de Safed, en Galilée, elle explique que l'*En Sof* (divinité transcendante) a dû se dissimuler pour laisser la Création s'épanouir ; Dieu s'est retiré en lui-même. De là sont nées bien des conceptions sur l'origine du Mal, la nécessaire réparation et la possible libération. Des savants, souvent itinérants, viennent dans la Ville sainte où, depuis les années 1660, Jacob Hagiz (1620-1674), auteur du célèbre commentaire de la Mishna, *'Ets Hayim*, anime une petite académie soutenue financièrement par des juifs de Livourne. Sabbataï s'y rend, fréquentant des gens venus de Palestine mais aussi de Pologne, de Serbie ou du Maroc. Parmi ces étudiants, il remarque à peine un jeune homme brillant qui deviendra pourtant essentiel dans sa vie : Nathan de Gaza (1643-1680).

Sabbataï quitte bien vite cette école dont les élèves sont deux fois plus jeunes que lui. Il y a sans doute lu les manuels de kabbale pratique d'Abraham Aboulafia (XIIIe siècle) ou de Joseph ibn Tsaya (XVIe siècle) qui énumèrent noms divins, formules mystiques et méditations, combinaisons de lettres pour favoriser l'ascension spirituelle. Il a aussi dû consulter les révélations attribuées à des maîtres tel Joseph Taitasak et se plonger dans le *Zohar*, ouvrage fondamental de l'ésotérisme juif. Il a approfondi sa connaissance de la kabbale lourianique en lisant les écrits de Hayim Vital (1543-1620) et d'Israël Saroug (XVIIe siècle). Un programme de lecture qui est celui de tous les élèves de l'école. S'il y gagne en connaissances, il se fait aussi remarquer par des gestes de bouffon, des manifestations de sa dépression suivies de moments d'exaltation frénétique.

Au bout de quelques semaines, il achète une maison, sans doute celle du savant David Habillo. Il veut incarner l'héritage de ce savoir. Cela ne lui suffit pas, il se distingue par ses comportements ascétiques. Il réserve une pièce de sa demeure pour ses exercices comme le font tant de spirituels du XVIIe siècle qu'ils soient juifs ou chrétiens. Il pratique des jeûnes rigoureux. Après avoir lui-même fait les achats pour le sabbat, ce qui surprend, il mange les trois repas prescrits du jour avant d'accomplir la *havdala*, prière du soir qui exprime le désir de séparer le *kodesh* (« saint ») du *'hol* (« ordinaire »). Puis, il récite des psaumes et prend le quatrième repas. Il entre alors dans une longue phase d'abstinence. Quand il ne fait pas l'admiration par son ascèse, c'est par sa voix. Il excelle à chanter les psaumes, comme si, en le faisant, il passait dans un autre univers. Un contemporain assure qu'il « était impossible de regarder son visage car c'était comme regarder le feu ». Les récits les plus merveilleux l'accompagnent. À trop lire, il serait devenu aveugle. Les médecins étant impuissants à le guérir, Dieu, refusant que son serviteur soit handicapé, lui redonne la vue.

Régulièrement, il quitte sa chambre pour parcourir les collines autour de la Ville sainte. Il cherche l'obscurité des grottes et erre dans les cimetières en quête des murmures des morts.

Il attire l'attention. Alors qu'il est venu à Hébron se recueillir sur la tombe des Patriarches, tous le scrutent. Un des plus attentifs est Abraham Cuenque, qui deviendra rabbin. À cette époque, il n'a que 15 ans mais se souviendra toute sa vie de cette soirée. Il est frappé par l'allure de Sabbataï, « différente en tous points de celle d'autres hommes et mes yeux ne se satisfaisaient pas de le voir. [...] Je ne le quittai pas des yeux depuis le moment de son arrivée, tant dans sa prière de l'après-midi qu'il récita avec nous dans la synagogue que lors de la prière du soir à laquelle il procéda dans la grotte de Makpela, au milieu de la foule qui l'avait accompagné ». Des yeux de Sabbataï jaillissent des larmes surnaturelles. La nuit, le garçon fixe la fenêtre du logis où il se repose : « Il arpentait la maison qui était illuminée à sa demande par de nombreuses bougies. Toute la nuit, il récita les Psaumes d'une voix puissante, la voix de la joie et de l'allégresse, une voix très agréable et plaisante jusqu'à ce que la lumière de l'aube apparaisse et que nous nous rendîmes à l'office du matin. » Sabbataï ne mange pas, ne boit pas, ne dort pas. Au matin, après une dernière prière, il quitte le bourg, s'enfonçant, à pied, dans la steppe déserte.

Sa réputation est immense. C'est donc à lui que la communauté de Jérusalem confie la mission de se rendre en Égypte quémander une aide financière pour faire face aux exorbitantes exigences des Turcs. Il arrive au Caire au début de 1664. Le 31 mars, il épouse la mystérieuse Sarah. Ne raconte-t-elle pas qu'enfant elle a été enlevée, placée dans un famille noble polonaise qui a voulu la marier de force mais que, grâce à l'âme de son père défunt, elle a échappé à ce piège ? Ne dit-on pas qu'elle a trouvé le vêtement qu'Ève avait confectionné pour cacher sa nudité après le péché originel ? La diaspora bruisse de bien d'autres contes. Elle aurait séjourné à Izmir et Livourne, elle serait connue pour ses dons de sorcière. Sabbataï ne s'inquiète pas de ces rumeurs. Il pense avoir trouvé une âme sœur. Il reste plusieurs mois au Caire. Mais Jérusalem lui manque. Il y retourne au printemps 1665.

Lors de son voyage, d'étranges histoires l'attirent près de Nathan de Gaza. Il connaîtrait par cœur le Talmud, les âmes des morts lui enseigneraient les secrets les plus cachés de la kabbale, ses mentors seraient des *magguidim* (anges ou âmes saintes). Au cours de visions mystérieuses, il voit la « lumière primordiale, celle des sept jours de la Création » grâce à laquelle il contemple tout le cosmos. Auprès d'un tel homme, Sabbataï espère trouver le *tiqoun*, la réparation de son âme. Depuis trop de mois, il est en proie à des tensions émotionnelles extrêmes qui l'épuisent et lui font craindre pour sa santé. Il en est sûr : Nathan va le soulager.

Mais quand il se présente devant lui, le jeune homme tombe à ses genoux et le glorifie. Face au regard étonné de Sabbataï, il l'entraîne à l'écart pour lui rapporter une vision intervenue quelques semaines plus tôt. Stimulé par des anges, il avait entrepris un jeûne très sévère : « M'étant enfermé dans une chambre à part, en état de sainteté et de pureté, récitant les prières pénitentielles de l'office du matin avec de nombreuses larmes, l'esprit vint sur moi, mes cheveux se dressèrent sur ma tête, mes genoux tremblèrent et je vis la *merkaba* [trône céleste] et des visions divines tout au long du jour et de la nuit, et il me fut accordé le véritable don de prophétie. [...] L'ange me permit d'annoncer ce que j'avais vu. » Or, sur le Trône de Gloire, il avait contemplé le nom de Sabbataï gravé dans l'or : « Je reconnus qu'il était le vrai messie. » Celui-ci ne veut pas le croire. Plus tard, il confiera à un ami : « Je lui ai dit : "J'ai eu la vocation messianique, jadis ; mais je l'ai rejetée". »

Si Sabbataï n'accepte pas sa mission, Nathan tient à le persuader que Dieu l'appelle. Comment le convaincre ? En allant à Jérusalem. Au printemps, les deux hommes font un long pèlerinage vers les Lieux saints. Nathan prêche et donne le *tiqoun* à ceux qui en ont besoin. Sabbataï réfléchit et, le soir, quand ils se retrouvent face à face, il parle. Il décrit ses doutes, ses souffrances et ses maladies. Il confie ses angoisses et son désir de savoir. Lentement, il développe ce qui deviendra sa doctrine. Les lois sont faites pour être transgressées et il faudrait en ordonner de nouvelles, au nom du principe de *horaat cha'a* (dispense en cas de nécessité). Les démons sont sur le point de conquérir le monde, pour les combattre, l'humanité doit se purifier par l'ascèse. Ils parcourent la Palestine, contemplent le mont du Temple devenu un espace musulman, se recueillent à Hébron, visitent tous les Lieux saints. Au fil de ces déplacements, plus Nathan entend Sabbataï, plus il est fasciné.

Fin mai 1665, ils sont de retour à Gaza. Le 28, alors qu'ils parlent à de sages rabbins, Nathan entre en transe. D'une voix qui n'est pas la sienne, il proclame : « Vous écoutez Nathan, mon bien-aimé, et agissez selon sa parole. Vous écouterez Sabbataï Tsevi, mon bien-aimé. » Trois fois, il lance le même avertissement. Sorti de son état extatique, il supplie son ami d'accepter son destin. Le 31, celui-ci finit par céder : il se proclame messie.

Ramener les juifs à Jérusalem

Hagiz résume ces quelques semaines de pèlerinage : « Sabbataï vint comme *chaliah* [émissaire] et repartit comme *machiah* [messie]. » Pour la première fois de sa vie, il est entouré de disciples qui l'écoutent et le suivent. Il en est transformé. Samuel Gandour le rencontre quelques semaines plus tard : « Béni soit celui qui vit le physique du rabbin Sabbataï Tsevi, semblable à l'apparence impressionnante d'un ange divin, dépassant tous les rabbins dans la connaissance du Talmud et de la kabbale, autant qu'en majesté, vertu et sainteté. »

Il se fait forger trois anneaux : un porte l'exacte orthographe cabalistique du tétragramme YHWH, mot désignant Dieu dans la tradition hébraïque ; le deuxième est orné du mot « Chadaï », nom de Dieu quand il se donne à voir ; le troisième demeure vierge, car il lui reste à écrire son destin. Il se lie aux noms divins. Un contemporain le voit déambuler dans les rues : « Il allait comme un roi dans la ville, montant un cheval et précédé d'un homme de pied mais sans que personne ne sache ses intentions ce faisant. »

Ses intentions apparaissent lentement. Ce sont d'abord des modifications de la liturgie et des usages rituels. Puis des prédications : l'homme n'est racheté que par la foi. L'année 1666 chrétienne approche, or 666 est le chiffre de la Bête de l'Apocalypse. Ce sera le début d'une ère messianique, d'un combat titanesque. La fin des temps est proche, ceux qui veulent être sauvés doivent rejoindre leurs frères à Jérusalem. Sabbataï rêve de ramener au Temple les dix tribus perdues d'Israël. Les juifs d'Alep ou d'Izmir sont prêts à le suivre ; les rabbins dénoncent l'hérésie. Sabbataï est indifférent à leurs avis, plongé dans son rêve. Il prophétise qu'il va aller à Constantinople convertir le sultan, qui, devenu juif, purifiera l'esplanade des Mosquées et reconstruira le Temple. Plusieurs semaines après être arrivé dans la capitale de l'Empire, il est arrêté. L'empereur lui propose de prouver la véracité de sa mission en s'exposant aux flèches des janissaires ; qu'il survive à leur tir et le prince le croira. Sabbataï préfère abjurer, se convertir à l'islam et prendre le nom d'Aziz Mehmed Efendi en septembre 1666.

Sabbataï sort à ce moment de notre histoire, mais le sabbataïsme demeure bien vivant. Un souffle messianique traverse la diaspora juive, portant les histoires les plus folles. En Pologne, les rumeurs donnent au messie une existence merveilleuse. Une affirme que « le Grand Turc a revêtu Sabbataï d'habits royaux et ceint son front d'un diadème royal, qu'il l'a fait monter à cheval à sa droite ». Une autre assure que lorsqu'il est arrivé à Constantinople la terre a tremblé, qu'il est entré au palais impérial monté sur un lion. Ces idées se répandent. En 1666 est imprimé à Cracovie un texte en judéo-allemand que nous pourrions traduire par *Liturgie de pénitence reçue de la Terre sainte*. Bien des rabbins, hurlant à l'hérésie, condamnent Sabbataï, le renégat, sa vision du monde et ses rêves de Jérusalem.

L'Europe chrétienne remarque cette effervescence. Un prêtre rapporte dans un livre imprimé en 1672 :

> En ce temps-là parut en Orient un imposteur nommé Sabbataï Tsevi qui s'intitula roi des Juifs et les attira à lui par de faux miracles. Il promit aux Juifs de les tirer de l'exil parmi les nations et de leur restituer Jérusalem et le royaume de Palestine. Les Juifs se prirent à espérer que le Messie les installerait sur un nuage pour les transporter à Jérusalem. Et lorsque, au-dessus d'un bourg quelconque, le ciel se couvrait de nuages, les Juifs se vantaient devant les Chrétiens et leur disaient que le messie les emporterait immédiatement pour les établir dans le pays d'Israël et à Jérusalem.

Retourner à Jérusalem : le rêve pourrait-il devenir réalité ? Beaucoup y croient, proclament la venue de temps nouveaux, rejettent la société. L'agitation engendre la violence. Des émeutes éclatent à Pinsk (20 mars 1666), Vilna (28 mars) et Lublin (27 avril). Des portraits de Sabbataï et de Nathan sont brûlés par des chrétiens. Des juifs quittent leurs villages pour se rendre à Jérusalem. Ce ne sont pas des gens simples. Le grand rabbin de Cracovie Berekhyah Bérakh prend la route, suivi par Néhémie Cohen, le célèbre kabbaliste de Lwów. Ils rencontrent Sabbataï juste avant son abjuration ; le premier sort ravi de son entretien, le second perturbé face aux propos incohérents du messie.

Après l'abjuration de Sabbataï, nul juif ne peut professer publiquement ses idées, son nom est rayé des registres et ses écrits brûlés. Mais les idées demeurent. Le sabbatéisme survit, mélange d'exaltation messianique et de rigorisme. Il est un espoir chez de nouveaux prédicateurs comme Heshel Sôrêf (1633-1700), dont l'ascétisme fascine les contemporains. Son aura est immense, en parlant de lui on murmure : « Il savait ce que Dieu fait au Ciel et ce qu'il fera jusqu'à la venue du Rédempteur. » Tous les regards sont tournés vers Jérusalem. À Livourne, le cénacle regroupé autour du rabbin Abraham Rovigo (1650-1713) rêve de s'installer dans la Ville sainte, ce que font certains en 1702. La cité demeure un désir d'avenir, un souvenir à actualiser, une espérance.

1737
Richard Pococke, voyageur déçu et critique

« Murailles abattues, fossés comblés,
enceinte embarrassée de décombres,
on a peine à reconnaître cette métropole célèbre. »

Lorsqu'en 1738 Jean-Étienne Liotard fait le portrait de Richard Pococke (1704-1765), il peint un homme d'aventures. Une petite moustache et une barbe en pointe, sous un front large et dégarni, il est un bel homme d'une trentaine d'années en vêtements arabes, un livre à la main, nonchalamment adossé à une colonne antique, le regard perdu vers les sources du Nil. Né dans la ville portuaire de Southampton, il a passé son enfance à regarder les navires venir des mers du monde. Ils lui ont parlé de voyages tourmentés, de richesses incalculables, de femmes mystérieuses, d'épices ensorceleuses. Devenu membre du clergé, son envie d'aller au-delà de l'horizon le torture. Il sera voyageur. Il visite la Vallée des Rois en Égypte, parcourt la vallée de Chamonix et contemple la mer de Glace, dresse les plans de la citadelle de Saint-Jean-d'Acre, fait des fouilles archéologiques à Alexandrie, écrit d'interminables pages sur l'histoire de l'Irlande, recopie des inscriptions grecques aujourd'hui disparues, imagine la circonférence des murailles de Smyrne…

La découverte de la Terre sainte

Pour l'heure, en ce 10 mars 1737, il quitte le port égyptien de Damiette sur un navire français qui transporte des pèlerins égyptiens à Jaffa. Quatre jours plus tard, il débarque et se joint à une caravane lourdement armée tant les raids arabes sont craints. Il passe la nuit au couvent de Rama. Immédiatement, ses hôtes le plongent dans le merveilleux. Les moines espagnols qui le reçoivent lui assurent que leur établissement est construit à l'emplacement de la maison de Nicodème, puissant prêtre qui aurait rencontré Jésus de nuit, aurait voulu qu'il soit entendu avant sa condamnation, qui aurait aidé Joseph d'Arimathie à l'enterrer.

Quelques kilomètres le séparent de Jérusalem, mais les routes ne sont pas sûres. Certes, les Turcs gouvernent la région mais ils ne contrôlent pas les bandits en quête de pillage ou d'otages à rendre contre rançon. Pococke doit trouver une escorte. Ce seront un cavalier arabe et son valet. Le 17 mars, de nuit, ils prennent la route. L'étape n'est pas très longue jusqu'au campement de son guide, quelques tentes perdues dans la steppe. Il y découvre un monde qui le surprend. Les femmes vivent avec les hommes ; elles disposent d'un appartement séparé mais tous peuvent y pénétrer avec l'autorisation du chef de maison. La collation du matin est faite de gâteaux aigres et d'olives, arrosés d'un généreux café. La journée se passe en visite d'amis curieux de rencontrer un Européen. Au soir tombé, il faut reprendre la route. Les déplacements sont toujours furtifs, de nuit. Le danger semble partout et la consternation universelle. De loin en loin, il remarque des villages « mal bâtis en terre sèche qui, comme leurs habitants, portent l'empreinte de la pauvreté et de la misère ».

Dans les étendues vides qu'il parcourt, son regard est arrêté par les traces historiques. À Gaza, il observe des « ruines de marbre blanc [qui] prouvent que jadis elle fut le séjour du luxe et de l'opulence ». Ce ne sont que des souvenirs. Diospolis est signalée dans les textes sacrés ; elle aurait été fondée par la tribu de Benjamin. Elle fut si prospère qu'au Ier siècle Flavius Josèphe assurait qu'elle « ne le cédait pas en grandeur à une ville ». Après la destruction du Temple par les Romains, des responsables juifs s'y réfugièrent. Selon un hadith musulman, c'est ici que Jésus tuera l'Antéchrist lors du combat de la fin des temps. Loin du prestige ancien, Pococke ne découvre que « des masures et décombres ». Mais les récits sont bien vivants. Les chrétiens du lieu l'entraînent vers les restes de l'église Saint-Pierre, où, selon le Nouveau Testament (Ac 9, 32-43), l'apôtre guérit Énée le paralytique. Là aussi qu'il fut appelé pour sauver Tabitha, femme pieuse morte récemment. Il se rendit seul dans la chambre mortuaire où il « pria ; puis, se tournant vers le corps, il dit : Tabitha, lève-toi ! Elle ouvrit les yeux, et ayant vu Pierre, elle s'assit. Il lui donna la main, et la fit lever. Il appela ensuite les saints et les veuves, et la leur présenta vivante ». Il ne reste de ce passé que le légendaire raconté aux visiteurs. Les guides improvisés font asseoir Pococke « sur une colonne qui servit, disent-ils, à reposer le saint ; ils montrent aussi l'endroit où il prêchait, celui où il faisait sa prière ». Le voyageur suit ce parcours obligé mais croit-il à ces anecdotes ? Il est assez facile d'en douter puisqu'il les appelle, avec un grand mépris, des « traditions » ou des « superstitions ». Il est cependant contraint de céder à ses guides spontanés, de leur abandonner quelques pièces pour s'en débarrasser. Le passé est une source de revenus faciles.

Arrivé en vue de Jérusalem, il est consterné : « Murailles abattues, fossés comblés, enceinte embarrassée de décombres, on a peine à reconnaître cette métropole célèbre. » C'est l'exemple même « des vicissitudes des choses humaines ».

Pococke jette un regard désabusé sur ce qui l'entoure. Il ne recherche pas l'expérience spirituelle, il se demande comment la puissance peut dégénérer. Il ne court pas aux Lieux saints, il déambule dans les rues, sent les marchés, regarde les gens vivre et se désole.

À ce moment, la cité compte environ 15 000 habitants dont 10 000 musulmans ; les autres sont « chrétiens, catholiques, schismatiques ou Juifs ». Pour les musulmans, Jérusalem est une ville sainte, mais Pococke ne connaît rien à leur foi. Selon lui, ils pèlerinent dans la cité « à cause de son ancien Temple, du sépulcre de J.-C., et des tombeaux des patriarches ». À ses yeux, le Dôme du Rocher n'est qu'une jolie construction voulue par Soliman. Il n'y aurait que six mosquées. Aucune connotation religieuse sous sa plume. Les musulmans ne sont que de deux types : les Arabes, des pillards ; les Turcs qui protègent contre argent. Une partition bien simpliste.

Faire payer les pèlerins

Si les villageois avaient réussi à lui soutirer quelques pièces, il est frappé par l'acharnement mis par les habitants de Jérusalem à ponctionner sa bourse. Il paie pour pénétrer en ville, pour avoir une escorte s'il veut visiter la région, pour entrer au Sépulcre… Les autorités se font un plaisir d'imaginer d'innombrables contraventions : « Dans l'art de pressurer, les Turcs sont aussi entendus que les plus habiles gens de loi de l'Europe. » Les religieux des couvents prennent leur succession. Ils font payer le droit de processionner dans les rues, exigent dès l'entrée d'un monument des cadeaux, ce que Pococke appelle les « gratifications secrètes ». Au XVIIIe siècle, il n'est pas d'usage de parler d'un complexe financier autour du pèlerinage, mais c'est la réalité que vit Pococke. Il décrit une vaste opération durant laquelle le clergé tente de capter une belle manne financière.

La seconde branche de cette entreprise est le commerce « des chapelets, des reliquaires, des sanctuaires, des croix, des passions, des agnus dei, des scapulaires… », dont vivent chrétiens autant que musulmans. La matière brute, trouvée sur place, ne coûte rien. Seule la main-d'œuvre doit être payée. Toute la population est occupée à sculpter, tourner le bois, travailler le corail, broder la soie, coudre des perles. Sans aucune preuve de ce qu'il dit, Pococke estime que ce commerce représente à peu près 30 000 pièces d'or par an ; 300 caisses partiraient à destination de l'Europe, commerce sur lequel les autorités turques prélèvent des droits de douane. Si Pococke fréquentait notre XXIe siècle, il parlerait d'attrape-touristes. Son siècle est trop poli pour utiliser de telles expressions mais il connaît l'idée. Non seulement ces souvenirs vident la bourse des touristes, mais ils sont aussi dangereux. Dans les échoppes sont exposés des milliers « d'anneaux colorés, de bracelets pour les poignets, pour les jambes, pour les bras au-dessus du coude et diverses autres bagatelles ». Ils sont mis au bras des enfants pour les protéger. Ils ne peuvent les enlever sous peine des pires malheurs. Mais en grandissant, la peau croît autour, « en sorte que l'anneau se trouve enfermé dans une dépression profonde dans la chair dont on ne peut plus le retirer ».

Le pèlerinage est donc animé par « la cupidité du clergé de Jérusalem ». Selon notre voyageur, tout est l'œuvre pernicieuse des prêtres catholiques, trait contre Rome de la part de ce clergyman anglican. Ils « indiquent l'endroit où s'était passé chaque événement digne de souvenir ; ils montrent les instruments de la Passion de J.-C., les clous et la lance qui percèrent ses mains, ses pieds et son côté ». La pièce maîtresse est la croix « tirée du milieu des décombres, sous le règne de l'un des princes qui placèrent le symbole du christianisme sur la bannière des légions romaines ». Les clercs propagèrent les miracles « nécessaires pour expliquer comment elle s'était conservée et comment elle avait été découverte ». Les plus hauts dignitaires auraient participé à cette entreprise de malversation. L'évêque de Jérusalem imagine de prendre des morceaux de bois qu'il garnit d'or et de pierreries ; il les distribue aux plus importants pèlerins pour qu'ils les « portent en triomphe dans leur patrie », assurant ainsi la promotion des Lieux saints. L'entreprise réussit à un tel point qu'elle entraîna l'Europe dans l'aventure des croisades. Elle attire aussi les foules. Avides de rencontrer le souvenir du Christ dans les lieux où il a vécu, les croyants sont prêts à tout payer.

Cependant, en ce XVIIIe siècle, la ferveur est bien retombée. À Jérusalem, Pococke croise peu de pèlerins européens ; seuls « quelques moines d'Italie, d'Espagne et d'Allemagne » hantent les lieux. Les foules sont orientales : « Chaque année, il part de Morée, de l'Archipel, de Constantinople, d'Anatolie, de l'Arménie, de l'Égypte et de la Syrie, une foule de pèlerins de tout âge et de tout sexe. » Notre voyageur les côtoie lors du dimanche des Rameaux et des fêtes de Pâques. Il est facile de l'imaginer errant parmi ces croyants qu'il ne comprend pas, qui l'étonnent et le scandalisent. Il les voit se jeter dans les eaux de Jourdain, hommes, femmes et enfants, presque nus, mêlés, pataugeant en poussant des cris de joie, ce que Pococke juge un « zèle indécent et superstitieux ». Le Samedi saint, il est au Saint-Sépulcre. À minuit, les Grecs envahissent l'église « d'une manière aussi tumultueuse qu'indécente ». Ils portent sur leurs épaules un homme enveloppé dans un linceul, tournant trois fois autour des principaux sites « parmi les cris d'une foule qui les suit ». Ils finissent par le poser sur la pierre du Sépulcre. L'homme se lève alors avec une insondable lenteur afin que tous puissent penser à la Résurrection. D'autres portent sur leurs épaules un comparse, qui, ainsi juché, interpelle les assistants. Les enfants s'en mêlent. Pour imiter les adultes, ils sautent sur leurs camarades dans un chahut bien peu dévot. D'autres encore « courent autour du Sépulcre de manière qu'on leur eut pris pour une bande de bacchantes ».

Au matin, le calme revient un instant quand le gouverneur turc entre. Il est temps de contempler le miracle du feu sacré, ce moment où les lampes laissées éteintes dans le Sépulcre s'allument mystérieusement. Depuis le VIe siècle, les chrétiens latins n'en font plus un acte de foi. Plus tard, des moines dévoilent la supercherie par laquelle ils allument les lumières sans être vus. Cela n'a pas suffi pour convaincre les orthodoxes, qui hurlent toujours au miracle. Anxieux, ils l'attendent. Le voilà enfin : une lumière surgit. Les évêques arméniens, coptes et syriens se précipitent pour allumer leurs cierges. Devant la porte, les gardes turcs leur interdisent l'entrée, exigeant des cadeaux. La foule se masse autour des prélats, chacun veut allumer sa bougie. Les Turcs manient des fouets, nul ne sait si c'est pour rétablir l'ordre ou pour obtenir de l'argent. Le Saint Lieu devient un monumental capharnaüm. Des jeunes hommes se présentent avec plus de 30 cierges à la main ; refoulés, ils distribuent coups de poing et de bougie. D'autres hurlent de déception pendant que les plus chanceux proclament leur bonheur d'avoir la précieuse lumière. Certains se roulent sur le sol, tombés à cause de l'anarchie ou ayant cédé à leur ferveur ? L'église est emplie de fumée et de cris. Pococke n'y retrouve pas sa foi. La ferveur exacerbée l'inquiète, les revendications turques le choquent, les comportements de tous les assistants l'affligent.

Il ne reste pas sur ce sentiment d'échec. Le 30 mars, il parcourt la ville pour voir l'hôpital fondé par sainte Hélène, la prison de Jérémie et le couvent des Grecs. Le 2 avril, il est au mont des Oliviers. Il s'arrête à la fontaine de Siloé, flâne à Béthanie, s'attarde dans la grotte où Lazare aurait reposé avant d'être rappelé à la vie, passe du temps dans la cellule où Marie se serait reposée. Il continue son périple après avoir passé le Jourdain. Ce sont toujours des sites religieux, mais sont-ils encore importants à ses yeux ? S'il en cite quelques-uns, il préfère parler des curiosités naturelles. Il ne retient de la mer Morte que l'extraordinaire pouvoir de l'eau salée qui évite que les corps coulent : « Je flottais dessus dans telle posture qu'il me plaisait sans jamais m'enfoncer. » La zone est détestée des Arabes, persuadés que l'air y est malsain. Ils n'en approchent jamais sans s'être auparavant couvert la bouche d'un mouchoir. Pococke s'étonne des usages locaux. Près des puits sont construits les *mocots*, petits abris de pierre où les voyageurs s'abritent de la chaleur. Pococke est plus un touriste qu'un pèlerin.

Loin de ces curiosités, il se désole des populations qu'il rencontre. À Sichem, mentionnée dans la Genèse, il est loin le temps où la cité était la capitale d'Israël, où Jacob y achetait des terrains. Ici, le cheikh déteste les chrétiens mais jouit d'une ample fortune. À Bethléem, musulmans et chrétiens vivent en bonne intelligence. Hébron est « marquée d'une guerre civile perpétuelle », les paysans ne cessent de brûler les oliviers de leurs voisins, de voler leur bétail, de se battre. Ils ne s'entendent que pour refuser le pouvoir turc. Dans toute la région règne « une anarchie pire que le despotisme ». Les hommes se tourmentent les uns les autres « selon les aveugles caprices de leur ignorance ou de leur intérêt ».

La déception est profonde, mais notre voyageur est consciencieux. Il ne manque aucun village, aucune ruine, aucune curiosité. Le 22 avril, il est à Rama. Il est temps de quitter la Terre sainte. Il rejoint une caravane à Lidde pour gagner Jaffa où, le 2 mai, il embarque à destination de la Syrie. En voyant s'éloigner les côtes qui fascinent tant de pèlerins, que pense-t-il ? Jérusalem l'a déçu. Ses trafics en tout genre et la dévotion paroxystique l'ont exaspéré. Tout cela est si éloigné de sa conception de la vie spirituelle. Les ruines et la désolation de la région l'ont fatigué. Les rivalités entre les Arabes et les Turcs qui contrôlent la province l'ont lassé. Il n'a pas trouvé d'élévation d'esprit. Les juifs sont absents de son paysage. S'il a bien remarqué des pèlerins musulmans, il ne s'est pas intéressé à leur démarche mais dénonce la volonté des Turcs de profiter des visiteurs. Quant aux chrétiens orientaux et aux orthodoxes, il se demande ce qu'il a en commun avec des croyants prêts à payer très cher d'insignifiantes babioles et à laisser leurs sens l'emporter sur leur raison. Il oublie très vite ces déboires. Il rêve déjà des antiques Sidon et Tyr. L'aventure au Proche-Orient continue.

1806
Le pèlerinage catholique et français de Chateaubriand

« Je voulais aussi accomplir le pèlerinage de Jérusalem. »

Après le succès d'*Atala* (1801) puis du *Génie du christianisme* (1802), François-René de Chateaubriand (1768-1848) cherche un sujet qui puisse lui permettre d'allier l'exotisme des grands espaces et l'exaltation du christianisme. Il imagine l'histoire d'un converti, Eudore, tenté par la belle druidesse Velléda. Encore faut-il planter le décor. Pour se documenter, il part vers l'Orient. Cette région fascine les Européens. Au siècle précédent, Voltaire et Montesquieu ont inventé des Orientaux qui critiquaient la monarchie absolutiste. L'expédition de Bonaparte de 1798 a mis l'Égypte à la mode. L'Orient est un miroir déformant. Il est jugé immobile et despotique face à une Europe qui irait vers les Lumières et affirmerait la démocratie. Il demeure pourtant le creuset de la civilisation. L'Égypte serait la mère de la philosophie grecque qui a façonné la pensée occidentale. Y aller, c'est retourner aux sources, contempler ce que peut être un monde qui refuse d'évoluer sous la houlette de la Raison. Pour les chrétiens, après les doutes nés de la Révolution, ces terres lointaines sont celles où ils peuvent se régénérer. Chateaubriand place sa démarche dans la tradition : « Je serai peut-être le dernier Français sorti de mon pays pour voyager en Terre sainte avec les idées, le but les sentiments d'un ancien pèlerin. » Il n'est pas intéressé par l'actualité. Il est historien et croyant.

Une terre d'histoire

Il quitte Paris le 13 juillet 1806, se rend en Grèce, s'arrête à Constantinople, fait escale à Rhodes, débarque à Jaffa pour rejoindre Jérusalem le 2 octobre 1806. Il y reste une semaine. Son regard est d'abord celui du vicomte de Chateaubriand qui tient à ce que chacun se souvienne de son importance. Il est reçu par les autorités, écoute les plaintes du patriarche grec et les pleurs des prêtres arméniens. Il loge au couvent des franciscains dans une grande et sombre chambre solidement meublée. Il ne mange pas au réfectoire avec ses hôtes, ayant à sa disposition un cuisinier. Les menus le ravissent : potage à l'huile et aux lentilles pour commencer ; veau aux concombres ou aux oignons, chevreau grillé ou mouton au riz ; des perdrix pour suivre. Le vin, excellent, lui rappelle ceux du Roussillon.

S'il fait bonne chère, la ville le désespère. Les ruines antiques sont cachées sous les ronces, envahies par le sable ou couvertes de décombres. Il s'égare dans des rues non pavées « qui montent et descendent sur un sol inégal ». Il avance dans un flot de poussière découvrant des maisons basses, sombres, qui « ressemblent à des prisons ou à des sépultures ». Les toiles tendues au-dessus des rues créent une obscurité permanente. Le bazar l'attriste avec ses boutiques fermées. Des paysans passent, cachant sous leurs hardes des fruits. Au loin, il entend les cris d'une chèvre qu'on égorge. La ville est un labyrinthe sinistre. Seuls les minarets et les clochers rompent la monotonie de toits plats qui s'étendent sans ordre.

Il se sent seul. En sortant de sa chambre, des graffitis sur la porte arrêtent son regard ; les noms d'anciens pèlerins qui ont laissé une trace de leur passage ; treize, de Charles Lombard en 1669 à John Gordon en 1804. Les pèlerins occidentaux sont maintenant très rares. À peine 200 au cours du XVIIIe siècle, y compris les religieux envoyés par leurs ordres. Depuis le début de l'année, avant son arrivée, un seul catholique s'est présenté au couvent, sans doute l'explorateur allemand Ulrich Jasper Seetzen (1767-1811), un des premiers Occidentaux à entrer à La Mecque où il se convertira et prendra le nom de Hag Moses. Les religieux vivent à peine des aumônes envoyées d'Europe. Ils sont uniquement « occupés à se défendre, jour par jour, de tous les genres d'insultes et de tyrannie. On épuise contre ces infortunés moines les inventions les plus bizarres du despotisme oriental. » Chateaubriand s'étonne qu'ils ne se plaignent pas. Pourquoi le feraient-ils ? Ne sont-ils pas là où Jésus a souffert ? Leurs tracas sont si peu de choses face à la Passion : « Dépouillés le matin par un gouverneur turc, le soir les retrouve au pied du Calvaire, priant au lieu où Jésus-Christ souffrit pour le salut des hommes. [...] Je ne connais point de martyre comparable à celui de ces infortunés religieux. »

Une autre population est particulièrement mal traitée : les juifs, ces « légitimes maîtres de la Judée esclaves et étrangers dans leur propre pays ». Ils vivent dans une « affreuse misère ». Un père s'épuise pourtant à apprendre à lire à son fils « dans un livre mystérieux » ; devenu adulte, à son tour, il le fera avec son propre fils, assurant la présence millénaire. Le peuple juif est d'une extrême patience : « Objet particulier de tous les mépris, il baisse la tête sans se plaindre ; il souffre toutes les avanies sans demander justice ; il se laisse accabler de coups sans soupirer. »

Les responsables de cette triste situation sont les autorités ottomanes. Rattachée administrativement à Damas, Jérusalem est, en fait, laissée seule face aux administrateurs locaux.

Elle est bien trop éloignée de la capitale régionale pour pouvoir quémander de l'aide. Elle est gérée par le *mosalam*, commandant militaire ; le *moula-cady*, qui s'occupe de la police ; le *mofty*, chef des gens de loi ; le *mouteleny*, douanier ; le *soubachi* ou prévôt de la cité. Ils s'entendent pour pressurer les habitants, inventer des taxes et des vexations. En octobre 1806, alors que Chateaubriand est en ville, y arrive le sultan chargé de l'organisation de la caravane annuelle des pèlerins pour La Mecque. Sous prétexte de financer le pèlerinage, il pille les villages arabes voisins, volant 2 200 chèvres et moutons, 94 veaux, 1 000 ânes… Plus pernicieux, il impose des prix très bas pour les aliments vendus en ville. Joie des habitants, colère des marchands, qui ferment boutique. La disette s'installe. Il vend alors très cher aux commerçants des autorisations de commercer à prix libres. Les magasins rouvrent et doublent leurs tarifs. Dès que le pacha se retire, la colère explose et des émeutes éclatent. Les Ottomans font régner une « désolation extraordinaire ». L'avarice des hommes n'est pas la seule coupable. Notre pèlerin n'a aucune sympathie pour l'islam. Il ne trouve dans le Coran « ni principe de civilisation, ni précepte qui puisse élever le caractère ». Pour lui : « Ce livre ne prêche ni la haine de la tyrannie, ni l'amour de la liberté. » L'avenir n'est donc pas à l'est.

Pour un pèlerin occidental, Jérusalem n'est pas une ville très agréable. Hors des murs, il y a les cavaliers arabes qui rançonnent les voyageurs. Dans la ville, ce sont les multiples gardes toujours âpres à vouloir un bakchich. Il y a encore les trop nombreuses vexations. Une après-midi, alors qu'il entre au couvent pour se reposer, notre voyageur est interpellé par deux gardes ottomans. Ils l'attrapent par le cou et tentent de le faire mettre à genou. Il résiste ; il en envoie un au sol ; il saisit l'autre à la gorge, manquant de l'étrangler avant de le relâcher « lui ayant rendu jeu pour jeu et insulte pour insulte ». Il ne sort donc jamais seul et déambule accompagné de deux religieux, d'un *drogman* (« interprète »), d'un domestique et d'un janissaire (garde armé). C'est une petite cour personnelle mais aussi une mesure de précaution fort utile. Quand ils excursionnent dans la campagne, ils sont « couverts d'armes, habillés à la française et très décidés à ne souffrir aucune insulte ».

Chateaubriand se pose en savant. Il s'interroge sur la nature de la couronne du Christ. A-t-elle été prise sur un arbre épineux, le Lycium spinosum ? C'est ce que lui assure un franciscain alors que notre pèlerin se drape derrière l'autorité du botaniste Frédéric Hasselquist (1722-1752) qui préfère penser au *nakba* des Arabes. Il se veut aussi archéologue, discutant des différentes descriptions de la Ville sainte publiées depuis le XVIe siècle. Il opte pour celle dressée par Louis Deshayes, envoyé de Louis XIII en Palestine en 1621. Il la recopie. Dans toutes ces disgressions, il manifeste un nationalisme intransigeant. Il se félicite que les seules cendres humaines présentes au Sépulcre soient celles de Godefroy de Bouillon : ce « sont des cendres françaises. Quel titre d'honneur pour ma patrie ! ».

Dans les ruines, il cherche le souvenir des rois, les souverains israélites et les croisés venus vivre leur Passion. La Terre sainte est faite du sang de ces héros. Les édifices sont peu de choses. Quand il ne se réfugie pas derrière des descriptions empruntées à d'autres auteurs, Chateaubriand est froid : « La maison de Caïphe est aujourd'hui une église desservie par les Arméniens ; le tombeau de David est une petite salle voûtée, où l'on trouve trois sépulcres de pierres noirâtres, le Saint Cénacle est une mosquée et un hôpital turc. » Même en y ajoutant des références historiques, tout cela est terne. Les lieux n'ont d'intérêt que pour leur capacité à créer des impressions : « Dans un âge mûr, l'esprit revient à ses goûts plus solides ; il peut surtout se nourrir des souvenirs et des exemples de l'histoire. »

L'importance du Saint-Sépulcre

Cette mémoire, il la trouve au Saint-Sépulcre. Il distingue nettement les trois églises : celle du Tombeau, celle du Calvaire, celle de l'Invention de la Sainte Croix. Il découvre un édifice qui n'existera plus dans deux ans. Le 12 octobre 1808, il est ravagé par un incendie. La coupole est réduite en cendres, le plomb fondu coule dans la nef, une douzaine de colonnes s'effondrent, les autels du Calvaire sont brûlés. Le père Clemente Perez, procureur de la Custodie de Terre sainte, est témoin de la catastrophe. Il voit la main de Dieu dans les flammes pour miraculeusement sauver l'essentiel :

> Même enfouies pendant plusieurs heures au milieu d'une fournaise des plus violentes et des plus voraces, et exposées à une chaleur si active qu'elle a consumé les marbres les plus durs, enflammé le fer et fondu tous les autres métaux, les chapelles sacrées du Tombeau et de l'Ange auraient dû être réduites en cendres, ou du moins sérieusement endommagées.

Quand il pénètre dans la nef, Chateaubriand est frappé par les sons : cantiques des prêtres chrétiens, cymbales des Abyssiniens, voix des Grecs, plainte d'un Copte, prière solitaire d'un Arménien. Il est gêné par l'odeur obsédante de l'encens sans cesse renouvelé sans voir la main qui le brûle.

Que ressent-il ? Lui-même avoue être incapable de le dire clairement : « Tant de choses se présentaient à la fois à mon esprit, que je ne m'arrêtais à aucune idée particulière. » Il demeure une demi-heure à genoux dans le Tombeau. À ses côtés, un franciscain est couché sur le sol, les bras en croix ; un autre lit des passages de l'Évangile, s'interrompant à chaque phrase pour lancer une prière. Chateaubriand demeure là, étonné, fasciné. Il prend conscience de sa faiblesse mais sent que la mort peut être vaincue.

Troublé, il rentre vers 11 heures à son logis. Il a passé près de trois heures dans l'église sans parvenir à étancher sa soif spirituelle. Il y revient une seconde fois, cette fois-ci en archéologue. Il scrute, il examine, il compare aux guides qu'il a emportés. Il pose des chronologies, réfléchit à l'évolution du site. Il est bien éloigné de la religion.

Le jour de son départ, il y retourne. Les franciscains veulent lui décerner le titre de chevalier. En groupe, ils se dirigent vers l'église, cachant sous leurs longs manteaux des armes qui, si elles étaient découvertes, leur vaudraient prison et amendes. Ils ferment soigneusement les portes, allument les cierges et les religieux font cercle autour du pèlerin qui attend, les bras croisés sur la poitrine. Alors que s'élève le *Veni Creator*, le custode monte à l'autel et sort d'un coffre les éperons et l'épée qui auraient appartenus à Godefroy de Bouillon. Après quelques questions, il pose les éperons aux pieds de Chateaubriand et lui touche trois fois l'épaule de l'épée. Un *Te Deum* achève la cérémonie : il est chevalier. C'est le point d'orgue du pèlerinage :

> Que l'on songe que j'étais à Jérusalem, dans l'église du Calvaire, à douze pas du tombeau du Jésus-Christ, à trente du tombeau de Godefroy de Bouillon ; que je venais de chausser l'éperon du libérateur du Saint-Sépulcre, de toucher cette longue et large épée de fer qu'avait maniée une main si noble et si loyale ; que l'on se rappelle ces circonstances, ma vie aventureuse, mes courses sur la terre et sur la mer, et l'on croira sans peine que je devais être ému. Cette cérémonie, au reste, ne pouvait être tout à fait vaine : j'étais Français, Godefroy de Bouillon était Français ; ses vieilles armes, en me touchant, m'avaient communiqué un nouvel amour pour la gloire et l'honneur de la patrie. Je n'étais pas sans doute sans reproche ; mais tout Français peut se dire sans peur.

Il est temps de quitter cette « ville extraordinaire ». Chateaubriand gagne Jaffa pour poursuivre son voyage vers l'Égypte. Sur le bateau agité par une mer grosse et un vent peu favorable, il se félicite d'avoir réalisé ce qu'il avait décidé : « J'éprouvais un certain sentiment de plaisir, en pensant que je venais d'accomplir un pèlerinage que j'avais médité depuis si longtemps. »

Rentré en France en juin 1807, il ne reçoit pas l'accueil escompté. Napoléon, qui se méfie de ses idées conservatrices, l'assigne à résidence à Sceaux, près de Paris. Il y rédige son épopée en prose *Les Martyrs* (1809) et regroupe ses notes de voyage pour en faire l'*Itinéraire de Paris à Jérusalem* (1811) qu'il inonde de notes savantes et de références. Il recopie des passages des Pères et discute les récits antiques. Il semble s'échapper. Il n'y réussit pas.

Comme il le dit : « Je voulais aussi accomplir le pèlerinage de Jérusalem. » C'est donc en pèlerin qu'il a parcouru la Ville sainte. Avec complaisance, il se décrit : « Je suis sans pudeur, et je me suis rangé depuis longtemps dans la classe des superstitieux et des faibles. » Lors de son périple l'accompagnèrent les juifs antiques, compagnons de Salomon, les croisés partis les armes à la main. Il se fait le frère de Montfort, Nesle et Coucy, combattants médiévaux persuadés qu'ils libéraient le Tombeau du Christ.

Avec ses rêves nationalistes, sa soif de reconnaissance sociale, son regard scientiste, Chateaubriand n'est pas moins pèlerin que nos autres personnages. Il révèle une des innombrables facettes de l'acte pèlerin. Pudique, il se livre peu. On le sent cependant troublé, adepte d'une religion où se mêlent les secrets de la douleur et du sacrifice, les honneurs reçus et l'humilité de la prière solitaire, la fierté d'identités multiples, française et catholique.

Il dépasse son expérience. Son pèlerinage, avec ses difficultés, est celui que l'Église fait depuis la tourmente révolutionnaire.

Comme lui, elle doit subir les vexations mais demeurer fidèle à ses convictions, assurée de son passé, fière de ce qu'elle a accompli ; elle doit accepter les tourments puisqu'ils sont offerts. Comme lui, elle doit se persuader que les honneurs sont au bout du chemin. Il a été molesté par des gardes turcs, fait chevalier par d'exceptionnels moines. Des ennemis peuvent ralentir un pèlerinage, « non pas l'empêcher de s'accomplir ».

1827
Moïse Montefiore, soutien des communautés juives

« Ce jour, je commence une nouvelle vie. »

Il en avait longtemps rêvé mais ce n'est qu'en 1827 que Moïse Montefiore (1784-1885) visite enfin Jérusalem. Banquier anglais lié aux Rothschild par son mariage, il est une figure majeure de l'anglo-judaïsme. Il est l'un des meilleurs représentants du capitalisme anglais, à la fois financier, mécène et homme politique. Il fonde l'Alliance Assurance Company et l'Imperial Continental Gas Association, esquisse des grands groupes fournisseurs d'énergie. Il dirige la Banque provinciale d'Irlande et la South Eastern Railway. Reconnu par ses concitoyens, il est élu sheriff de Londres et président du Conseil des députés des juifs britanniques. Il est fait chevalier (1837) puis reçoit le titre de baronnet (1846).

Il est surtout un croyant fervent. Élevé une Bible à la main, il mène une vie de piété. Son emploi du temps est rigoureusement réglé. Levé tous les jours vers 6 heures, il prie pendant plus d'une heure ; il déjeune à 9 heures puis se rend au Stock Exchange à 10 heures. Il y reste toute la journée avant d'aller dîner chez lui à 17 heures. Une heure plus tard, il commence ses cours d'hébreu et de français. Il se retire pour lire la Bible et prier. Il se couche à 22 heures. Tous les lundis et jeudis matin, il est à la synagogue. La religion n'est pas simple affaire de savoir et de piété, elle est aussi une succession d'actions charitables. Dans ses archives se trouve une note où il décrit sa règle de vie : « Élaborer un plan pour soulager ou offrir une certaine assistance aux pauvres. Former un plan pour l'emploi des pauvres. Ne jamais refuser de voir ou d'écouter patiemment tous ceux qui s'adressent à moi pour la charité ou l'assistance. Les soulager dans la mesure où la prudence le permet. »

La découverte

En mai 1827, sa décision est prise : il doit se rendre à Jérusalem. La résolution est courageuse, car la situation internationale est instable. Le 6 juillet, la France, le Royaume-Uni et la Russie signeront le traité de Londres dans lequel ils s'engagent à intervenir dans la guerre d'Indépendance grecque pour éviter les « effusions de sang », prétexte pour soutenir la révolte des populations locales contre l'occupation ottomane. Leurs forces réunies écraseront la flotte turco-égyptienne lors de la bataille de Navarin (20 octobre 1827). En mai, la guerre n'est pas encore déclarée mais tous la savent imminente. Cela ne le fait pas changer d'avis. Il ira en Terre sainte et tiendra le journal de son périple.

Il le fait en croyant. Il embarque avec son rouleau de la Torah et son châle de prière. Il emmène son cuisinier afin de n'avoir qu'une alimentation rigoureusement casher. Le 1er mai, il quitte l'Angleterre pour gagner Naples, *via* Douvres, Milan et Rome. Direction Malte en prenant garde aux pirates. Son existence demeure plus que jamais rythmée par la religion. Le 2 août, jour anniversaire de la destruction du Temple, il note :

> Merci Dieu. Nous allons assez bien après avoir rompu notre jeûne, ce que nous avons fait à 9 h 35, plusieurs étoiles étant alors

visibles. La journée a été terriblement chaude et fatigante. Ma pauvre femme a tellement souffert que j'ai essayé de la persuader de rompre son jeûne vers quatre heures, mais elle n'a pas voulu. Je me sentais extrêmement faible, mais je n'avais pas mal à la tête.

Même les difficultés du voyage ne peuvent le détourner de la fidélité aux règles que lui dicte la Loi. De Malte, il passe à Alexandrie. Son influence, son argent et ses lettres de recommandation lui garantissent un excellent accueil. Mais tous le dissuadent de continuer : la peste ravage Saint-Jean-d'Acre, les chrétiens de Syrie se sont révoltés, la guerre gronde en Méditerranée et sa santé se détériore. Rien ne peut le faire reculer. Il écrit un soir : « J'ai toujours l'ardent désir de me rendre à Jérusalem, mais je ne trouve personne disposé à le faire, à venir avec moi. La santé et la force me manquent si vite dans cette ville, que je considère maintenant qu'il est prudent de la fuir. » Il trouve un bateau qui l'amène à Jaffa le 16 octobre. Le gouverneur turc refuse tout d'abord son débarquement avant de finalement céder. Montefiore découvre alors une « horrible terre de misère et de peste », mais « la main de Dieu est toujours dessus ».

Le lendemain, il entre à Jérusalem par la porte de David. Il remercie Dieu de l'avoir mené au terme de son voyage. Ce n'est pas seulement une ville, c'est un être vivant, le membre essentiel de la communauté juive depuis des siècles, un ancêtre que chacun adule sans vraiment le connaître. Et la première rencontre est un choc. Il se désole des murs effondrés, des rues sales, des édifices en ruine. Il pleure « comme le font les personnes en deuil en déplorant la perte d'un parent cher ».

Après avoir passé la nuit chez un notable, Joseph Amzalak, il se rend à la synagogue. Malgré la déception, la ville semble le rajeunir : « Je me sens mieux, bien que toujours faible. » Avec sa femme, il se rend au Mur des lamentations. La ville demeure définitivement liée au Temple. C'est lui qu'il voit derrière l'esplanade des Mosquées ; ne parlons pas du Saint-Sépulcre qu'il semble ignorer. Ici, chacun découvre ce qui peut conforter sa foi et soutenir ses convictions.

À sa sortie des Lieux saints, il est interpellé par Rabi Hahám Moes Soozin, responsable de la communauté juive portugaise forte de 200 membres, et par Rabbi Mendel, qui représente les 160 personnes de la communauté allemande, deux groupes ayant fui les pogroms de l'Europe de la fin du XVe siècle. Se joignent à eux les chefs des juifs présents depuis l'Antiquité. Ils l'invitent à prendre un café, à s'asseoir ; ils le tirent par la manche, veulent lui faire des confidences, l'attirer chez eux. Et c'est l'interminable plainte des brimades des gouverneurs turcs, la pauvreté, la promiscuité… Chacun pense qu'un aussi puissant pèlerin pourra les aider. Montefiore s'attriste, il se sent si proche d'eux. Le soir, retiré dans sa chambre, il note : « J'espère que je vivrai toujours et mourrai un jour dans la société de mes frères d'Israël. »

Le lendemain est un vendredi, jour de prière musulman ; Montefiore ne peut donc pas se rendre auprès du gouverneur. Il en profite pour visiter le tombeau de Rachel et l'école Etz-Khayim (Arbre de vie). Près d'un ancien cimetière, il prend une poignée de « terre sainte » qu'il rapportera à Londres. Rentré chez son hôte, il se réjouit. Depuis plus d'une heure, la maisonnée prépare sabbat en nettoyant avec le plus grand soin les pièces. Quel zèle ! Quelle piété ! Une fois de plus, avant de s'endormir, il prend la plume : « Je ne me suis jamais senti mieux depuis des mois. » Jérusalem lui fait le plus grand bien.

Samedi, il est à nouveau à la synagogue où il remercie Dieu de toutes les grâces qui lui sont octroyées. Il prend son déjeuner avec Rabbi Hahám Moes Soozin et Rabbi Mendel, leur demandant de vivre en harmonie, de faire taire leurs différences, de cacher leurs animosités. L'après-midi, il plaide leur cause auprès du gouverneur. Le ton est très mondain. L'Anglais offre à son hôte un télescope, celui-ci lui promet vaguement de veiller sur les juifs. Il lui propose une escorte pour qu'il puisse voyager paisiblement hors de la ville et lui délivre un laissez-passer : « Nous déclarons qu'aujourd'hui est arrivé à Jérusalem notre ami le Gentleman anglais, M. Montefiore. Il a visité tous les saints lieux, et rencontré les Grands de la ville, ainsi que plusieurs de moindre importance, tous ont été très satisfaits de faire sa connaissance. Il est une personne du plus grand mérite. »

La déception face à la ville en ruine vécue il y a cinq jours a fait place à une exaltation quasiment mystique. Il écrit : « Aucune ville au monde ne peut avoir une situation plus belle que celle-ci ; il n'y a pas non plus de meilleur climat. »

Son départ étant prévu pour le 21 octobre, toute la nuit des solliciteurs s'amassent dans la maison où il loge. Ils veulent lui souhaiter un bon voyage, tout en espérant qu'il pourra les aider. Le 23, de retour à Jaffa, il embarque pour l'Angleterre. Il s'enferme immédiatement dans sa cabine pour faire une promesse à son journal : « Ce jour, je commence une nouvelle vie. J'ai bien l'intention de consacrer beaucoup plus de temps au bien-être des pauvres et à m'occuper à la synagogue aussi régulièrement que possible les lundi, jeudi et samedi. »

Revenir et aider

Son séjour à Jérusalem l'a doublement marqué. Il ne découvre pas la misère des juifs mais il l'a sentie avec force ; désormais, il consacrera une très grande partie de son temps à protéger sa communauté de foi. Il se rendra en Russie, à Rome, en Hongrie, dans les principautés danubiennes et au Maroc pour persuader les autorités locales d'améliorer le sort de ceux qu'il nomme ses frères, de mettre fin aux persécutions. Il sera toujours écouté, pas toujours entendu.

La seconde révélation est l'importance de Jérusalem. Le milieu de ce XIXe siècle confère une dimension résolument politique à la ville. Elle est désormais le point de crispation des nationalismes arabe et juif. Les puissances européennes lui accordent un nouveau prestige en y installant des consuls, anglais (1838), prussien (1842), français (1843)… Elle n'est plus uniquement un bourg de l'Empire ottoman. Les séjours de Montefiore accompagnent cette évolution. Il y retourne six fois, continuant à noter ses faits et gestes, mais également ses pensées, ses enthousiasmes et ses rêves. Il manifeste aussi une intense activité économique. Lors de son voyage de mai 1839, il visite la ferme modèle du mont Méron, tenue par Israël Bak qui a fui son Ukraine natale pour s'installer en Palestine en 1831. Malheureusement, la région est marquée par trente jours de massacres en 1834, puis par le tremblement de terre de 1837. L'exploitation est sur le point de faire faillite. Mais Montefiore comprend que l'agriculture, à condition qu'elle se fasse selon des méthodes modernes, est possible. Lentement, il tient son engagement pour permettre un meilleur ancrage des communautés juives en Palestine. Il finance des achats de terre, importe des outils agricoles, fait planter des arbres, améliore les réseaux de distribution d'eau et encourage tout le monde. Un grand sourire fend son visage en 1857 lorsqu'un paysan juif lui dit : « Le pain gagné par le travail de mes mains est le plus doux. »

En 1860, il lance le chantier de Mishkenot Sha'ananim (« habitations paisibles »), le premier quartier juif élevé à l'extérieur de la Vieille Ville. Malgré la qualité des constructions, les habitants sont rares tant le danger d'attaques de pillards est grand. Les premiers installés sont donc payés pour y vivre, un mur percé d'une porte est érigé autour, un moulin est dressé pour la production de farine. Montefiore se réjouit des progrès accomplis. En 1865, il est très content : « Les preuves de l'activité industrielle des Israélites m'ont donné beaucoup de satisfaction. J'ai également été heureux d'observer l'apparence saine d'eux-mêmes et de leurs enfants, d'autant plus que la plupart d'entre eux ne sont pas en mesure d'assumer les dépenses nécessaires à leur subsistance et à celle de leur famille. » La misère est toujours là. Il faut continuer à rencontrer les autorités turques pour obtenir quelques aménagements. En 1866, c'est une léproserie qui est promise ; il en coûtera 1 500 £, mais l'argent ne compte pas pour notre banquier. La même année, il visite la nouvelle synagogue Khoorbát Rabbi Yehooda Hakhássid, il s'entremet entre le clergé protestant et le gouverneur turc, il rappelle à l'ordre le consul autrichien… Il prend le café avec les autorités ottomanes, discute de l'avenir de deux orphelins accueillis dans une famille qui compte déjà sept enfants. Il est diplomate, mécène, politique, protecteur, conseiller ; il salue les uns, flatte les autres, écoute tout le monde. Il est devenu indispensable.

Son journal est celui d'un entrepreneur. Jérusalem est un terrain d'action où Montefiore donne la pleine mesure de ses talents. Ce ne sont que visites officielles, rencontres avec des puissants et tentatives de résoudre les problèmes des humbles. Ces annotations pourraient faire disparaître un fait majeur : la Ville sainte est au cœur de son expérience religieuse. Chaque voyage lui permet de mieux connaître le passé de la région et donc sa religion. Toujours en 1839, il s'arrête à Safed, aussi appelé Tzfat, perché sur une colline à 900 mètres d'altitude. C'est la cité « des chercheurs spirituels », selon un adage local. Elle a connu son âge d'or au XVIe siècle quand les juifs chassés d'Espagne sont venus s'y installer. Selon une légende, les élèves du célèbre rabbin Yitzhak Abuhov firent un rêve collectif. Leur maître leur reprochait d'abandonner la synagogue qu'il avait construite, avec l'expulsion des juifs elle allait être entourée d'églises. À leur réveil, les jeunes disciples se lamentèrent sur cette perte, s'excusèrent de devoir quitter, contraints, leur pays. Le lendemain l'édifice avait disparu pour réapparaître miraculeusement à Safed. L'histoire est la métaphore d'une réalité. L'installation dans la ville de nombreux savants, tel Yossef ben Ephraïm Karo (1488-1575), originaire de Tolède, père de la Halakha, c'est-à-dire la « Loi juive ». C'est encore à Safed qu'est renouvelée la tradition ésotérique du judaïsme, la kabbale, à l'initiative d'Isaac Luria Ashkenazi, arrivé vers 1500, Moïse Cordovero (1522-1570), surnommé Ramaq, ou Isaac Ashkenazi Louria (1534-1572). La prospérité est telle que la première imprimerie du Moyen-Orient y est installée en 1578. Pour certains mystiques, Safed fait partie des quatre cités importantes du monde juif : Jérusalem est la « cité du feu », rappel des sacrifices réalisés dans le Temple ; Hébron est la « cité de la terre » où sont enterrés les Patriarches ; Tibériade est « la cité de l'eau » ; Safed, la « cité de l'air ».

Au mont Méron, Montefiore visite les tombes des sages juifs. Il se recueille spécialement sur celle de Shimon Bar Yochai, qui, fuyant les Romains en 135, s'était réfugié dans une grotte pendant treize ans, vivant des fruits sans cesse renouvelés d'un grand caroubier et de l'eau d'une source miraculeusement apparue. Ayant quitté son abri, il dicta à ses disciples le Zohar, le maître-livre de la Kabbale en faisant une exégèse mystique de la Torah et du Talmud. Montefiore y est présent lors de la fête Lag BaOmer, célébrée le jour anniversaire du mystique. Des milliers de juifs se pressent en ce lieu car les demandes effectuées ce jour précis sont toujours exaucées. Il prie aussi sur la tombe d'Hillel l'Ancien, celui qui au début du Ier siècle édicta la règle d'or : « Ne fais pas aux autres ce que tu n'aimerais pas que l'on te fasse. » Il ajoutait : « Ne jugez pas quelqu'un d'autre jusqu'à ce que vous vous trouviez à sa place. »

Rien ne peut détourner Montefiore de ce contact avec la Terre sainte ; il lui est devenu indispensable. En 1839, la peste touche la ville. Il convient donc d'être prudent sans renoncer à Jérusalem. Il installe alors son campement hors des remparts, sur le mont des Oliviers. De là, il peut contempler paisiblement la cité qui est au cœur de son univers mental. Sa méditation est bercée par les histoires merveilleuses qui donnent une vie extraordinaire aux lieux. Les oliviers sous lesquels il se repose auraient près de deux mille ans ; ils auraient été les témoins de la mort de Jésus !

En 1866, il y monte avec un ami, le docteur Loewe, qui deviendra son biographe : « De là, nous avions une plus belle vue sur la mer Morte et le paysage sauvage des hauteurs de Moab. Après nous y être reposés pendant une courte période, nous sommes descendus à pied et nous nous sommes arrêtés près d'un grand arbre. Depuis cet endroit, nous avons une belle vue sur la mosquée d'Omar, l'endroit saint jadis occupé par le Saint Temple, et nous y restâmes deux heures, examinant les documents et des plans que j'avais apportés avec moi. » Cette phrase dit parfaitement l'état d'esprit de Montefiore. Jérusalem est un spectacle vivant qui permet de communier avec l'histoire, d'approcher le sacré. Elle se découvre par de lentes contemplations, seules capables de donner à l'esprit la joie de renouer avec la mémoire la plus vénérable, mais aussi par des recherches historiques, à base de documents apportés sur le terrain. La rêverie et l'étude sont les deux moyens de comprendre la ville. Mais Jérusalem est plus qu'une cité. C'est un passé redevenu vivant ; un lieu d'espoir et de déceptions où il rencontre ses frères, le site de mouvements mystiques qui modifient sa vie.

1856
Émotions et colères d'Alexandre Neyrat

« Nous garderons dans nos cœurs le souvenir vif et brillant de notre beau pèlerinage d'Orient. »

Combien de récits de pèlerins resteront à jamais inconnus ? Combien de voix ne se feront jamais entendre ? Celle d'Alexandre Stanislas Neyrat (1825-1913) aurait pu disparaître. Ordonné prêtre à Lyon (1849), il est maître de chapelle des Minimes (1848-1851), puis de celle de Saint-Bonaventure (1851-1861). Chanoine de la primatiale de la capitale des Gaules (1884), il en devient le doyen (1901). Ayant beaucoup voyagé, il est un des fondateurs de la Société de géographie de Lyon (1873) et membre de l'académie de cette ville (1874). Amoureux du chant et de la musique, il publie de nombreux recueils de cantiques et de motets. Bien avant cette carrière, il s'est rendu en Terre sainte en 1856. Il en a laissé un récit aujourd'hui disparu. Une copie était cependant conservée au petit séminaire de Charly où un élève, Albert Gélin, s'amuse à le recopier en 1916. À sa mort, sa sœur découvre ce curieux manuscrit, elle en fait une nouvelle copie qu'elle donne en novembre 1983 aux Œuvres pontificales missionnaires de Lyon où nous l'avons consulté. Que de hasards pour nous faire entendre cette voix.

Une lente approche

Le voyage est mûrement réfléchi : « Un pèlerinage aux Saints Lieux est un grand bonheur. […] C'est un bonheur encore plus grand, quand on peut le faire aussi complètement, aussi heureusement que nous ; quand on s'en acquitte avec un sentiment de foi, de piété, quand on l'accomplit avec des amis bien affectionnés, entre lesquels aucun nuage ne s'interpose. C'est un souvenir de toute la vie. »

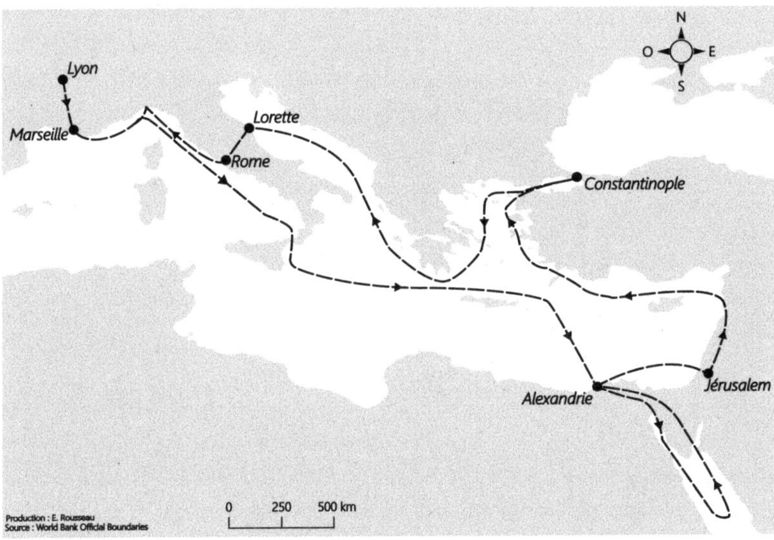

Le voyage d'Alexandre Neyrat en 1856

Il part avec deux amis étudiants lyonnais, Louis et Francisque. Leur bateau quitte Marseille le 18 août, destination Alexandrie pour découvrir l'Égypte. Ils visitent Héliopolis, Le Caire et contemplent les pyramides. Leur but : le mont Sinaï ! Là, leurs guides arabes leur montrent des empreintes dans le granit :

« C'est, disent-ils, un des pieds du chameau de Mahomet quand il s'élança au Ciel. » On devine le sourire d'Alexandre, qui assure que des traces similaires sont visibles au Caire, à Damas et à La Mecque. Ils séjournent au monastère Sainte-Catherine et parviennent, le 28 septembre, au mont Horeb. Ils adhèrent à la croyance que c'est en ce lieu que Dieu a remis le Décalogue à Moïse même si d'autres placent l'événement au mont Sinaï. C'est encore sur cette montagne qu'Élie a rencontré Yahvé. Ils prient devant « la belle fontaine qui avait désaltéré Moïse », épisode rapporté en Exode (17, 6). Le lieu est important ; ils y restent trois jours. Puis, retour vers la mer Rouge et arrivée à Suez le 5 octobre. Cette première partie de leur périple les a mis en contact avec le désert et l'Antiquité. Plus encore, elle leur a fait découvrir un monde qu'ils ignoraient. Ils sont ravis de leurs campements dans le désert, communion avec une nature qui semble les ramener aux temps bibliques. Leur dévotion est entretenue par les paysages. Les pierres ne disent pas tout. L'esprit divin imprègne les lieux et transforme les hommes. Un soir, un de leurs guides entonne une mélopée. Alexandre veut y entendre une déformation du chant des psaumes. Même les musulmans seraient touchés par le Dieu chrétien. Notre pèlerin en est ravi.

De Suez, ils gagnent Jaffa où ils arrivent le 12 octobre. La déception est grande : « Jaffa ne possède plus rien que le souvenir des traditions des grands événements qui s'y sont passés. » Le 19 octobre, ils partent à 4 heures du matin pour entrer dans les collines de Judée. Seuls des oliviers dispersés décorent l'horizon. Quelques sites les retiennent. Ils s'arrêtent au puits de Kob, où saint Pierre guérit le paralytique. Ils parcourent les rues du village de saint Jérémie. Mais leur impatience augmente. Où est Jérusalem ? « À chaque ouverture de montagne, chaque contour, on jette un regard du côté de la ville sainte, on cherche à l'apercevoir. Déjà le cœur se serre, on est ineffablement heureux. » L'éblouissement a lieu à 15 heures, heure puissante puisque le chrétien y fait mémoire de la mort de Jésus :

> Oh ! beau jour qui nous donna de voir la ville sainte ! Jour heureux ! Jour béni ! Ce que nous ressentions sous tes murs, ville triste et sainte, nulle langue ne peut le redire. Nos cœurs étaient brisés, anéantis ; ce sont de ces moments où l'on sent tellement, où les émotions sont si fortes qu'on ne s'analyse plus rien, les larmes coulent alors mais elles sont douces et consolantes. Mon Dieu, c'est trop de bonheur dans le lieu que vous avez arrosé de vos larmes, de vos sueurs, de votre sang !

Ils logent chez les Franciscains. Louent rapidement leur accueil, admirent encore plus vite leurs travaux de copistes et tournent d'un air distrait les pages d'une grammaire arabe. Ils veulent se présenter au Saint-Sépulcre. Après quelques rues, ils passent une porte basse et font irruption sur le parvis. Quelle déception. La façade est percée de deux portes devant lesquelles des gardes turcs boivent leur café. Elle ne présente que de petites fenêtres gothiques. Ils ignorent des pèlerins grecs et arméniens pour entrer. Tout change ! Le Sépulcre les éblouit tant les luminaires sont innombrables. Ils sont entrés dans un monde de merveilles où l'émotion les submerge totalement. Ils s'approchent du Tombeau, se plient pour passer sous une porte basse :

> « Ô mon dieu, le Sépulcre qui vous reçut après la consommation du sacrifice, qui posséda votre divin corps, pendant que votre âme annonçait aux patriarches leur entrée dans les cieux, qui vous vit enfin ressusciter glorieux et vainqueur de la mort ! Qu'il est doux de prier au pied de votre tombeau, ô Seigneur, qu'il est doux de l'arroser de ses larmes, d'y attacher les lèvres, de s'y souvenir de ceux dont les prières vous y ont accompagné. Il est difficile d'entrer dans ce lieu adorable, sans être ému jusqu'au fond du cœur et sans sentir ses larmes mouiller ses paupières. »

Fébriles, ils parcourent l'église. Près de la colonne où Jésus-Christ fut fouetté, « qui ne se sentirait ému, touché de compassion et d'amour ? ». Humblement, tremblants, ils montent au Calvaire : « Oh bon Sauveur, les rochers que nous foulons ont été rougis de votre sang, ces rochers ont entendu le bruit des clous qu'on enfonçait dans vos pieds et dans vos mains. » Leur dernière station est à la chapelle de l'apparition de la Sainte Vierge. Alors que le chant des litanies monte, « on ne sait ce qui s'empare de l'âme à ce moment ; tous les sentiments recueillis aux stations du Calvaire, du St Sépulcre viennent se réunir. Le mystérieux de toutes ces cérémonies, l'obscurité du sanctuaire, la pensée de la captivité des lieux vénérés, la prière pour les pèlerins ballottés sur les flots et pour elle qu'on voudrait voir à ses côtés, tout cela saisit le cœur et se traduit par des larmes ». Ils sont épuisés, leurs guides les amènent dans une pièce construite par sainte Hélène pour qu'ils se reposent. La nuit sera longue car ils sont désormais enfermés dans le Sépulcre. Ils n'arrivent pas à dormir. Quand les franciscains viennent les chercher, à 3 heures du matin, leurs sentiments sont exacerbés : « Nuit si douce, si pure, de jouissance pour les pèlerins. » Ils célèbrent la messe au tombeau de Jésus :

> Rien de plus solennel, ni de plus touchant que cette messe et qu'elle passe vite ! cette belle nuit couronnée par la messe sur le lieu de la Résurrection fait époque dans la vie. L'impression en sera ineffaçable. Puissions-nous rendre grâce à Dieu de nous avoir donné le privilège de jouir de ces grandes consolations.

Le pèlerinage, c'est aussi découvrir la cité.

Leur principal guide est le père François d'Assise, un ancien médecin lyonnais qui, après un séjour à Jérusalem, a tout abandonné pour prendre l'habit et ne plus s'éloigner des Lieux saints. Il les vénère et en parle « toujours avec beaucoup de science jointe à une grande amabilité et une grande distinction de manières ». Il leur fait connaître les réalités de l'Histoire sainte. Un matin, il les entraîne au mont du Scandale, petite montagne proche du mont des Oliviers qui porte ce nom depuis que des idoles y furent honorées par « Salomon l'infidèle ». Au village de Siloé, ils arrivent à la fontaine où Jésus a guéri l'aveugle. Ils font une « périlleuse expédition » : ils empruntent le tunnel d'Ézéchias qui a été découvert en 1838. Il leur faut quinze minutes pour parcourir les 533 mètres de cette galerie destinée à amener l'eau de la source de Gihôn vers la cité afin de l'approvisionner en cas de siège. Le site est empli de souvenirs. Le lieu est nommé « fontaine de la Vierge en mémoire de celle qui se servait de cette eau ». Un arbre « montre l'endroit que marque la tradition comme le lieu d'un martyre du prophète Isaïe ». Un guide est indispensable car le moindre signe devient manifestation pieuse.

Un soir, après avoir laissé passer la chaleur de la journée, ils se rendent avec d'autres ecclésiastiques sur le site de Béthanie : « Là N.S. accomplit un de ses miracles les plus éclatants dans la résurrection de Lazare. » La parole crée des images. Le guide pointe un endroit au sol, là « où Marthe adressa ses paroles si mélancoliques et si pleines de confiance en N.S. » quand elle lui demanda de voir le corps de son frère mort. Quelques pas plus loin, nouvel arrêt : où Marie, sœur de Marthe, implora Jésus. Ils reprennent la marche pour arriver au tombeau de Lazare, une caverne où ils descendent par neuf marches pour arriver devant une pierre où reposait le corps. Dans son journal, Alexandre insère les références bibliques les plus précises entre ses descriptions. L'actualité du site repose sur deux autorités : le discours des guides qui montrent, développent, choisissent, enjolivent parfois ; les Écritures où Alexandre cherche, et trouve, les éléments qui permettent de corroborer les récits. Les jours se succèdent ainsi : « La multiplicité et la grandeur de tant de souvenirs nous accablait. Il nous semblait que nous étions les contemporains de N.S. et des apôtres, les témoins de tant de mystères ! Quel bonheur n'a-t-on pas en visitant avec foi des lieux aussi sanctifiés ! »

L'amertume

La déambulation dans Jérusalem hésite cependant entre imagination, regrets et ravissement. Les trois sentiments se mêlent. Suivons nos pèlerins un matin. La promenade commence par l'emplacement du palais de Pilate sur lequel s'élève maintenant une caserne. Leur guide leur montre la *scala sancta*, un escalier « que Jésus descendit et monta plusieurs fois pour se rendre chez Pilate entendre son injuste condamnation ». Neyrat n'est pas dupe, car il sait que les marches ont été enlevées et emportées à Rome. Direction le lieu de lapidation de saint Étienne. La déception est réelle car c'est un cimetière musulman ; ils contemplent cependant un rocher « où la tradition seule conserve le souvenir aussi précieux ». En quelques pas, ils arrivent dans la vallée de Josaphat où Jésus aimait retrouver ses amis. Nouvelle désillusion : le ruisseau du Cédron n'est qu'une sente de cailloux. De là ils gagnent le mont des Oliviers « couronné par la mosquée qui est le lieu de l'Ascension ». Enfin, ils arrivent dans un lieu à leur convenance : le jardin de Gethsémani. Il est rapporté dans l'Évangile selon saint Matthieu (26, 36) : « Alors Jésus parvient avec eux à un domaine appelé Gethsémani et leur dit : "Restez ici, pendant que je m'en vais là-bas pour prier". » Depuis au moins le IVe siècle, les chrétiens y prient et écoutent les récits relatifs à l'agonie de Jésus et à son arrestation. À grands frais, les Franciscains maintiennent le lieu à l'abri de toute souillure. Entouré d'un mur simplement percé d'une porte basse, il est l'endroit où Judas a trahi Jésus. Au centre, huit oliviers centenaires. Pour Alexandre, il ne fait aucun doute qu'ils datent de deux mille ans : « Quand on songe qu'on a sous les yeux huit témoins de ses prières et de ses larmes. Ne tomberait-on pas à genoux et profondément attendri ? […] Antique jardin de Gethsémani, quel bonheur de se reposer pour un instant de prières sous l'ombrage de tes oliviers. » Le jardinier leur montre la grotte où les trois apôtres se sont endormis pendant que Jésus veillait : « Elle est parfaitement conservée, intact le rocher se voit tel qu'il était au moment de l'agonie de N. Sauveur sans revêtement. Trois jolis autels en pierre, avec leurs chandeliers, en marbre y sont érigés. » Même impression d'entrer dans l'histoire quelques mètres plus loin dans l'église du tombeau de la Vierge. Avant d'atteindre la crypte, il faut s'arrêter à droite devant une niche, tombeau de saint Joachim et sainte Anne, à gauche devant une autre où repose saint Joseph. Mais Alexandre demeure très prudent : « Ce ne sont probablement que des autels commémoratifs », puisque ces trois personnages sont enterrés ailleurs. La réalité ne lui fait pas oublier la force du symbole. Rassembler ici, même sous forme allégorique, toute la famille de Marie est une bien belle invention. À l'issue de cette descente, entouré de riches lampes, se devine le tombeau « que sanctifia quelques instants le corps de la Ste Vierge. C'est par conséquent le lieu de la glorieuse Ascension ». Les apôtres avaient en effet trouvé la sépulture vide, le corps disparu remplacé par des fleurs aux suaves parfums. Ainsi « celle qui avait été affranchie du péché fut aussi affranchie du joug de la mort ». En sortant, son guide lui demande d'embrasser une pierre : c'est là que s'est posé le voile que la Vierge perdit en montant au Ciel.

Que d'impressions pour une journée ! Mais aussi que d'hésitations ! L'émotion est palpable. Jérusalem fait entrer le pèlerin dans l'histoire. Chaque pierre, chaque site est chargé de mémoires, de récits. Alexandre se révèle un dévot marial. Le dogme de l'Immaculée Conception n'est proclamé qu'en 1854 et celui de l'Assomption qu'en 1950, mais il place déjà

Notre-Dame au cœur de son pèlerinage. Elle est presque aussi importante que Jésus.

La joie et la piété sont tempérées par la prudence. Les récits des guides sont trop chatoyants. Trop de merveilleux tue le miracle. Alexandre n'arrive pas à croire tout ce qui lui est dit. Il conserve un esprit critique, s'étonnant que l'enthousiasme puisse amener à faire du moindre mur, du plus petit rocher un témoin de la Passion du Christ. Il y en a déjà tant.

La déception la plus profonde vient de la cohabitation religieuse dans la cité. Il est sans doute influencé par le père François, « rempli du zèle pour les Lieux Saints qui voit avec une peine indicible leur captivité ». Pour Alexandre, Jérusalem est le théâtre de la division de la chrétienté et du recul des catholiques en ces lieux si saints. Il se plaint en permanence de la pauvreté dont ses coreligionnaires souffrent alors que les Grecs « ont l'or de la Russie à discrétion ». Ils paient des réparations qu'effectuent les Turcs et prennent alors possession de ce qu'ils viennent de restaurer : « C'est ainsi qu'ils ont presque usurpé le St. Sépulcre en le faisant restaurer en 1808 lors du terrible incendie dont ils n'ont pu éviter les soupçons. » L'œuvre d'accaparation est permanente. Les orthodoxes enlèvent les inscriptions latines faites pour les visiteurs et les remplacent par des textes écrits en grec. Ils ont volé des vases sacrés qui avaient été posés au lieu d'invention de la Sainte Croix. Ils ont déplacé les tombeaux de Godefroy de Bouillon et de Baudouin, avant de disperser leurs cendres. Même la sainteté du Golgotha ne freine pas leurs entreprises. Une partie « appartient malheureusement aux Grecs, on la reconnaît facilement à la richesse et au luxe qui la décorent, à côté de la modestie de celle des Latins ». Ils auraient voulu en prendre une partie pour l'apporter à Constantinople et l'installer près de leur patriarche. Le Ciel ne l'a pas voulu. Le bateau qu'ils avaient envoyé vers la Terre sainte a coulé. Inutile de se poser la question de savoir si tout cela est vrai. Rumeurs ou faits, peu importe. Cette litanie de reproches fait des Grecs des gens détestables, des « usurpateurs », les membres d'une « insolente secte impie ». Même leurs signes de piété sont faux. Leur cérémonie des feux du Samedi saint est une « insolente tromperie ». Les rixes autour des cierges dont les fidèles veulent s'emparer, un scandale qui souille les Lieux saints. Quel dommage que les Européens n'agissent pas, qu'ils laissent profaner des sites si importants. Que de regrets face à l'inaction des gouvernements.

Les Turcs ne sont pas l'ennemi principal, même s'ils ont des attitudes vexatoires. Certains jours, ils bloquent la porte d'un petit couvent inséré dans le Saint-Sépulcre. Les religieux catholiques ne peuvent en sortir que le jeudi ; les autres jours, il faut leur passer leur nourriture par un petit guichet. Alexandre connaît lui aussi quelques vicissitudes. La grotte de Jérémie « où le prophète pleurait sur la ville rebelle » est inscrite à son programme de visite. Il refuse d'y entrer à cause des « exigences déraisonnables », c'est-à-dire d'un prix prohibitif demandé par les gardiens musulmans. Ailleurs, ils laissent s'effondrer d'antiques murs. Alexandre se rend à l'endroit où les apôtres ont composé le *Credo* : « Il y a peu de temps que les douze arcades d'une ancienne église élevée sur ce lieu subsistaient encore ; aujourd'hui, il n'y a plus que l'emplacement d'une mosquée marquée par quelques débris. » Quelques Turcs sont cependant plus accommodants. Lorsque les pèlerins se présentent devant la piscine de Bethesda, les portes sont closes. Nos pèlerins tiennent cependant à prier en cet endroit où Jésus a guéri un paralytique. Heureusement, « la complaisance des soldats l'ouvrit encore ». Mais, encore une déception ! « Elle est profonde mais à moitié emplie des immondices qu'on y jette. » Un cri fuse : que font les autorités ? Pourquoi les Européens ne se plaignent-ils pas ?

Il est vrai qu'Alexandre découvre une ville profondément marquée par l'islam, constatation que bien des pèlerins ne font pas tant ils restent concentrés sur le récit biblique. Lui a la curiosité de l'autre. Il se rend sur ce qui est aujourd'hui l'esplanade des Mosquées. Il admire « le grand dôme couvert de bronze », c'est-à-dire le Dôme du Rocher. Il est bâti sur « l'emplacement du Temple ». Juste en face du Saint-Sépulcre s'élève la mosquée d'Omar. Contre la somme faramineuse de 25 francs, il la visite. Il sait sa chance ; jadis « le fanatisme des Turcs n'aurait pas laissé sortir vivant le Chrétien qui aurait tenté d'y pénétrer ». Le lieu est aussi important que La Mecque, Médine et Damas : c'est une « mosquée sainte des Musulmans ». Quand une épidémie ou une guerre coupent la route vers La Mecque, « c'est à Jérusalem qu'ils vont pour y suppléer ». S'il respecte ces mosquées et s'y intéresse, elles sont toujours ramenées à un souvenir chrétien. Attenante à la mosquée d'Omar, il contemple « les belles esplanades au bout desquelles est la mosquée [*sic*] de la Présentation de N.S. et de la Purification de la Ste Vierge. C'est une belle basilique à sept nefs, qui fait partie de la mosquée ».

Tout est alors affaire de politique. Selon une tradition, la Vierge est née dans une certaine maison. Une église y fut édifiée mais elle a été transformée en mosquée. Le consul français Edmond de Barrère (1819-1890), en poste depuis le 6 septembre 1855, s'émeut de la situation et obtient du gouvernement l'achat du site. Il sera placé sous le vocable de Sainte-Anne et permettra aux catholiques vivant dans le nord-est de la ville d'avoir un culte régulier. Nos pèlerins, reçus par le consul, se réjouissent « de cette victoire obtenue pour la cause religieuse ».

Jérusalem est un éblouissement, un ravissement, mais la joie est toujours tempérée par la concurrence des Grecs et la situation géopolitique. Alexandre la quitte cependant à grand regret. Il entre en Samarie, puis en Galilée ; visite Beyrouth et Damas pour gagner Constantinople. Il embarque pour une traversée qui, par la Grèce et les îles Ioniennes, l'amène dans le sud de l'Italie. Le 21 décembre, il se rend au sanctuaire de

Notre-Dame de Lorette remercier la Vierge pour ce beau pèlerinage. Là, il est frappé « par la richesse qui le décorait avec la pauvreté de Nazareth et des autres lieux de Palestine ». Il traverse la péninsule pour Rome. Après quelques jours, il retrouve le bateau à Ostie qui le dépose à Marseille. « Et maintenant, pauvres pèlerins rentrés au foyer, nous n'avons pas comme nos ancêtres à déposer le bourdon et le chapeau de coquilles, mais comme eux, nous garderons dans nos cœurs le souvenir vif et brillant de notre beau pèlerinage d'Orient ; heureux si nous en cueillons, pendant tout le reste de notre pèlerinage mortel, les fruits spirituels et toutes les bénédictions ! »

1879
Józef Lubomirski, le pèlerin déçu

> « Les trois religions qui s'intitulent éternelles ont mis en Jérusalem toutes leurs complaisances. »

Pourquoi venir à Jérusalem ? Le prince Józef Lubomirski (1839-1891) s'affirme pourtant lecteur de Kant et admirateur des Lumières. Page du tsar Nicolas Ier (1796-1855), il s'était retiré dans ses propriétés de Dubno (Pologne). Fatigué de cette vie seigneuriale, il vendit tout en 1861 et s'installa à Paris. Depuis, homme de lettres, il voyage beaucoup ; son argent et sa réputation lui permettent d'entrer chez le pape et de découvrir les plus somptueux palais d'Autriche. Alors pourquoi ne pas aller à Jérusalem ? Élevé dans la religion catholique, il s'est éloigné des autels. Dans son esprit, ce voyage est sa dernière chance de revenir vers la foi de ses parents. Il explique à une dame : « Je suis venu en pèlerinage. La question est de savoir comment je reviendrai. »

Voyage vers la déception

Le début du périple par Marseille vers l'Égypte est une douce croisière. Il est en 1re classe, loin de tous les tracas des simples passagers. Tout bascule quand il change de bateau pour rejoindre Jaffa : il navigue avec 50 pèlerins russes embarqués à Odessa. Arrivé en Palestine, il présente ses papiers au consul russe chargé par les Turcs de vérifier les états civils et de prélever un dépôt de 25 roubles pour éviter que des pèlerins ne restent sur place. Ces formalités effectuées, Józef file vers la colonie allemande à Jérusalem, fondée en 1870, où un cocher accepte de le conduire. Les pèlerins européens sont d'habitude logés chez les franciscains, qui disposent de chambres vastes, bien meublées, parfaitement entretenues, louées pour un prix modique. Il préfère rejoindre un bel hôtel, rue David.

Il peut enfin se laisser glisser dans la ville. Immédiatement, il la déteste. Elle ne peut échapper à son passé violent. Les portes fortifiées, les remparts et les tours lui rappellent les croisades, les sièges et les massacres. Les religions ont été un « instrument de carnage ». Dans les rues, « un sentiment de vague tristesse envahit le voyageur ». Il y a peu de maisons de type européen. Les autres sont irrégulières, ce ne « sont que corridors, escaliers, cours », des pièces basses peu éclairées. Les rues sont étroites, mal pavées, parsemées de cailloux pointus qui empêchent les chevaux de circuler. Partout, délabrement et misère. La librairie a la réputation d'être le « plus cossu des magasins de Jérusalem » ; c'est en fait un bouge qui serait méprisé dans les plus pauvres villages de Pologne. La ville est fermée. Aux portes, il n'y a pas de plaques pour signaler les médecins, les dentistes ou les hommes de loi. Les voyageurs se méfient des services tenus par les autorités turques. Ils ne fréquentent pas leurs postes mais utilisent celle de chaque consulat. À midi, inutile de chercher un restaurant ; ils manquent de vivres et ne proposent même pas de couverts. Il est préférable de dîner à l'hôtel ou d'acheter sa nourriture pour se la faire cuisiner par un domestique. Les quartiers arméniens et chrétiens frappent par leur malpropreté. Cela n'a pourtant pas préparé le prince aux quartiers juifs et arabes, cloaques aux murs maculés d'immondices. Il y a pis : les huttes des lépreux jetées au pied des remparts. Ils vivent de la charité publique et n'ont aucune envie de changer de vie ; l'un d'entre eux aurait refusé d'être soigné tant il craint de perdre la source de ses revenus.

Les rues dégoûtent Józef Lubomirski ; les habitants le désolent : « Il semblerait que toutes les misères de la création se sont donné rendez-vous dans la Ville sainte. » Habitué des campagnes polonaises et de leurs *shtetl* (bourgs juifs), il est sensible aux juifs. Il les reconnaît facilement. Ils viennent de l'Empire russe où un édit de 1848 interdit le port des costumes nationaux. Ils ont longtemps vécu courbés ; maintenant, arrivés en Terre sainte, ils ont la fierté de leurs vêtements traditionnels, leurs « longues soutanes noires en lustrine » qui frôlent la poussière, leurs bas gris de crasse, leurs bonnets fourrés d'où coulent les papillotes de cheveux. Ce qui était sujet d'abaissement est devenu manifestation d'orgueil. Les femmes suivent la mode ; elles se rasent le crâne pour porter des perruques. Soudain, le prince reconnaît un habitant de Dubno. « Yankel ! » appelle-t-il. L'homme se retourne de mauvaise grâce, fait mine de ne pas le reconnaître, refuse de lui serrer la main. Le dialogue est très bref. Le juif se retire en murmurant : « La ville est belle et sainte, mais il y a des gens qui y viennent qui n'ont rien à y faire. » Lubomirski est déçu. La liberté acquise en Palestine a refermé les gens.

Il est tout aussi critique face aux chrétiens. De loin, c'est une mosaïque bigarrée. De sa fenêtre, il regarde de haut une marée de « bonnets carrés des caloyers grecs, larges chapeaux des prêtres et capuchons des moines ». De près, tous sont pitoyables. Les franciscains aperçus dans les églises dans leurs vêtements de célébration portent, en fait, « robes de bure, pieds nus et sales, linge crasseux. Plus l'ordre d'un moine est rigoureux, plus la saleté de ce moine est révoltante. » Il pense qu'ils forment une famille spirituelle, mais ses informateurs lui expliquent les complexes stratégies pour se placer dans les couvents. Les 24 franciscains se répartissent en fonction de leur nationalité d'origine : le supérieur, appelé custode, est obligatoirement italien ; le grand vicaire français ; le premier pénitencier français ; le deuxième espagnol ; le troisième autrichien ; le secrétaire polonais... Les clivages se maintiennent même en cette ville où l'union devrait s'épanouir. Les pèlerins demeurent également enfermés dans leurs statuts. Ils sont près de 10 000 à arriver tous les ans. La majorité sont des orthodoxes grecs ou russes ; ils avancent dépenaillés, une éternelle cigarette aux lèvres. Les maronites de Syrie conservent leurs manteaux dont la couleur brune est délavée. Les Occidentaux sont rares. Riches, ils vivent à l'écart de la masse des fidèles.

Les Arabes ne sont pas plus beaux. Le prince ne les voit qu'assis dans des bournous sales, le regard perdu dans le vide, apercevant à peine le fleuve des pèlerins. Les Bédouins sont plus fiers, drapés dans des tissus aux couleurs vives, arborant des armes, essentielles à leur identité.

Des ferveurs douteuses

Il reste au prince les Lieux saints. Il en a tant rêvé, les a si bien imaginés, les a contemplés des centaines de fois grâce aux innombrables livres de voyageurs. En chrétien, il se précipite au Saint-Sépulcre. L'église apparaît au fond d'une place animée dès le matin. Les portes se ferment vers 11 heures jusqu'aux vêpres ; mais, à condition de verser un bakchich aux gardiens turcs, tous peuvent y pénétrer à leur guise. Il traverse d'abord un long couloir dont les murs sont flanqués de bancs couverts de coussins où des Arabes boivent du café en regardant d'un œil noir les pèlerins. Arrivé dans l'église, il se rend au Tombeau puis à tous les autres sites marqués par l'imaginaire chrétien. Un seul le touche : la chapelle édifiée à l'endroit où sainte Hélène trouva la Croix ; il imagine l'impératrice lançant des pièces d'or aux ouvriers pour qu'ils travaillent plus vite. Où qu'il tourne son regard, il est écrasé. Pourquoi tant de richesses pour un Dieu né dans une étable ? Ce lieu est un site de souffrances et de mort, alors pourquoi des ornements hors de propos ? La majesté est mesquine avec ses décors magistraux faits pour tromper, ses plaques d'argent placées sur le tombeau d'un messie qui professait sa simplicité. Il sort dépité. Les cathédrales de Milan, Rome ou Cologne l'ont beaucoup plus impressionné.

Il souhaite cependant laisser une chance à sa foi ; retrouver le chemin des cérémonies qui ravissaient son enfance mais qu'il néglige depuis des années. Il demande à un franciscain de lui célébrer une messe personnelle au Tombeau. La requête ne surprend pas le religieux, qui lui donne rendez-vous au cœur de la nuit. Il vient le chercher quelques heures avant le lever du soleil. Pour se mettre en route, il exige une confession sincère sur le seuil de l'hôtel. Elle a l'air de lui convenir. Il fait un geste et entraîne le prince dans les rues sombres. Celui-ci vacille un peu. Il se prépare à recevoir l'eucharistie dans le lieu le plus sacré du christianisme. N'est-il pas indigne ? Peut-il prier dans ce lieu saint ? Ses pensées pieuses sont brutalement interrompues. Ils sont arrivés à la porte du Sépulcre et un garde lui hurle « Bakchich ! ». Il est revenu dans le monde réel. Il glisse dans la main du Turc une poignée de monnaie. Il est enfin seul dans la gigantesque église. Pendant que le moine se prépare, « je restai plongé dans mes réflexions, espérant croire ! ». Malgré l'ombre, l'or des décors et les couleurs des marbres le troublent. Au bout de quelques minutes, il est invité à entrer dans le Tombeau avec le desservant et un enfant de chœur. Le prince s'agenouille pris de crainte ; va-t-il commettre un blasphème ? Il ne peut se concentrer. Le franciscain est un homme bon et saint mais comment le prendre au sérieux alors que, sous sa chasuble dorée, sortent ses pieds crasseux, alors que des gouttes d'eau noire tombent dans le calice, alors qu'une tunique sale effleure le lieu où reposa Jésus ? Les clochettes agitées par l'enfant de chœur l'énervent, les génuflexions l'exaspèrent : « La cérémonie me parut ridicule. » L'eucharistie a perdu de sa majesté. Au Sépulcre, Lubomirski n'a trouvé ni le mystère ni la grâce.

Il semble que le catholicisme lui échappe. Mais il continue à chercher le sacré. Non pour y adhérer, mais pour le ressentir.

Le Mur des lamentations est normalement interdit aux non-juifs. Un bakchich et un guide permettent d'entrer partout. Le prince emprunte un sentier empli d'immondices, franchit une porte et entre dans l'espace saint. C'est un rectangle de 20 mètres de large sur 100 de long, fermé d'un côté par des maisons, de l'autre par le Mur, qui est, pour les juifs, « l'unique vestige palpable de leur grandeur passé ». Il y là 400 ou 500 hommes dans les « costumes malpropres de juifs polonais » avec leurs bonnets fourrés. Ils poussent « des hurlements en cadences en réponse aux paroles de plusieurs cohènes ». Les femmes miment le désespoir, un coude appuyé sur le mur, la tête penchée sur l'épaule. Quelques-uns lisent, le dos appuyé contre des orants tournés vers le mur. Partout éclatent sanglots, chants, lectures. Les juifs se rappellent les péchés qui ont valu au peuple d'Israël la colère de Dieu. La présence d'étrangers ne les gêne pas ; ils sont enfermés dans leur passé et leur dévotion.

Cela est-il différent chez les musulmans ?

L'esplanade des Mosquées est normalement fermée aux étrangers. Le prince a maintenant l'habitude : un bakchich et une recommandation suffisent pour ouvrir toutes les portes. Il entre accompagné d'un représentant du consulat et distribue généreusement des pourboires aux gardiens, aux guides et à bien des personnes même s'il ne comprend pas les justifications de ces « cadeaux ». Le lieu est « de toute beauté ». C'est « le plus puissant et le plus curieux des monuments. […] Un vaste carré, assez irrégulier, entouré de murs ». Il commence par le

Dôme du Rocher à la douce couleur brune, au superbe portique, aux fines mosaïques de pierres de couleur. Il y pénètre et contemple la *sakhrah* (rocher). Un guide se précipite. Contre quelques pièces, il commence une histoire. Lorsque le rocher qui supporta Mahomet lors du Voyage nocturne apprit la mort du Prophète, il décida de le rejoindre au Ciel. En y arrivant, il fut arrêté par Mahomet qui lui ordonna de retourner sur terre et lui promit qu'à la fin des temps il rejoindrait la Ka'bah à La Mecque. Il revint donc à Jérusalem mais demeura suspendu au-dessus du sol pendant quelques années. De nouvelles piécettes font surgir une autre histoire. Lors du chantier du Temple, Salomon était le maître de la création, disposant d'un anneau lui permettant de comprendre le langage des animaux. Fort de ce pouvoir, il demanda à chacun d'apporter ses richesses : ivoire des éléphants, poil des chameaux, laine des moutons… Orgueilleux, les oiseaux refusèrent de livrer des plumes. Pour les punir, d'un geste secret, le roi les captura et les projeta contre un mur. Depuis, ils sont dans les décors. Avec un sourire édenté, le guide montre le détail d'un doigt pendant que son autre main quémande un cadeau.

En face du Dôme se dresse la mosquée al-Aqsa recommandée au regard par sa blancheur. Une fois entré, un gardien exige qu'il s'agenouille devant la chaire d'Omar. Quelques pièces et une histoire apparaît. Il lui montre deux colonnes vertes ; seuls les justes peuvent passer dans l'espace menu qui les sépare. Le prince s'y glisse. Avec un clin d'œil, il demande ce qui adviendra des femmes aux formes généreuses. Le guide hausse les épaules : « Baste, les femmes ! Ces saintes choses ne sont pas faites pour elles. »

Il se penche pour montrer une plaque de bois dans laquelle sont fichés trois clous. Mahomet en planta 18. Tous les siècles, un quitte la terre pour aller consolider le trône de Dieu. Le prince ne peut s'empêcher de sourire, pas trop ouvertement car il pourrait être réprimandé par des gardes prêts à le malmener ou à lui soutirer un nouveau bakchich. Revenu à l'hôtel, il confie à son journal :

> Consolider le trône de Dieu ! Quelle étrange absurdité ! Le trône de Dieu est donc chancelant ? Où les hommes vont-ils chercher leurs sottes traditions ? Et combien l'esprit de nos ancêtres, qui ont conservé ces légendes, était étroit ! Le dernier clou disparaîtra à la fin du monde. Comme il ne reste que trois clous, la fin du monde aura lieu dans trois siècles...

Trois hauts lieux, trois foyers de piété : trois désillusions. Catholique, il n'a pas retrouvé la foi au Sépulcre ; soucieux de la tradition, il n'a pas aperçu le sacré près des juifs perdus dans leur passé ; curieux, il n'a pas remarqué le sacré chez les musulmans avides de merveilleux. Lubomirski poursuit pourtant ses visites.

Il entre dans les églises, se hisse au sommet des tours, parcourt la Via Dolorosa. Il voit tout, inspecte tout, écoute tout. Partout, du mensonge. Un guide grec l'amène au Cénacle, le lieu du dernier repas du Christ. C'est la Chambre Haute dont parlent les Évangiles, située près du Tombeau de David, restaurée par les Franciscains en 1335. Lui ne voit qu'un « hangar assez vaste, blanchi à la chaux ». Il est certain de l'hypocrisie du lieu. Il n'est pas authentique : des balles de foin dissimulent mal des caractères arabes gravés sur les murs, des planches cachent à peine des cages à poules. Encore des doutes près de l'arbre où se pendit Judas. Le paysage est désolé, à la hauteur « de la tristesse de l'apôtre maudit ». Le prince réfléchit à l'opprobre qui pèse sur Judas. Ne fut-il pas victime des autres disciples qui auraient été jaloux puisqu'il était le gardien des finances de Jésus ? Ne fut-il pas banni pour avoir douté de la divinité de Jésus ? Aurait-il été poussé à la trahison par Jésus, qui en fit « l'instrument défectueux mais nécessaire à la fondation d'un culte agréable à Dieu » ? Jérusalem est le lieu d'une

« supercherie continuelle employée par les prêtres de tous les rites pour abuser de la crédulité publique ».

L'église Saint-Jean est caractéristique de ces édifices où les clergés trompent les pèlerins. Elle est gérée par le séminaire arménien qui se pique d'histoire alors que parmi la galerie des anciens rois d'Arménie se trouve le portrait d'Aram, le souverain mythique. Lubomirski se fait montrer « l'exposition permanente de reliques, peu propres à raffermir la foi d'un raisonneur ». Le billot de pierre sur lequel saint Jean-Baptiste déposa sa tête pour être décapité lui est présenté. On lui montre des taches rouges qui sont les coulées du sang du martyr. Il se penche et observe qu'il s'agit en fait d'un bloc de porphyre, une roche pourpre : « Il est inouï qu'à notre époque on se permette des mystifications pareilles. » Là ne finit pas l'étalage. Derrière une grille sont présentés des cailloux, tous reliés à un épisode de la Passion ou à la mort d'un saint. Le prince écoute d'une oreille distraite. Chaque présentation est ponctuée d'un jugement : « supercherie », « absurdités », « fétichisme pur », « superstition ». La visite continue par la présentation de la maison de Caïphe, le grand prêtre du Temple qui jugea Jésus. Józef se moque : l'édifice a été construit il y a quarante ans ! Il est dressé hors de la ville fortifiée dans laquelle vivait le religieux au Ier siècle !

Ce ne sont pas les propos de guides naïfs, soucieux d'exploiter la crédulité des pèlerins. Ce sont des entreprises voulues par les clergés qui dénaturent l'histoire pour « exploiter l'ignorance des masses » et « maintenir la population en enfance » afin de lui soutirer de l'argent. Les plus avides sont les moines grecs. Tous les ans, ils créent de nouveaux lieux pour attirer les dons. Dernièrement, ils ont « découvert » la pierre sur laquelle était le coq qui chanta trois fois pour accompagner le reniement de saint Pierre. Ils ont « identifié » le chemin où le bon samaritain rencontra les brigands. Ils ont « trouvé » le premier caillou qui frappa saint Étienne. Le dimanche à 11 heures, le Sépulcre leur appartenant, ils ont imaginé produire une fumée bleuâtre qu'ils présentent comme la manifestation du Saint-Esprit. Dès qu'un lieu ou un objet paraît, ils demandent des chapelles, de l'encens, des autels… Ils sont écoutés. Les pèlerins russes font des dons et comme ils ne « reviendront jamais en Palestine, ils ne connaîtront jamais l'emploi de leur argent ». Le prince dénonce la « rapacité des moines » soutenue par des « exhibitions charlatanesques ». Les Grecs ne sont pas les seuls. Si les catholiques sont moins âpres, c'est uniquement parce que leurs pèlerins sont peu nombreux. Les musulmans savent aussi profiter de la candeur des visiteurs. Au Tombeau de David, ils exigent un bakchich pour ouvrir la porte. Derrière, ils exhibent un sarcophage couvert d'un drap vert ; il faut un bakchich supplémentaire pour qu'il soit levé. Le prince refuse. Selon lui, « la rapacité des oulémas musulmans est moins déguisée et, par conséquent, plus révoltante que celle des prêtres chrétiens ».

La Ville sainte est saturée de sacré. La tentation est universelle de le contenir dans des objets qui deviennent des reliques. Ce sont les os, les dents, les ongles miraculeusement conservés. Restes des prophètes juifs, des saints chrétiens, voire des sages musulmans. Les chrétiens sont les plus enclins à les vénérer. Les reliques arrêtent la marche du temps. Ces artefacts devraient normalement se décomposer comme le fait tout ce qui est vivant. Leur accoler l'étiquette « sacré » les sort de la normalité ; cela les immobilise dans une « prison de pierre ou de verre ». Leur présence attire les foules et justifie les légendes ; elle engendre des revenus. Les pèlerins veulent y croire. Ils ont fait tant de chemin pour toucher le sacré et s'approprier une partie du pouvoir divin laissé en ces lieux par l'histoire. Alors, ils embrassent, ils cajolent, ils caressent, ils prient. Et ils paient.

Sortis des églises, ils se précipitent vers les boutiques pour acheter des babioles qu'ils présenteront à quelque prêtre qui se fera un devoir de les bénir. Sur le chemin du Sépulcre, Lubomirski se perd dans un océan de marchands, boutiquiers et colporteurs qui proposent croix, chapelets, statuettes, images, talismans et médailles : tous marqués du mot « Yérouchalaïm ». Ici, le pèlerin acquiert « toutes les futilités possibles sanctifiées par les bénédictions de tous les prêtres du monde ». Une marchande l'interpelle en français. Elle l'attire à l'ombre, déballe son stock, détaille la qualité de ses bibelots. Pour le convaincre, elle avance son ultime argument commercial : « Vous pouvez vous dispenser de faire bénir mes saints objets. Quand les portes de l'église sont ouvertes, la fumée de l'encens monte jusqu'à nous, avec les chants des prêtres sacrificateurs. Mes marchandises sont incessamment sanctifiées. » Devant la mine incrédule du prince, elle comprend qu'il n'est pas naïf et s'empresse de lui faire une ristourne.

Le prince Józef Lubomirski était arrivé en pèlerin, il repart sceptique. Il généralise ce qu'il a vu : « La religion même la plus absurde dirige les hommes, tout en les abusant. » Les trois religions monothéistes « ont à peu près le même point de départ ». Chacune a sa force. Il a pu le comprendre pendant son voyage. La force du judaïsme est sa légende historique acceptée par les deux autres religions ; celle du christianisme est sa morale pratique prêchée et vécue par Jésus ; celle de l'islam est sa philosophie qui place Dieu bien plus haut que les contingences de ce monde. Histoire, morale et philosophie sont les trois facettes de ce qu'il définit comme « religion ».

Lubomirski professe son appartenance et sa pratique : « Je vais à l'église et je continuerai à y aller… J'éprouve le besoin de converser avec cet Être Suprême à qui les hommes doivent la vie. […] J'irai là où, depuis l'enfance, j'ai été habitué à chercher la réflexion. » Mais ce Dieu auquel il s'adresse quand il s'isole, devant lequel il s'humilie et reconnaît son néant, sur lequel il compte, il ne l'a pas trouvé à Jérusalem. La ville est la pitoyable vitrine des efforts des clergés pour abuser et dominer les fidèles : « Les trois religions qui s'intitulent éternelles ont mis en Jérusalem toutes leurs complaisances. »

1879
L'exaltation mystique de Victoire Cochet du Vaubesnard

« Adieu donc, sainte Jérusalem ! Adieu !
je te quitte, mais je te laisse mon cœur. »

Victoire Cochet du Vaubesnard aurait pu croiser le prince Józef Lubomirski à Jérusalem. Ils y sont tous les deux en 1879. Qu'auraient-ils pu se dire ? Elle est fervente ; il doute. Elle voyage avec un petit groupe ; il évolue dans les palaces. Tout les distingue et, pourtant, ils voient les mêmes choses, fréquentent les mêmes rues, prient aux mêmes autels. Jérusalem se dévoile à chacun en fonction de ce qu'il cherche.

Découvrir en groupe

Femme, Victoire ne se sent pas capable de se rendre seule en Terre sainte. Elle se joint donc à un groupe composé de 15 prêtres et sept laïcs, dont une autre femme. Ils ne se connaissent pas, viennent de Champagne, de Normandie, du Jura, de Belgique ; il y a même un chanoine de Bahia au Brésil qui les rejoint à l'escale de Naples. Ces pèlerinages collectifs ont été développés par la Société Saint-Vincent-de-Paul à partir de 1853. En vingt ans, elle a organisé le voyage de 600 pèlerins. C'est peu face aux 200 000 orthodoxes venus avec la bénédiction du tsar. Le père Tardif du Moidrey (1828-1879) justifie l'entreprise catholique : « Nous voulons faire une croisade pacifique et conquérir Jérusalem le chapelet à la main. [...] Rien ne sera organisé pour satisfaire la curiosité des touristes. Les pèlerins se contenteront du nécessaire. » Exégète, spécialiste des hiéroglyphes, professeur de l'écrivain Léon Bloy (1846-1917), il est convaincu de l'utilité des pèlerinages, que ce soit Lourdes, Lorette, Compostelle, Jérusalem ou La Salette qu'il apprécie particulièrement. La promenade coûte cher. Dans les années 1880 apparaissent des groupes de prière qui financent les pèlerins et accompagnent leur déplacement en pensée ; en échange, ceux qui restent seront associés à toutes les grâces obtenues en Terre sainte. Victoire n'a pas besoin de ces stratagèmes. Ses propriétés foncières dans le département de la Manche lui assurent des revenus suffisants. Les autres membres de son groupe sont tout aussi aisés. Leur trésorier est le magistrat Rodolphe Dareste de La Chavanne (1824-1911), qui, pendant ses loisirs, traduit les *Plaidoyers* de Démosthène dont il donne une édition commentée en 1878. Un des organisateurs est l'abbé Étienne Victor Fernique (1836-1915). Il est déjà venu à Jérusalem vers 1860, réalisant une impressionnante collection de photographies qu'il présente pour « amuser les jeunes gens en les instruisant, grâce à des conférences avec projections ». Il y reviendra en 1890, proposant à ses paroissiens de Noisy-le-Sec de l'accompagner. Pour un voyage de deux mois, avec excursion en Égypte, il en coûte entre 1 400 et 1 500 francs en cabine de 1re classe ; 1 200 à 1 300 pour la 2e classe. Les plus pressés se contentent d'un séjour à Jérusalem : dix-huit jours pour une somme variant entre 900 et 1 000 francs. Victoire est donc bien entourée.

Ils embarquent le 21 août 1879 à Marseille sur l'*Èbre*. La navigation est agréable, portée par l'attente de la Ville sainte :

« Nos cœurs battent à l'unisson dans une même prière et un même amour. » Les journées sont bien organisées. Messe le matin puis discussions, lectures pieuses et repos. Aux escales, des musiciens viennent leur proposer de petits concerts. Tout le monde descend à Alexandrie. Direction les pyramides, le souvenir de la Sainte Famille au Caire et le canal de Suez ; elle ne gardera que le souvenir du site chrétien, préférant oublier le reste. Retour au bateau pour débarquer à Jaffa. Après un court périple dans les montagnes, elle aperçoit la cité sainte :

> À sa vue, ce cri répété s'échappe de toutes nos poitrines : Jérusalem ! Jérusalem ! Jérusalem ! Quelle joie dans nos cœurs, quelle expansion, quel enthousiasme ! Nous chantons de tout cœur le psaume *Laetatus sum* ! On se sent tout fier, tout heureux, on oublie ses fatigues et on goûte un bonheur si pur que toutes les joies du monde ne peuvent y être comparées. C'est un avant-goût de la Jérusalem céleste.

Ils sont logés à la Casa Nova, l'hôtellerie franciscaine, le confort d'un hôtel et la tranquillité d'un couvent. Dès lendemain matin, direction le Saint-Sépulcre, là « où se sont passées les grandes scènes de la Rédemption ». Elle entre avec un « saint tremblement » tant elle sait l'importance du sanctuaire : « Ici, Dieu a réconcilié le ciel avec la terre ; ici, l'homme pécheur a repris sa place et ses droits à l'héritage céleste. » En elle cohabitent un sentiment de crainte et une sensation de confiance. L'aumônier célèbre la messe dans la chapelle du Crucifiement : « Qui pourra dire notre émotion et les sentiments qui se pressent dans nos âmes en entendant cette première messe sur le lieu même où Notre-Seigneur est mort ! » Ce n'est qu'après l'office que Victoire prend la peine de regarder l'église. Elle la visite de la manière la plus scrupuleuse qui soit. Son pèlerinage est une offrande physique avec les génuflexions, les bras étendus ou en croix, les lentes déambulations, les baisers déposés sur les pierres et, toujours, les larmes : « Je pleurais, je souffrais, j'aimais et mon cœur adorait. » Le pèlerinage mobilise tous ses sens. Au Tombeau, elle est entourée d'un « parfum angélique qui semble venir du ciel », belle image pour décrire les lampes et l'encens qui embrument la cavité étroite. Et, partout, ses exclamations : « Oh ! que ce lieu est touchant ! » Elle s'émerveille devant les lampes, les marbres et les cadeaux des princes, « ces gages de foi et d'amour » qui écrasaient Józef Lubomirski.

Les pèlerins rejoignent leur logement. Ils reviennent à 15 heures pour la procession : « Nous la suivons pieusement un cierge allumé à la main. » Commence la lente déambulation dans le sanctuaire depuis la chapelle de l'Apparition, puis la prison de Notre-Seigneur, l'oratoire de la Sainte-Croix, la chapelle de la Division des Vêtements, la chapelle Sainte-Hélène… Trop d'émotions, trop de larmes, trop de prières mêlées à beaucoup de fatigues l'obligent à quitter le groupe et à s'asseoir. Elle accompagne ses compagnons des yeux vers le Calvaire et la pierre de l'onction. Elle les rejoint juste à temps pour faire les trois tours du Sépulcre. La marche s'achève à la station du *Noli me tangere*, où le Christ demanda à Magdeleine de ne pas le toucher. Cette première journée a été intense. Elle s'endort difficilement, heureuse, épuisée, impatiente de découvrir d'autres souvenirs bibliques.

Les jours suivants, elle parcourt la cité, toujours sous la houlette d'un franciscain. Elle retourne plusieurs fois au Sépulcre pour mieux contempler tel ou tel site. Elle gravit le mont Sion, occasion de se souvenir que David y chanta les psaumes. Elle s'arrête sur le lieu du martyre de saint Jacques et dans la Maison de Marie, devenue une église jacobite. Partout, elle prie, remercie et réfléchit au monde actuel. La maison de Caïphe lui inspire cette remarque : « Ce triste séjour où notre Seigneur a tant souffert. Hélas ! Il souffre encore de l'ingratitude de tant d'âmes chrétiennes. » Le Cénacle est « un des monuments les plus saints et les plus authentiques [...] la première et la mère de toutes les églises ». Au même moment, le prince Józef Lubomirski n'a remarqué qu'« un hangar assez vaste, blanchi à la chaux ». Deux regards de croyants totalement différents à quelques jours d'intervalle. Il reste distant ; elle s'abandonne. Il pense à l'histoire et tente de demeurer logique ; elle baigne dans le légendaire et se laisse submerger par ses sentiments. Ce ne sont pas les lieux qui sont importants mais ce que le pèlerin y apporte.

Le troisième jour, à 5 heures du matin, les pèlerins se présentent au départ de la Via Dolorosa. Le pavé est glissant, les ombres nées de l'aurore encore bien présentes. Ils avancent prudemment dans les rues désertes à cette heure. Chaque station est une leçon et un engagement. Une fois de plus, les sens sont mobilisés. À la chapelle de la Flagellation, au début du parcours, elle saisit la colonne où Jésus fut attaché et l'embrasse. Elle s'effondre en larmes à la quatrième station, celle où Marie rejoignit son fils : quelle douleur pour une mère. Arrivés sur le Golgotha, les pèlerins tombent à genoux, embrassent le sol : « Nous n'entendons pas les coups du marteau qui enfoncèrent les clous dans la chair de l'auguste Victime, mais nous voyons le lieu où Notre-Seigneur a été crucifié. » Il est temps de participer à la messe et de communier. Seul le prêtre peut entrer dans l'espace exigu du Tombeau, les autres attendent devant ; ils y entrent, un par un, pour l'eucharistie :

> Recevoir le corps adorable de N.S.J.C. dans le lieu même où ce corps sacré fut enseveli et d'où il s'élança vivant et radieux au jour de la Résurrection ; je laisse à penser si ce bonheur peut être comparé aux jouissances de ce monde et si l'ineffable consolation de recevoir son Dieu au Saint-Sépulcre n'est pas un avant-goût du Paradis.

Au cours de son séjour, Victoire parcourt les environs de la Ville sainte, toujours sur les pas de Jésus. Elle arrive en début de soirée à Bethléem. L'urgent est de prendre leurs chambres, accepter le thé offert par leurs hôtes, de régler les questions matérielles. Puis, les pèlerins se précipitent vers la grotte de la Crèche : « Le rocher forme une petite excavation et il est tout recouvert de marbres. » Les sensations spirituelles affluent tout de suite :

> Comment exprimer le saisissement religieux que nous éprouvons tous, et en même temps l'ineffable suavité qui pénètre nos cœurs, lorsque que nous voyons et que nous baisons le lieu où est né l'Enfant Dieu.

Victoire est avide de tout voir. Elle ne veut pas demeurer immobile, quitte à se séparer de ses compagnons qui souhaitent se reposer ou, simplement, laisser le temps s'écouler. Elle se rend à Gethsémani uniquement avec l'autre femme et trois prêtres. Le site est important mais l'essentiel est la messe qui sera dite près de la grotte où le Christ attendit son arrestation. Une fois de plus, un trouble l'envahit :

> Ô mon âme, voici la place où ton Jésus a daigné agoniser pour toi ! Baise avec humilité, avec amour, avec un profond regret de tes fautes ce lieu que tu as tant désiré visiter.
>
> Je n'essaierai pas de peindre les sentiments que j'éprouvai alors… Mon cœur débordait de joie et de tristesse, et je ne pouvais maîtriser mes émotions, tant elles étaient vives et pénétrantes.

Le processus est, quel que soit le lieu, toujours le même. Il y a d'abord l'attente, car tous ces sites, Victoire en a rêvé, les a imaginés. Le pèlerinage est l'aboutissement de cette attente qui dure depuis plusieurs années. Sur place, les réalités historiques, géographiques ou sociales ne comptent pas. Seule la montée des émotions est importante. Cela mène la pèlerine à des états mystiques difficiles à décrire. Les mots lui manquent, elle pleure, embrasse, parcourue de sentiments contradictoires : joie d'être présente, regret de ses péchés, amertume dans un monde qui n'est pas uniquement catholique. Heureusement, la célébration canalise cette trajectoire spirituelle. La messe la ramène à l'Église, lui évite de sombrer. Trois étapes qui se renouvellent à chaque visite. Le pèlerinage est cette succession d'états paradoxaux qui l'épuisent et l'exaltent.

Outre les visites au Sépulcre, un des hauts moments du pèlerinage est la fête de la Nativité de la Vierge. Le 8 septembre, elle se rend à l'église Sainte-Anne édifiée sur l'emplacement de la maison natale de Marie. Tout la ravit. La nef vient d'être restaurée et le sanctuaire rouvert au culte catholique. Elle a pourtant connu bien des vicissitudes. Édifiée par les Byzantins, elle fut rasée par les Perses en 614, reconstruite en 1009 avant d'être détruite. Refaite en style roman en 1140, elle est transformée en école par les musulmans en 1192. Puis, abandonnée, elle tombe en ruine. L'empereur turc l'offre à la France en 1856 pour la remercier de son soutien durant la guerre de Crimée. Restaurée, elle est confiée en 1877 à la Société des missionnaires d'Afrique. Victoire entre donc dans un sanctuaire neuf. La célébration l'enchante : « Décors, illumination, chants, rien n'y manque. » Le clergé est nombreux, présidé par Mgr Vincenzo Bracco (1835-1889), patriarche de Jérusalem depuis mars 1873. Ce n'est plus l'émotion des Lieux saints, mais la fierté d'une Église triomphante. L'État soutient l'institution, les prêtres sont prestigieux, le décor est somptueux. Selon elle, c'est le visage que devrait avoir le catholicisme dans le monde. Une force inébranlable au message universel. Si au Sépulcre elle se laisse aller à ses sentiments intimes, ici, elle redevient une catholique militante désireuse de mission et de conquêtes spirituelles.

Une ferveur catholique

Au cours de son séjour en Terre sainte, Victoire a parcouru les rues de la cité ; elle n'en parle pas. Elle a côtoyé les foules, elles ne sont pas présentes dans ses pages. Pas de mention de la pauvreté qui marque tant le prince. À un seul moment, elle bascule vers la triste situation de populations locales. Dans la vallée de Hennom, où Jérémie annonça aux habitants de Jérusalem leurs malheurs futurs, les pèlerins sont assaillis par une bande de lépreux : « J'avais réellement peur de ces gens, pourtant si dignes d'intérêt et de pitié. » Un des hommes du groupe les écarte pour distribuer des aumônes au nom de tous les visiteurs. Une fois de plus, quel contraste avec Lubomirski. Il est allé voir leurs taudis au pied des remparts ; elle les rencontre par hasard. Il s'apitoie ; elle essaye de s'en débarrasser par quelques pièces et une pensée charitable. Tous les deux décrivent une banalité : l'importance des mendiants qui essaient de tirer profit des pèlerins ; la présence de ces lépreux qui, refusés partout ailleurs, s'agglutinent dans la ville où tant d'étrangers se pressent.

Victoire souffre d'une étrange cécité. Elle a à peine vu des juifs et des musulmans. Comme les autres occidentaux, elle visite le Mur des lamentations et l'esplanade des Mosquées malgré les interdictions et les restrictions. Elle passe rapidement. Au Dôme du Rocher, « tout cela ne respire que l'islamisme et vous laisse l'âme glacée ». Sous sa plume, les musulmans ne sont que des gardes arrogants ou des mendiants avides dont la présence sur les Lieux saints est une « insulte permanente ». Quant aux juifs, ils ne sont présents qu'au Mur où elle écoute « les lamentations du peuple déicide ».

Face à eux, les religieux catholiques sont des saints. Les franciscains sont-ils ceux que le prince rencontre ? Il les voit bons mais crasseux ; elle les observe « sentinelles vigilantes pour préserver les sanctuaires et les chapelles contre les empiètements des schismatiques ». Elle s'extasie sur l'œuvre de la Congrégation des Filles de Notre-Dame de Sion fondée en 1843 pour rappeler les racines hébraïques du christianisme et convertir les juifs. Elle rencontre des sœurs dévouées à l'éducation des orphelines et au soin de malades de toutes religions. En s'installant sur les lieux de la Passion, « elles expient en union avec Jésus et Marie le crime des Juifs et des Juives. [...] Elles veulent consoler le Cœur de Jésus et de Marie et réparer autant qu'il est en elles l'abandon et la désolation des Lieux Saints. Leur mission est difficile et sublime ». Elles sont accompagnées par les pères de Notre-Dame de Sion qui « opèrent le plus grand bien dans la Ville Sainte ».

Que de différences avec Józef Lubomirski ! Ne prêtons aucune intention particulière à Victoire. Rendons compte de son état d'esprit. Pour elle, la Terre sainte est un lieu voué au Christ. C'est ce qu'elle est venue voir, donc c'est ce qu'elle cherche. Le reste est un bruit qui gêne sa concentration ; elle n'apprécie Jérusalem qu'à travers un prisme importé d'Europe. Elle n'a pas le temps de s'ouvrir aux autres, trop concentrée sur son expérience religieuse et sa dévotion intime. Elle prévient que son journal est une présentation de ce vécu ; il n'est ni un compte-rendu de voyage ni un guide de visite. L'écart entre Józef et Victoire traduit la diversité de l'acte pèlerin. Il est ouverture à une réalité et/ou intériorisation de sentiments ; il est le moment de changer d'esprit et/ou de renforcer ses convictions. C'est un comportement irréductiblement humain.

Il est temps de penser au retour en France. Le groupe se sépare. Certains poursuivent le voyage vers le Jourdain et la mer Morte. Victoire prend le chemin direct, *via* Beyrouth, Rhodes, Smyrne, Messine, Palerme et Marseille. En voyant la Terre sainte s'éloigner, elle est emplie de gratitude : « Adieu donc, sainte Jérusalem ! Adieu ! je te quitte, mais je te laisse mon cœur. Souvent je reviendrai ! » Le pèlerinage est un nouveau départ et un engagement total : « On se sent renaître et vivre ; on contemple, on adore, on aime… En se retirant, qui de nous ne s'est senti au cœur une impulsion nouvelle pour aimer désormais davantage Jésus et sa Sainte Croix. » Pour un chrétien, cette transformation revitalisante n'est possible que dans la Ville sainte : « Jérusalem que tu es belle au milieu de tes douleurs. Pour le pèlerin fatigué, tu es un baume et un avant-goût du Ciel ! »

1894
La quête du sacré de Pierre Loti

« Mais des gens, avant de quitter le Saint-Sépulcre,
continuent de monter ici un à un,
pour se prosterner et prier. »

Louis-Marie-Julien Viaud, dit Pierre Loti (1850-1923), est un homme comblé. Son œuvre littéraire est nourrie des expériences acquises lors de ses voyages dans l'Empire ottoman avec *Aziyadé* (1879), en Afrique de l'Ouest avec *Le Roman d'un spahi* (1881), à Tahiti avec *Le Mariage de Loti* (1882), en Indochine avec *Trois journées de guerre en Annam* (1883), au Japon avec *Madame Chrysanthème* (1887). Ce sont aussi des romans d'atmosphère ayant pour cadre le littoral français, dont le fameux *Pêcheur d'Islande* (1886). Une carrière remarquable qui lui a ouvert les portes de l'Académie française en 1891. La gloire est là.

Il lui manque pourtant quelque chose. Il est né dans une famille protestante, et sa mère l'a bercé du récit des persécutions sous le règne de Louis XIV. Sa prime jeunesse dans un collège protestant est austère. Devenu adulte, il s'éloigne de la religion. A-t-il eu raison ? La question le hante. Son ami et confident Claude Farrère (1876-1957) le décrit comme un « agnostique qui ne se résigna jamais à renoncer à Dieu ». Il y renonce si peu qu'en 1894 il part pour la Terre sainte.

La diversité du sacré

Il arrive à Jérusalem le 26 mars, le lundi de Pâques. Il ne s'attarde pas sur la ville arabe. Il en a déjà tant vu et les a aimées en Turquie ou en Syrie. La Ville sainte, ce sont d'abord des foules toujours en mouvement : « Les rues étroites sont encombrées de gens de tous les pays du monde. » Il n'avance que parce que les deux janissaires mis à sa disposition par le pacha fendent la marée humaine. Elle est si colorée. Il y a ces juifs vêtus de noir venus des campagnes européennes où ils sont si mal traités. Beaucoup sont âgés ; comme si les plus pieux, sentant leur fin proche, venaient mourir près des ruines du Temple. Les rues sont égayées par les cortèges de petites filles allant aux églises sous la conduite des sœurs. Les petits garçons portent le fez et de longues robes orientales. Les mules aux harnais brodés de coquillages et ornés de clochettes sont poussées à grands cris. Les Bédouins mènent leurs chameaux entravés qui s'accrochent aux étals des marchands. Et, partout, les processions de pèlerins qui chantent, psalmodient et prient dans toutes les langues. Le religieux est l'essence des bruits et des odeurs de la ville.

Loti monte à l'esplanade des Mosquées le dimanche 1er avril. L'approche est labyrinthique par des ruelles, des couloirs et des portes délabrées qui ouvrent sur un gigantesque vide, un « mélancolique désert, où l'herbe pousse entre les dalles comme dans une prairie où pas un être humain n'apparaît ». Par contraste, le Dôme du Rocher est fabuleux avec ses teintes printanières : « Quelle solitude grandiose et farouche, les Arabes ont su maintenir autour de leur mosquée bleue ! » À l'intérieur, les yeux prennent un moment pour sortir de l'obscurité avant de découvrir le décor oriental d'arcades, de mosaïques et de marbres colorés. Au centre se découvre « un rocher sauvage, la cime d'une montagne ». C'est le mont Moriah d'Abraham, la *sakhra* :

> Tout un passé gigantesque, écrasant pour nos mièvreries modernes, s'évoque devant cette roche noire [...] qui est là comme étaient les Pharaons dans leurs sarcophages ; qui, après deux millénaires de tourmentes, s'abrite depuis déjà treize siècles sous l'étouffement de cette coupole d'or et de ces murailles merveilleuses, bâties pour elle seule...

Loti est-il seul avec son guide ? Ou ne voit-il pas de musulmans venus prier ? Ce décor, campé avec précision, est vide. Pas de prières, pas de larmes. Une esplanade de pierre. Il ressort perturbé face au « Temple du Seigneur, devenu aujourd'hui le désert du Haram-ech-Chérif où trône solitairement une mosquée bleue ». Quelques jours plus tard, il aperçoit les pèlerins musulmans de bien loin : « Tout petits pygmées, vus d'où nous sommes, un défilé de robes écarlates, rouges ou jaunes, qui sortent du sanctuaire aux murs bleus. »

L'impression est bien différente au Mur des lamentations. Le site grouille d'une humanité venue des grandes plaines de l'Europe orientale. Loti s'y rend un vendredi soir, jour de prière. Une fois de plus, c'est un labyrinthe de petites rues jonchées d'immondices. L'espace du Mur est un « enclos, rempli du remuement d'une foule étrange qui gémit ensemble à voix basse et cadencée ». Une plainte s'élève :

> « À cause du Temple qui est détruit, s'écrie le rabbin.
> – Nous sommes assis solitaires et nous pleurons ! répond la foule.
> – À cause de nos murs qui sont abattus.
> – Nous sommes assis solitaires et nous pleurons !
> – À cause de notre majesté qui est passée, à cause de nos grands hommes qui ont péri.
> – Nous sommes assis solitaires et nous pleurons ! »

Tous sont accrochés au Mur : « Et les vieilles mains caressent les pierres, et les vieux fronts cognent le mur, et, en cadence, se secouent les vieux cheveux, les vieilles papillotes… » Loti cherche encore la foi juive une nuit de sabbat sur le mont Sion. Le quartier est devenu silencieux. De nobles hommes barbus, vêtus de noir, déambulent un livre sous le bras. Il se dirige vers la synagogue. Quelle misère à côté de la majesté du Dôme du Rocher. Des murs mal blanchis, des bancs sur lesquels des vieillards somnolent, une Bible sur les genoux. Malgré tout, des hommes se balançant d'un pied sur l'autre continuent à lire leur Bible. Rien ne doit arrêter la parole.

L'univers de Loti est étrange. Les musulmans en sont presque absents et les juifs sont des hommes âgés. Le résumé est bien simplificateur. Il a toujours eu une fascination pour l'islam et a construit la réplique d'une salle de prière chez lui. Sans doute marqué par l'antisémitisme qui sévit en France en cette fin du XIXe siècle, il est bien plus circonspect face à la communauté juive. Mais si, ici, il les voit peu, c'est parce qu'il n'est pas venu à Jérusalem pour contempler la diversité religieuse. Il est là pour ressentir l'éventualité de sa propre foi. Il veut retrouver ses racines, elles plongent au Saint-Sépulcre.

Il le découvre après bien des détours au fond d'une place surplombée des murailles de couvents et de chapelles. On y arrive en se découvrant. Elle est envahie de mendiants essayant d'attirer les aumônes des pèlerins. Ils voisinent avec d'innombrables marchands qui vendent croix et chapelets. Quel contraste une fois le seuil du sanctuaire passé. L'ombre l'avale dans un couloir où, contre les murs, attendent des soldats turcs « assis en souverains sur un large divan ». Il entre enfin dans le sanctuaire :

> Oh ! l'inattendue et inoubliable impression, pénétrer là pour la première fois. Un dédale de sanctuaires sombres, de toutes les

> époques, de tous aspects, communiquant ensemble par des baies, des portiques, des colonnades superbes, ou bien par de petites portes sournoises, des soupiraux, des trous de cavernes.

La semi-obscurité, parfois traversée par de brusques rayons de lumière, lui plaît. Le dédale des couloirs et des chapelles est propre à la méditation. L'espace est envahi de foules bigarrées qui se regroupent autour d'un tabernacle ou se jettent à genoux. Les hautes voûtes résonnent des chants d'allégresse et des pleurs, des larmes et des prières. Les Grecs entonnent des « mélopées nasillardes », les Coptes poussent des hurlements. Le mélange est inouï. C'est « la grande plainte des hommes et le suprême cri de leur détresse devant la mort ».

Sa visite débute par le Tombeau, « un grand kiosque de marbre, d'un luxe à demi barbare, surchargé de lampes d'argent ». Les pèlerins russes s'agenouillent. Les chrétiens arabes sont groupés autour de leurs femmes enveloppées dans de longs voiles blancs. Les Abyssiniens, avec leurs turbans, se prosternent. Ils défilent les uns après les autres dans le Tombeau, en baissant la tête pour y entrer. À l'intérieur, la pierre où reposa le Christ est enchâssée dans le marbre le plus pur, entourée d'icônes et de lampes. Loti contemple la diversité des pèlerins. Devant lui, un soldat russe et une vieille femme en haillons ; derrière, une Orientale aux lourds brocarts. D'autres suivent, une file interminable qui pleure et chante.

Le reste du sanctuaire est un fouillis d'ombre et d'ors où se découvrent des chapelles, des couloirs et des recoins sinistres. Le contraste est frappant entre le luxe majestueux du décor et la pauvreté des pèlerins venus de Russie. Le passage du temps se dévoile sur des murs rongés, huileux du frottement des corps qui prient. Un fleuve coule au cœur du sanctuaire, ce sont les déplacements continuels de multiples clergés.

Ils fendent la masse des pèlerins avec leurs encensoirs et leurs hallebardes :

> Des hommes prient à haute voix, pleurent à sanglots, courant d'une chapelle à l'autre, ici pour embrasser le roc où fut plantée la croix, là pour se prosterner où pleurèrent les saintes Marie et Madeleine ; des prêtres, tapis dans l'ombre, vous appellent d'un signe pour vous mener par de petites portes funèbres dans des trous de tombeaux ; des vieilles femmes aux yeux fous, aux joues ruisselantes de larmes, remontent des souterrains noirs, venant de baiser des pierres de sépulcres.

Comment trouver l'espérance ?

Lors de ses visites, il envie les pèlerins les plus simples. Ils sont pauvres, vieux, mais heureux. Le lundi 2 avril, il croise le cortège d'enterrement d'une vieille Russe dont le corps, jaune comme la cire, est porté par ses compagnes aux jupes fanées. Les hommes sont sévères, leurs barbes désordonnées mangent des visages burinés par l'usure du travail : « Mais la foi triomphante rayonne dans les regards et ils chantent ensemble un cantique de joie : on la trouve si heureuse, on l'envie tant, celle-ci qui est morte en Terre Sainte !... Oh ! La foi de ces gens-là ! » Le propos est un leitmotiv de Loti. Seuls les simples ont la force et la grâce de croire, de croire aveuglément les mensonges que leur débitent des guides avides. Ils se tournent vers le Ciel pour prier, demander ou remercier. Ils se placent, sans aucun artifice, dans la main de Dieu, attendant qu'Il se manifeste. Ils doivent être écoutés. Il serait si injuste que toutes ces paroles de louanges ou de désespoir ne soient entendues de personne. Il serait inique que les souffrances des hommes ne résonnent que dans le vide. Au-delà de toute logique, les pèlerins ne se posent aucune question :

ils croient. Loti aimerait le faire. Il espère que leur confiance lui permettra de sortir du carcan intellectuel où il s'étiole.

Lui, il lit toutes les plaques qui, accrochées aux murs, rapportent le légendaire. Ici, Jésus est tombé ; ici, il a été jugé. Il visite tous les lieux, accompagnés de savants religieux. Il apprend beaucoup et regarde interminablement. Depuis les terrasses de la Vieille Ville ou des montagnes de Galilée, il laisse errer son esprit. En vain. Rien ne se passe. Il reste pétri de « vieux espoirs morts ». Il se pose trop de questions. La mère supérieure des Filles de Sion l'amène sur un site ; il s'interroge : « Est-ce que nous sommes bien dans le corps de garde du Prétoire ? Ce vestige de rue [...] est-ce bien le commencement de la voie qui mena le Christ au Golgotha ? Rien n'autorise encore de l'affirmer, malgré les probabilités grandes. » Il persiste, il médite, il contemple. Soudain, il imagine les soldats de Pilate accroupis sur les murets. Il procède à une reconstitution mentale qui l'envahit, le quitte et revient. Le lieu lui parle mais le contact n'est pas immédiat ; il procède à une démarche historique pendant laquelle il convoque son savoir. Tout cela est si fugace, si éloigné de la foi des humbles.

Il essaie pourtant d'atteindre le vrai croire. Dans la soirée du 14 avril, il se rend à Gethsémani, le lieu où Jésus pria avant son arrestation. Il néglige le petit couvent des franciscains et demande au garde armé qui l'accompagne toujours de le laisser seul. Il est debout dans la lumière lunaire. Il imagine que, comme lui, le Christ regarda les étoiles sachant qu'il allait mourir. Rien ne trouble son recueillement ; même les aboiements des chiens qui envahissent d'habitude Jérusalem ont disparu. Il s'appuie contre un olivier. Il attend. Son oraison est informulée mais profonde, inondée de douleur. Rien ne se passe :

> Pourtant, ma prière inexprimée était suppliante et profonde, et j'étais venu de la « grande tribulation », de l'abîme d'angoisse... Non, rien ; personne ne me voit, personne ne m'écoute, personne

ne me répond... J'attends, et les instants passent, et c'est l'évanouissement des derniers espoirs confus, c'est le néant des néants où je me sens tomber...

Tout est fini ! Le pèlerinage n'a pas provoqué la rencontre que Loti attendait. Il restera perpétuellement étranger à l'expérience mystique, il n'aura pas été entendu. Inutile de s'éterniser, mieux vaut partir.

Les malles sont fermées. Le départ est prévu pour le lundi 16 avril. Au petit matin, les chevaux sont sellés mais une pluie glacée empêche de prendre la route. Loti se replie dans son hôtel, un salon comme il y en a partout dans le monde. Les journaux l'ennuient. Il sort et, presque machinalement, il se dirige vers le Saint-Sépulcre. Il n'espère plus rien. Il n'a trouvé ni la foi ni l'espérance. Il a vu, il a touché, il a essayé ; il n'a pas été saisi par la grâce. Il retourne au Sépulcre sans illusion. Il se sait trop « chargé », c'est-à-dire trop cultivé, trop intellectuel. Il est devenu incapable d'être atteint par les pleurs et les émotions. Il envie les paysans russes qu'il croise depuis des jours. Il examine les autels, se lasse d'un plafond naïvement peint d'étoiles sur un ciel bleu. Arrivé au Calvaire, il se réfugie près d'un pilier pour regarder les pèlerins qu'il envie : « Ils ont choisi la bonne part, ceux-là qui, sans comprendre, adorent. » Or, on ne redevient pas simple ; on n'arrête pas de raisonner. Qu'il aimerait « adorer sans comprendre comme ces simples qui viennent ici ».

De l'ombre surgit un jeune Cosaque à l'uniforme chamarré. Il ne marche pas, il se traîne à genoux, se jette sur le sol et embrasse le trou où fut planté la croix. Apparaissent des femmes aux vêtements sombres, les bras levés, les mains ouvertes. Elles prient dans une langue inconnue, où se mêlent des larmes. C'est ensuite une pauvre femme. Elle n'ose pas entrer dans la chapelle. Elle se met à genoux sur le seuil. D'un humble ballot, elle tire ses lunettes, un Évangile et un cierge qu'elle allume. Elle commence ses prières, paroles entrecoupées de pleurs. Un moment, elle avance, se remet dans la même posture. Insensiblement, elle se rapproche car le sacré ne s'atteint pas d'un coup. Il se mérite et s'apprivoise. Maintenant, c'est un vieillard qui est là. Il est si fragile que la mort l'a déjà entre ses griffes. En voyant l'espace où jadis la Croix s'éleva, il est transfiguré. Loti le voit auréolé « d'une beauté triomphante ». Face au sacré, il peut se cramponner à une certitude qui lui donne la force d'accueillir son destin avec le sourire.

Brusquement, quelque chose craque en Loti. En voyant ces pèlerins si différents, si convaincus, il pleure :

> On prie comme on peut, et moi je ne peux pas mieux. Bien que debout là dans l'ombre, je suis maintenant, de toute mon âme, prosterné autant que le vieillard en extase à mes côtés, autant que le soldat qui tout à l'heure rampait pour embrasser les pierres. [...] Je bénis même cet instant court où j'ai presque reconquis en Lui [Jésus] l'espérance ineffable et profonde ; en attendant que le néant me réapparaisse, plus noir, demain.

1899
Les efforts de Youssouf al-Khalidi pour maintenir un équilibre traditionnel

« Nous nous considérons, nous, Arabes et Turcs, comme gardiens des lieux également sacrés pour les trois religions. »

Youssouf al-Diya al-Khalidi (1842-1906) est irréductiblement attaché à Jérusalem. Quand on lui demande de se présenter, il revendique d'être Utsi, c'est-à-dire Jérusalémite, puis arabe, finalement ottoman. Sa patrie est cette ville où sa famille s'est imposée comme une des principales aux côtés des Husseini, des Alimi et des Dajani. Ses parents sont les tenants d'un courant libéral, fondant, en 1799, la première bibliothèque publique de la cité. Son père est un juge respecté, incontournable dans la vie locale. Lui affirme très tôt sa volonté de modernisme qui apparaît dans l'empire depuis la loi de février 1856 visant à réformer les institutions. À 17 ans, son premier texte est un plaidoyer pour une ouverture vers l'Europe. Il aimerait y étudier. Ses parents refusent. Il s'échappe et rejoint le Collège protestant anglais installé à Malte. Réconcilié, il revient, suit les cours des écoles de Jérusalem, puis ceux de la faculté de médecine de Constantinople. Mais il ne peut pas rester loin de la ville qu'il aime tant.

Vivre la diversité

Il s'y installe à un moment où elle change rapidement. Les grandes rues sont pavées (1885) et la Porte Nouvelle est percée (1889). Elle s'enrichit d'un hôpital municipal (1891), d'une gare (1892) et d'un hôtel de ville (1895). Pour un notable, la vie y est douce. C'est un kaléidoscope culturel. Dans les rues modernes voisinent les vestes chamarrées des officiers ottomans, les redingotes des bourgeois, les turbans des oulémas, les gabardines des immigrés juifs polonais. Les anciennes familles tentent une synthèse. Pourquoi ne pas porter les larges pantalons turcs avec des chemises européennes, s'envelopper dans de longs manteaux mais porter le fez. Les oreilles entendent toutes les langues : les Hassidim parlent le yiddish ; les Séfarades, le ladino, le turc et l'arabe ; les Arméniens, l'arménien, le turc et l'arabe ; les Arabes, le turc et l'arabe. Mais c'est le français dans les salons et l'anglais dans les banques.

Pour cette élite, la ville est celle de la cohabitation. Chaque grande famille a son territoire, les Husseini au mont du Temple, les Khalidi aux tribunaux. Lors de la fête de la cité, chacune défile derrière sa bannière, en attendant les cavalcades. Les confessions vivent en harmonie. À la fin du ramadan, musulmans, juifs et chrétiens prennent un repas en commun avant d'aller à la foire qui se tient hors des murs. Pour Pourim, fête juive qui commémore la délivrance de la persécution perse, chrétiens et musulmans se présentent au pique-nique traditionnel avec des vêtements juifs.

Si les pèlerins sont toujours plus nombreux, ils ont maintenant de nouvelles préoccupations. À côté des curiosités spirituelles, ils se passionnent pour les chantiers archéologiques. Les découvertes doivent, en un siècle où la religion est de plus en plus remise en cause en Europe, apporter des preuves de la réalité du récit biblique. En 1860, des fouilles dans le couvent des Dames de Sion tentent de fixer les étapes de la Passion du Christ. Trois ans plus tard, l'académicien français Félicien de Saulcy (1807-1880) découvre ce qu'il considère être le tombeau des rois de Judée, près de la porte de Damas. Les Anglais interviennent avec Charles William Wilson (1836-1905). Officier et cartographe, il est chargé de travaux topographiques à Jérusalem (1864), ce qui débouche sur la création du *Palestine Exploration Fund* (1865), première entreprise du genre. Il parcourt la région, identifie la synagogue de Capharnaüm où Jésus prêcha (1866), explore le Sinaï (1868), étudie Jérusalem. Il n'y a pas loin de l'archéologie à la politique. À son retour à Londres, il entre au *War Office*, est nommé consul en Anatolie et participe à la campagne militaire qui s'empare de l'Égypte (1882). C'est lui qui, en 1882, guide les princes britanniques Albert-Victor (1864-1892) et le futur roi George V (1865-1936). Ils campent au mont des Oliviers au milieu de 11 luxueuses tentes servies par 60 domestiques. Ils prient au Sépulcre et visitent les récentes fouilles.

Les Églises ne restent pas à l'écart de cette redécouverte de Jérusalem. En février 1889, l'ordre dominicain y dépêche un jeune exégète, le père Marie-Joseph Lagrange (1855-1938). Quand, quelques mois plus tard, il arrive, l'impression est forte :

> Je dois dire que je fus remué, vraiment saisi, empoigné par cette terre sacrée, abandonné avec délices à la sensation historique des temps lointains. J'avais tant aimé le livre et maintenant je contemplais le pays ! Aucun doute ne subsista dans mon esprit sur l'opportunité de pratiquer les études bibliques en Palestine.

Enthousiaste, il fonde l'École pratique d'études bibliques (1890), puis la *Revue biblique* (1892) et la collection *Études bibliques* (1900). Parfois suspect pour ses contemporains, il est le tenant d'une approche historico-critique de la Bible qui a permis le renouveau de l'exégèse catholique. En cette fin du XIXe siècle, la Ville sainte est devenue un champ de bataille diplomatique et scientifique entre grandes puissances.

Membre de la *nahda*, la renaissance littéraire arabe, Youssouf n'est pas étranger à ces questions. L'essentiel est pourtant ailleurs. Il veut améliorer l'existence quotidienne de ses concitoyens. En 1870, il est le premier maire de la ville, nomination particulièrement précoce, car le système municipal ne sera imposé dans l'empire qu'en 1877. C'est dire la spécificité de la ville. Il conserve le poste jusqu'en 1876 puis le retrouve en 1878-1879 et 1899-1906. Il est également élu au Parlement.

Conscient des particularismes confessionnels, il milite pour l'amitié judéo-christiano-musulmane. Il sait que l'arrivée des immigrés juifs qui fuient l'Europe peut bouleverser l'équilibre des vies. Leur arrivée suscite d'abord bien des espoirs. La revue réformatrice *Al-Manar*, imprimée au Caire, incite les Arabes à suivre l'exemple des sionistes qui ont réussi à réveiller un peuple, à le mobiliser, à lui donner un but malgré sa dispersion. Les initiatives économiques des colons, leurs innovations agricoles, leurs défrichements sont régulièrement salués. Leur école d'agriculture Mikvé-Israël (1870) est admirée. La rapidité de la colonisation inquiète peu. Vingt villages juifs sont fondés en Palestine entre 1870 et 1897.

En ville, la situation est différente. Traditionnellement, Jérusalem compte quatre grands quartiers : le quartier arabe au nord-est ; le quartier chrétien au nord-ouest, avec le Sépulcre ; le quartier arménien au sud-ouest avec la tour de David ; le quartier juif au sud-est. Depuis des siècles, ces espaces s'identifient par leurs noms, mais la vie des habitants est bien plus complexe. En 1900, dans le quartier arabe, les rues du al-Wad comptent plus de familles juives que musulmanes ; dans le quartier juif de Bab es-Silsila, les musulmans dominent. Le recensement de 1905 montre que 29 % des musulmans vivent dans le quartier juif et que 32 % des juifs sont dans la partie arabe de la ville. Youssouf se réjouit en pensant qu'un équilibre s'est établi. Pourra-t-il être maintenu ?

De grands changements

La croissance démographique change la donne. De 10 000 habitants en 1800, la ville passe à 15 000 vers 1850 ; puis le rythme s'accélère : 20 000 en 1870, 46 000 en 1890, 70 000 en 1914. Les anciennes rues étroites ne suffisent plus. Jérusalem sort de ses murs. Se développe une Ville moderne où, vers 1900, vit près de la moitié de la population. Les confessions s'y mêlent. Près de la gare, le quartier de Talbiyya abrite 47 % de chrétiens, 32 % de juifs, 21 % de musulmans.

Mais, dans une ville en plein essor, où les prix immobiliers montent, où la concurrence pour les emplois est tous les jours plus âpre, les réflexes identitaires s'affirment. Ce sont d'abord des îlots confessionnels. En 1874, en marge de la Vieille Ville, se créé le quartier de Mea Shearim, un ensemble de petites maisons de deux pièces destinées à loger une dizaine de personnes. Il est le fief de juifs ultra-orthodoxes. Certains nouveaux arrivants se sentent mal à l'aise, expérience vécue par Eliezer Ben Yehuda (1858-1922). Après avoir quitté la Biélorussie, ce lexicographe vit à Paris, Vienne, Jaffa puis Jérusalem. En rencontrant les habitants arabes, le choc est immédiat :

> Je perçus qu'ils se sentaient citoyens de ce pays, terre de mes ancêtres, et moi leur descendant je revenais à cette terre comme un étranger, fils d'une terre étrangère, d'un peuple étranger.

Pour marquer son identité, les vêtements ou les coutumes ne suffisent pas. Elle ne peut exister qu'avec une langue propre. Il privilégie l'hébreu pourtant absent de la vie quotidienne depuis des siècles. Il est un militant farouche de cette cause linguistique. À partir 1882, il ne donne ses cours à l'école de l'Alliance israélite universelle que dans cette langue. Il l'impose dans sa famille. Il n'éduque ses enfants Itamar et Dola qu'avec elle ; ils sont les premiers locuteurs natifs de l'hébreu moderne.

Deux types de juifs viennent alors à Jérusalem. Les premiers le font pour des raisons religieuses. C'est pour cette raison que Nissim Dobrouskine, militant sioniste, quitte Paris. Son ami Baruch Hagani le décrit comme un « vieux pèlerin qui avait couronné son apostolat en s'en allant mourir en Terre sainte ». Le second groupe est composé des juifs d'Europe centrale ou orientale fuyant les pogroms de la Russie tsariste de 1881. Débute la première *aliya* (« ascension ») qui, en dix ans, concerne plus de 10 000 personnes. Les réfugiés viennent de partout. En 1882, 200 juifs yéménites s'installent dans la Ville sainte.

De l'immigration ne doit-on pas passer à un État ? L'idée est en germe en Europe. Moses Hess (1812-1875), dans *Rome et Jérusalem : la dernière question nationale* (1862), appelle cette création de ses vœux : « Il faut acquérir une terre nationale commune. Il faut créer une situation légale qui protège le travail et permette son développement. » Dans les décennies qui suivent, les choses s'accélèrent. En 1897, au Congrès de Bâle, Theodor Herzl (1860-1904) fonde l'Organisation sioniste mondiale et propose un « plan de réunification nationale juive ». Le 3 septembre, il explique : « À Bâle, j'ai créé l'État juif. Si je disais cela aujourd'hui publiquement, tout le monde se moquerait de moi. Dans cinq ans peut-être, dans cinquante ans sûrement, tout le monde acquiescera. »

Youssouf al-Diya al-Khalidi s'inquiète pour sa ville. Il écrit à son ami Zadoc Kahn (1839-1905), grand rabbin de France, lui demandant de transmettre sa lettre à Herzl. Il ne nie pas les droits des juifs. Il assure les estimer « pour leurs hautes qualités morales et intellectuelles, je les considère vraiment comme parents à nous autres, Arabes ; pour nous, ils sont des cousins, nous avons vraiment le même Père, Abraham, dont nous descendons également. Il existe beaucoup d'affinités entre les deux races, nous avons presque la même langue ». Il rejette cependant l'idée d'un État séparé. Il s'alarme de toute tentation de créer des institutions organisées selon des principes confessionnels, ce qui, selon lui, pourrait provoquer un bain de sang par les « fanatiques » des deux camps. Les juifs sont donc « les bienvenus, mais à la condition de n'avoir aucune autre pensée que d'être, comme nous-mêmes, des fidèles sujets ottomans ».

Maire de Jérusalem, la ville tient une place centrale dans son argumentation :

> Nous nous considérons nous Arabes et Turcs, comme gardiens des lieux également sacrés pour les trois religions, le judaïsme, la chrétienté et l'islam. Eh bien, comment les meneurs du Sionisme peuvent-ils s'imaginer qu'ils parviendraient à arracher ces lieux sacrés aux deux autres religions qui sont l'immense majorité ?

Pour Youssouf, Jérusalem ne peut se comprendre que dans deux dimensions. L'histoire en a fait une ville musulmane, héritage qu'il est inutile de remettre en cause. Pour autant, les trois monothéismes y ont leur place. La sacralité des lieux est universelle. Si le gouvernement ne peut se partager, la dévotion peut s'y vivre ensemble.

La lettre est remise à Theodor Herzl, qui, depuis Vienne, lui répond le 19 mars 1899. Après avoir félicité le sultan d'accueillir des juifs, il défend les objectifs du sionisme qui n'est pas un ennemi du gouvernement ottoman. L'immigration va enrichir le pays, favoriser le progrès des juifs déjà sur place, faire la fortune des Palestiniens. Outre les aspects politiques, que nous ne retenons pas ici, il évoque les Lieux saints :

Mais personne ne pense à y toucher. Comme je l'ai dit et écrit plusieurs fois : ces lieux ont perdu à jamais la faculté d'appartenir exclusivement à une seule foi, à une seule race ou à un seul peuple. Les Lieux Saints sont et resteront saints pour le monde entier, pour les Musulmans comme pour les Chrétiens comme pour les Juifs. La paix universelle que tous les hommes de bien espèrent ardemment aura son symbole dans une union fraternelle dans les Lieux Saints.

Sans renoncer à son projet sioniste, Herzl estime que Jérusalem est le creuset où les trois monothéismes peuvent inventer leur coexistence. Elle doit être le symbole d'une fraternité. Le politique rattrape bien vite ces espoirs, car les tensions cristallisent les identités. La Ville sainte est au cœur de toutes les revendications. Doit-elle être le siège des autorités sionistes ?

Albert Antébi (1873-1919) s'y oppose. Il est pourtant un des principaux artisans du retour des juifs en Palestine, avec l'Alliance israélite universelle qui apporte un soutien à la colonisation. Il estime que Jérusalem doit être mise à l'écart des revendications. Le 8 janvier 1900, il écrit à un ami français : « J'estime Jérusalem pour son passé historique, mais je ne crois pas à son avenir pour notre nation. » Mais les flux de population se poursuivent. Les quartiers renforcent leur spécificité et les frictions s'accroissent. Le 29 octobre, il dresse un tableau bien noir de la situation :

Jérusalem devient depuis plusieurs mois le centre de luttes de nationalités. Nous vivions jusqu'alors paisiblement. Les Orientaux étaient reconnaissants à leurs coreligionnaires d'Europe pour le soulagement qu'ils apportaient à leur misère morale et matérielle. On a créé le sionisme soi-disant pour resserrer les liens du Judaïsme ; on n'a réussi qu'à faire naître les luttes de nationalités.

1904
Lewis Larsson face aux illusions de la Terre sainte

« Qu'il est insultant d'être trompé par Jérusalem ! »

Lorsqu'en 1896, 55 Suédois de Nås quittent leur village de Dalécarlie pour Jérusalem, personne ne les accompagne à la gare. Une vieille femme les contemple : « Ceux-là vont au Ciel rencontrer Jérusalem. Ceux-là vont au Ciel ; mais nous, nous n'avons qu'à rester au bord du chemin. » Leur fièvre évangélique a été savamment entretenue par le pasteur Olof Henrik Larsson qui prêche la fin du monde pour le printemps 1897 ; seuls ceux qui seront à proximité du Tombeau du Christ peuvent espérer être sauvés. Ils fuient donc. Leur décision a fait éclater les communautés paysannes soudées par des siècles de travail en commun. L'appel vers la Ville sainte a été plus fort que les liens du sang, de l'amour ou de l'amitié. Ils s'en remettent à Dieu. Ils savent que leur vie sera difficile, mais ils tentent encore de convaincre leurs proches : « Nous n'avons ni champs fertiles ni grandes fermes à leur offrir, mais ils marcheront sur les chemins que les pieds de Jésus ont usés. Nous n'avons ni honneur ni biens à leur offrir, mais nous leur offrons de partager les souffrances de Jésus, Notre-Seigneur. » Monter à Jérusalem pour attendre la fin des temps est une pulsion plus forte que la raison et l'intérêt.

L'American Colony

Ils rejoignent le groupe animé par Anna Spaffort (1842-1923). Celle-ci se considère comme une survivante. Lors du naufrage du *Ville du Havre*, le 22 novembre 1873, elle échappe à la mort alors que ses trois filles se noient. Son mari, Horatio Gates (1828-1888), est un célèbre avocat et entrepreneur américain. Mais il privilégie son engagement dans son Église presbytérienne. Après leur mariage en 1861, ils s'installent à Chicago. Ils y fréquentent le pasteur évangélique Dwight Lyman Moody (1837-1899) qui allie distribution d'aides charitables et action missionnaire, avant d'assurer avoir reçu le Saint-Esprit (1871). Ils vivent dans une atmosphère faite de charité, d'exaltation mystique et d'espérances eschatologiques.

Le couple n'échappe pas au poids du malheur vécu ; Horatio compose le cantique *It Is Well with My Soul*, vibrant abandon à la volonté divine :

> Quel repos céleste, Jésus, d'être à Toi !
> À toi pour la mort et la vie,
> Dans les jours mauvais de chanter avec foi :
> Tout est bien, ma paix est infinie !
> Quel repos, quel repos, quel repos, quel céleste repos !
> Quel repos céleste ! mon fardeau n'est plus !
> Libre par le sang du Calvaire,
> Tous mes ennemis, Jésus les a vaincus,
> Gloire et louange à Dieu notre Père !

Malgré la foi et la naissance de nouveaux enfants, le couple se persuade que la mort de leurs fillettes est une punition divine. Ils fondent Les Vainqueurs, un groupe messianique. Sentant la fin des temps proche, ils déménagent à Jérusalem en août 1881 dans une maison de la Vieille Ville. Ils sont

13 adultes et 3 enfants à fonder l'American Colony. La ville compte alors 46 000 habitants : 9 000 musulmans, 9 000 chrétiens palestiniens, 28 000 juifs. Ils y trouvent vite leur place car leur institution, évitant tout prosélytisme, vit en harmonie avec tous. Ils ne se veulent pas missionnaires. Ils désirent simplement vivre comme les premiers chrétiens, mettant tous les biens en commun. Ils mènent une vie quasi monastique. La journée commence par un rituel immuable, prières et distribution des travaux à chacun. Les colons offrent des aumônes, soignent les malades, prêtent de l'argent aux plus démunis, animent un orphelinat, soutiennent le dialogue entre les confessions.

L'arrivée de 70 Suédois venus d'Amérique (1894), puis celle de ceux de Nås obligent à trouver des locaux plus grands. Ils rachètent l'ancien palais d'un pacha qu'ils agrandissent. Pour les enfants, ils ouvrent une école sous la direction du botaniste John Dinsmore. Les plus jeunes y apprennent la lecture, l'écriture, l'arithmétique et le dessin. Pour les plus grands, tout se fait en anglais. La découverte des plantes de Palestine est essentielle ; les après-midis sont consacrées à herboriser. Les cours de dessin sont donnés par Ernest Beaumont, qui est aussi le dentiste de la colonie. Lewis Larsson (1881-1958), un des cinq enfants nés à Nås, est élevé dans cette école. Ayant perdu son père à 5 ans, il est parti avec sa mère attendre « le Retour du Seigneur ».

La Colony est connue dans le monde entier. Son idéal chrétien attire de célèbres visiteurs. La romancière Selma Lagerlöf (1858-1940), prix Nobel de littérature (1909), y séjourne en 1900. Elle est séduite par la foi des colons et leur vie collective : une expérience dont elle fait un roman. En 1911, l'écrivain Klas Pontus Arnoldson (1844-1916), prix Nobel de la paix (1908), y vient aussi et consigne ses impressions dans *Soul of Jerusalem* (1913).

Derrière cette façade, la vie s'écoule de manière chaotique, totalement contrôlée par Anna aux « yeux bleus hypnotiques ». À Jérusalem, elle a découvert que Dieu lui avait confié une mission. Femme ayant souffert, fondatrice de la Colony, riche mécène de l'entreprise, elle prend le pouvoir en écartant de toute responsabilité le pasteur Olof Henrik Larsson, relégué dans un cabanon perdu contre un mur du jardin. Désormais, elle dirige la Colony au nom d'un Dieu avec lequel elle communique. Tous les matins, avant que chacun ne parte à la tâche qui lui a été confiée, elle sort le *Book of Messages*, dans lequel elle consigne les communications nocturnes qu'elle a avec le Ciel. Elle coupe les colons de l'extérieur en censurant leur correspondance. La santé étant un don divin, elle refuse l'intervention de médecins : 12 Suédois meurent dans les cinq ans qui suivent leur arrivée. Elle refuse que l'argent circule. Lewis témoigne : « Elle dit que l'argent est donné pour le service du Seigneur. Sa fierté est de dire qu'il ne lui appartient pas, qu'elle n'a pas le droit d'en disposer car cela pourrait amener au démon. » Les enfants grandissant, Anna part en guerre contre le sexe. Elle repousse au printemps 1904 les noces de sa fille Bertha avec Frederick Vester : huit ans d'attente pour des jeunes gens qui vivent sous le même toit. Lewis patiente six ans avant d'épouser, en 1912, Edith, la plus jeune fille d'Olof Henrik Larsson. Anna préside à l'échange des consentements. D'une voix sèche, elle lance aux jeunes mariés : « Souviens-toi, Edith, et toi, Lewis, que vous êtes appelés à prendre part au Royaume du Seigneur. Toute votre vie doit être soumise à cet idéal. »

Tous les jeunes gens ne sont pas aussi patients. Le jeune Erick s'enfuit et ne reviendra jamais. Un matin de 1901, Furman Baldwin se tire une balle dans la tempe. Il est amoureux de Grace, la plus jeune fille d'Anna ; celle-ci lui a interdit de parler à la demoiselle. Agit-il par désespoir ou parce qu'il refuse de passer devant le groupe qui doit le « juger » ? Ils s'appellent

« Frère » et « Sœur » mais l'animosité est latente. Le pasteur Henrik Aurelius, envoyé en 1910 par la Jerusalemsföreningen, qui aimerait aider financièrement l'institution, vit six mois avec eux. Dans son rapport, il s'inquiète de la santé mentale des colons :

> Peut-on dire que les membres de la Colony sont heureux ? La majorité, sans aucun doute, l'affirmerait. Je pense qu'ils se sont persuadés qu'ils sont heureux. Cependant, quand je vois leurs visages, je ne peux rien dire de mieux que : Leurs visages ne reflètent pas la joie, mais la résignation.

Pour échapper à cette atmosphère délétère, au contrôle d'Anna et à la folie dévote de sa mère, Lewis, comme trois autres jeunes gens, fréquente l'atelier photographique d'Elijah Meyers surnommé Bombawi, membre excentrique de la Colony, si représentatif de ces pèlerins exaltés qui cherchent la foi à Jérusalem.

Le syndrome de Jérusalem

Il est vrai que le personnage a de quoi fasciner tout jeune garçon enfermé dans une enceinte pieuse. Meyers est né à Bombay où son père était rabbin. À 12 ans, il se disputa avec les responsables de la communauté pour une raison qui nous échappe. Pour l'éloigner, ses parents l'envoyèrent à Londres pour en faire un rabbin. Le jeune homme se rebella, échappa à la surveillance de ses tuteurs et découvrit les rues de la capitale anglaise. Il apprit le métier de relieur. Sa vie bascula quand il rencontra les missionnaires de la London Society of Promoting Christianity, créée en 1809 pour convertir les juifs. Ils lui confièrent une Bible qui le bouleversa. Il découvrit la personne de Jésus grâce à l'Évangile selon saint Matthieu.

À 19 ans, il se convertit. Commencèrent quinze ans d'errance. Se faisant passer pour le fils d'un maharaja indien, il étudia à Oxford, courtisa la fille d'un lord, exerça mille métiers. Sa vie lui échappait. Au début des années 1890, il se rend à Jérusalem, espérant apaiser son âme au contact de l'American Colony. Les colons se méfient de lui. Il se prend en effet pour la réincarnation du prophète Elijah, c'est-à-dire Élie, si important pour les chrétiens. Aujourd'hui, il serait diagnostiqué atteint du syndrome de Jérusalem, trouble identifié en 1993 par le docteur Yair Bar-El, chef de clinique à l'hôpital psychiatrique de Jérusalem. Cet état pathologique se manifeste par des hallucinations, des crises d'anxiété, une dépersonnalisation chez des individus assaillis par la Ville sainte. La charge symbolique du pèlerinage est trop forte pour être vécue paisiblement ; l'attente d'une rencontre avec le divin engendre déception ou exaltation incontrôlées. Le médecin distingue trois stades. Dans le premier, le patient était déjà sujet à des maladies psychotiques ; le pèlerinage est le révélateur de crises qui auraient eu lieu. Le deuxième concerne des personnes pieuses qui réagissent d'une manière paradoxale à la cité où ils espéraient trouver un lien direct avec le Ciel ; soit ils sont déçus, sombrant dans la dépression, soit ils sont ravis, plongeant alors dans un mysticisme ravageur. Enfin, troisième groupe, ceux qui n'ont pas de pathologie antérieure mais qui sont écrasés par l'atmosphère d'un lieu où rien n'est neutre.

Le romancier russe Nicolas Gogol (1809-1852) souffrit de cette affection. Après une intense production littéraire, l'inspiration lui échappait. Passé sous ce qu'il appelle le « soleil noir de la mélancolie », il était incapable d'achever les *Âmes mortes*, roman commencé en 1835. En 1846, il eut une inspiration : seul un voyage à Jérusalem pourrait le libérer. Il écrivit à un ami : « Je pars pour Jérusalem (j'ai même honte de ne pas l'avoir encore fait), je remercie comme je peux de tout ce qui m'a été donné. Je prierai Dieu de m'accorder la force nécessaire pour me mettre à l'œuvre. » Il quitta la Russie en 1848. Sa foi était alors incandescente. Plus il approchait de la Terre sainte, plus son exaltation croissait. Arrivé, il se précipita au Saint-Sépulcre. Il y passa la nuit, s'appliqua à prier, alluma des cierges, se prosterna, embrassa les pierres… Il n'acquit pas la grâce recherchée. Il rentra en mai 1848 déçu et enthousiaste. Déçu car il n'avait pas trouvé ce qu'il cherchait. Il s'exclama : « Qu'il est insultant d'être trompé par Jérusalem ! » Il pensait à l'impossibilité de finir son livre, l'idée de la mort le hantait. Il était aussi enthousiaste. Convaincu que Dieu avait quitté Jérusalem, il se persuada de le chercher ailleurs ; il se mit à fréquenter les *iourodivye*, ces « fols en Christ », ascètes qui abandonnaient leur vie, couraient les chemins, lançaient des prophéties, annonçaient les pires malheurs, toujours en quête d'une intimité avec Dieu.

Bombawi est un de ces exaltés. Au sein de l'American Colony, il trouve suffisamment d'apaisement pour que lui soit confié un atelier de photographie. Avec l'appareil qu'il a lui-même construit, il fixe les membres de la colonie et la Palestine. Pour gagner de l'argent pour les colons, il se met au service des institutions sionistes. Il exalte la création des villages et la beauté de la Terre sainte. Rien ne peut l'arrêter ; pour lui, c'est une mission. Ainsi, pour prendre un cliché satisfaisant du village de Gedera, créé au sud de Tel-Aviv en 1884 par les membres du groupe sioniste Bilu, il reste des heures debout dans un vent glacial qui aurait pu le tuer. Il travaille avec son élève le plus zélé : Lewis Larsson.

Leurs travaux sont publiés dans *Views of Palestine and its Jewish Colonies* (1899). Le succès est rapide. Douze de leurs 86 photographies sont reprises par le père Alexander Boddy pour *Days in Galilee and Scenes from Judea*. Lewis a 17 ans, il a trouvé sa voie. Il écrit à des parents demeurés en Dalécarlie : « Maintenant, je sais ce que sera mon futur métier dans ce pays. Presque tous les jours, je travaille à photographier ;

ce printemps nous avons produit 200, 300, même 400 clichés par jour. Nous photographions tous les sites remarquables de ce pays et nous vendons nos photographies dans toute la ville. »

À Jérusalem, les ateliers photographiques sont rares, tenus par de nouveaux venus, l'Arménien Garabed Krikorian (1885) ou le juif Yeshayahu Raffalovich (1870-1956). Le marché est pourtant florissant car les pèlerins sont avides de rapporter des images des Lieux saints. Rattaché à la boutique Vester & Co. American Colony située dans le hall du Grand Hôtel, fréquenté par les touristes les plus aisés, le studio de l'American Colony est une affaire rentable. À côté des souvenirs, des bijoux, des antiquités et des tapis sont proposées des photographies en noir et blanc, colorisées ou stéréoscopiques.

Le travail des photographes de la Colony est apprécié. En 1898, ils « couvrent » le voyage du Kaiser Guillaume II en Palestine, voyage au cours duquel Herzl propose à l'empereur la création d'un État sioniste sous protectorat allemand. En 1912, ils signent un contrat avec le *National Geographic Magazine*. *Via* des agences allemandes et anglaises, leurs images sont vendues dans le monde entier.

Le travail permet à Lewis, qui prend la direction de l'atelier en 1904, de fuir l'enceinte de la Colony. En octobre 1903, il participe à une expédition photographique en Syrie. Deux ans plus tard, il est en Égypte. Il écrit à un oncle suédois : « Je suis ici, avec un de nos frères américains, pour photographier les remarquables sites de ce pays empli des mémoires du passé. » En une semaine, ils font près de 1 000 clichés.

Aujourd'hui, les images de Lewis nous font entrer dans une ville apaisée, en couleur sépia ou aux tons pastel. La religion tient une place secondaire dans ses clichés. Les gens sont le sujet principal. Il ne montre pas un monde pluriconfessionnel mais des personnes affichant une identité spécifique. Il n'y a pas de conflits sur ces photographies, pas non plus de connivence. Elles présentent tous les groupes : la prière musulmane au lever du jour ; les franciscains devant la porte de leur couvent ; un vieux juif d'Europe centrale plongé dans sa lecture… Lewis se plaît avec ceux qui sont en marge de la société. Il s'attarde chez les Samaritains. La Terre sainte ne se résume pas à Jérusalem. Il est surprenant de voir son goût pour les immensités désertiques, la mer des toits de la Vieille Ville, les vagues devant Rama.

Les Suédois sont venus pour attendre la fin du monde. Ils ont trouvé l'espace clos de la Colony. Malgré la tyrannie d'Anna, ils sont demeurés fidèles à leur engagement spirituel. Ils sont restés parce qu'ils ont appris à aimer un pays au-delà des murs du Saint-Sépulcre. Ils ne se sont pas enfermés dans les églises. Ils se sont ouverts à des étendues parcourues jadis par Jésus. Loin de leurs forêts natales, ils ont trouvé leur Terre promise. Elle les a adoptés. Le pasteur Henrik Aurelius remarque :

> La Palestine est une source sans fin d'observations… Les hommes de Dalécarlie sont intimes avec la vie des paysans et des villages ; ils se sentent aussi chez eux dans le désert et les camps des Bédouins.

1911
Stephen Graham et les foules russes à l'assaut de Jérusalem

« Comment pouvons-nous revenir
et vivre à nouveau dans le quotidien ? »

Ils sont des milliers, couverts de haillons, coiffés de lourds bonnets malgré le soleil, les pieds entourés de tissus dépareillés. Ils avancent. Tenaces, comme seuls peuvent l'être ceux qui se savent proches du but après avoir parcouru d'interminables chemins. Cortège bigarré, inébranlable, ils sont entourés des enfants arabes rieurs, de leurs mères inquiètes et de sombres cavaliers venus d'improbables steppes. Les Russes arrivent à Jérusalem !

Ils ont l'habitude de pèleriner. Ils vénèrent Notre-Dame-de-Kazan à Moscou, se rendent au monastère de Solowetsk sur une île de la mer Blanche, prient Notre-Dame d'Achtyra dans la région de Charkoff, se pressent à Woronej autour des reliques de l'évêque Mitrofane qui est apparu à des paysans affamés pour leur offrir du blé. Mais Jérusalem ! La démarche est autant spirituelle que politique.

L'immense espérance

Depuis bien longtemps, la Russie rêve des mers chaudes, ouvertes toute l'année à la différence de celles qui bercent les ports du nord de l'Empire. La plus tentante est la Méditerranée. Se met en place une diplomatie séculaire visant à l'atteindre quitte à entrer en conflit avec l'Empire ottoman. Français et Anglais s'y opposent, n'hésitant pas à aider les Turcs lors de la guerre de Crimée (1853-1856). Une des armes de la diplomatie russe est de tenter de rallier les milliers d'orthodoxes vivant sous puissance musulmane. Pour cela, le tsar prend pied à Jérusalem. Aider les pèlerins, c'est un moyen de gagner leur amitié. En 1847 est fondée la Mission russe, reconnue par les Ottomans en 1858. Elle bénéficie du soutien financier de la Société impériale orthodoxe de Palestine, soutenue par le tsar Alexandre III (1845-1894). Un parrainage indirect qui traduit l'importance politique de l'institution. Rien ne dit pourtant cet objectif. Elle se contente d'affirmer soutenir l'Église orthodoxe dans le bassin méditerranéen. Elle ouvre une centaine d'écoles gratuites entre 1882 et 1905. Elle s'établit à Jérusalem où elle gère 70 édifices, lieux d'hébergement ou lieux de culte : Sainte-Élisabeth (1864), Sainte-Marie (1864), Saint-Alexandre (1887), Mission Saint-Serge (1890)... En 1863 est érigée la cathédrale de la Sainte-Trinité qui abrite la précieuse icône de l'Annonciation. Tous les ans, elle est processionnellement portée au monastère d'Ein Kerem, à 4 km au sud-ouest de Jérusalem, là où la Vierge aurait rencontré Élisabeth.

Pour découvrir cet univers unique, Stephen Graham (1884-1975) décide d'intégrer une caravane de pèlerins. Né à Édimbourg, devenu journaliste, il se passionne pour la Russie qu'il parcourt en tous sens et fait connaître par ses ouvrages, *A Vagabond in the Caucasus* (1911), *Undiscovered*

Russia (1912) ou *Through Russian Central Asia* (1916). Il est le premier à suivre les croyants en route vers la Terre sainte, à partager leur quotidien, à éprouver leurs peurs. Le projet lui tient à cœur : « C'était le souhait de mon cœur, le génie de ma recherche, qui m'a conseillé de chercher Jérusalem à travers la Russie, cela m'a amené vers ces gens simples vivant en plein air, allumant leurs bougies dans les petites chaumières et des temples. » Seule l'expérience des plus humbles lui semble digne de respect. Loin des pèlerins-touristes européens ou américains, il pense trouver avec eux la réalité de la foi, la vérité des sentiments, la profondeur des prières.

Ces pèlerins viennent de toute la Russie, quittant leurs villages avec la bénédiction de leurs amis qui leur ont remis quelques sous afin qu'ils se souviennent d'eux en Terre sainte. Ils portent les espoirs de toute une nation. Ils parcourent des centaines de kilomètres, vivant de la charité publique, de l'hospitalité de paysans qui, dans le secret des matins, au moment où ils se remettent en route, leur confient des prières à porter au tombeau de Jésus. Un de ces marcheurs a remis à Graham des centaines de papiers sales où sont inscrites des prières. Il les lit à haute voix : Maria pour sa santé ; Katerina pour sa santé ; Grégoire, affligé de rhumatismes, pour sa santé ; Ivan pour la paix de l'âme de sa mère ; pour la paix de l'âme de Prascovia…

Graham, quelques années auparavant, a fait l'expérience de cette errance : « J'ai trouvé l'hospitalité d'autres hommes et la chaleur de l'amour de l'étranger. Il était très doux d'être assis dans la maison de l'étranger, de jouer avec ses enfants sur le plancher, de manger et de boire avec lui, d'être béni par lui et par sa femme et de dormir enfin sous les icônes de sa chaumière. » Il a apprécié d'humbles chapelles qui ne retiennent l'attention d'aucun visiteur mais que l'effort rend précieuses. Il préfère s'agenouiller dans ces modestes églises de bois, plus que dans les cathédrales. L'expérience de la marche est une communion avec le monde « avec des jours ensoleillés et pluvieux, avec la forme des montagnes et des vallées, avec les champs de blé et la forêt et les prés ». Il ne cache pas avoir connu une expérience sacrée : « J'ai dormi avec le monde nu pour maison, le ciel pour toit et Dieu pour hôte. »

Tous les ans, les chemins des pèlerins sont de menus ruisseaux qui parcourent l'Empire russe, se rejoignent dans quelques villes pour devenir rivières puis fleuves, pour atteindre Odessa, en Ukraine, ou Batoumi, en Géorgie. Ils embarquent sur un premier navire pour rejoindre Constantinople. Là ils cessent d'être des croyants en chemin pour devenir une famille unie par l'espoir du Saint-Sépulcre. Jusque-là, ils ont cheminé seuls ou accompagnés, mais le « véritable désir de partir prend chacun individuellement ». Désormais, ils s'appellent entre eux *brāt* (« frère »), *àtets* (« père »), *dyadya* (« oncle ») ou *dyèd* (« grand-père »). Leur voyage est bercé par un refrain qui surgit dès qu'advient difficulté ou joie : *Slava Tebye Gospody ! Slava Tebye !* (« Gloire à toi, ô Dieu ! Gloire à toi ! »).

À Constantinople, ils sont 560 à prendre place sur le *Lazare*. Aux pèlerins s'ajoutent des voyageurs arabes, syriens, turcs, même un fou attaché dans un hamac tendu sur le pont. Dans les cales s'entassent du bétail et une cargaison de sucre. La navigation est terrible : « Le voyage sur mer fut plus mauvais que n'importe lequel de nos vagabondages. Ce fut en vérité le comble de notre souffrance. » Une tempête casse un mât ; une autre secoue tellement le navire que chacun croit la mort prochaine : « Les paysans roulaient les uns sur les autres dans la cale comme des cadavres et s'accrochaient les uns aux autres comme des fous. Dans leur désespoir, certains offraient tout leur argent, tout ce qu'ils avaient, à un prêtre comme une offrande à saint Nicolas, afin que la tempête diminue. » Même quand la mer est paisible le bateau est une épreuve. Seulement trois toilettes pour près d'un millier de passagers. La nourriture est insuffisante. Les Russes se contentent de croûtes de pain noir en partie moisies. Aucun ne se plaint. Ils expliquent à Graham : « Il est nécessaire de souffrir. » Leur voyage est « un portement de croix, mais aussi une errance heureuse ». Pour tous, la mer est « un golfe d'effroi qui se trouve entre la vie terrestre et la vie céleste. Il était nécessaire d'en passer par là et ce qui était de l'autre côté valait infiniment la lutte ».

Et cela en vaut la peine. De port en port, débarquant passagers ou produits au fil des escales, ils atteignent Jaffa en quinze jours. Deux semaines pendant lesquelles le journaliste peut interroger ses compagnons. L'un d'entre eux, jeune homme d'une vingtaine d'années, lui explique : « J'ai pris froid, et pendant que j'étais malade, j'ai promis à Dieu que j'irais au Saint-Sépulcre et que je ne mangerais pas de viande et ne boirais pas de vin jusqu'à ce que je l'atteigne. » Un autre se confesse : « Autrefois, j'étais alcoolique. Mes deux grands péchés étaient l'ivresse et l'adultère ; un faible pour les boissons fortes et pour le sexe féminin. [...] L'homme n'est pas contenu car il imagine que le bonheur est dans le changement. [...] Dans sa petitesse, l'homme pense que le bonheur doit être obtenu en étant dans de mauvaises conditions, déséquilibré, ivre, en état d'ébriété... Vous comprenez. Oui, c'était mes péchés. » Un matin, « j'ai ressenti une douleur terrible au milieu de mon front ». Il sombre dans ce que nous appellerions aujourd'hui une terrifiante dépression : « Je n'ai plus levé la pelle, ni tenu les rênes. Je suis tombé malade. Mes ennemis sont apparus. Je suis tombé malade et mes ennemis apparurent. Le puits s'est tari, l'ami est devenu l'ennemi. » Il est enfermé plus de huit mois dans un asile psychiatrique. Partir vers la Terre sainte, c'est remercier Dieu de l'avoir sauvé et se mettre à l'épreuve. Combien d'autres parcours similaires ? Ces pèlerins ne sont pas des touristes mais des croyants dont les vies disent la souffrance et l'espoir, les soucis et la promesse. Ils veulent s'offrir au Christ. Leur expérience est radicale. Pourquoi font-ils tant d'efforts ? Graham s'avoue impuissant à comprendre :

« Répondre pleinement à cette question, c'est aller très profondément dans les intentions de l'âme humaine ; c'est une question de psychologie profonde. » L'engagement est total car « chaque pèlerin vivait et voyait chaque jour des choses que la plupart des mortels ordinaires manquent toute leur vie ».

La ferveur orthodoxe

Arrivés à Jaffa, ils forment une interminable caravane,

> un troupeau long et éreinté de pauvres gens gravissant péniblement la route montueuse, portant le costume russe d'hiver sous le soleil accablant du désert, poussiéreux, usé par la route et déchiré. Nous allions au milieu de la chaussée comme un cortège, observé de tous. Dans un sens, nous valions à peine le spectacle, et cependant, dans un autre, nous formions le spectacle le plus significatif du jour ou même de l'époque. Nous étions l'Europe religieuse tout juste parvenue à la Cité Céleste. [...] Mais nous avancions, inconscients de notre propre signification, indifférents au regard fixe des curieux. Une pensée occupait nos esprits : nous avions vraiment atteint Jérusalem et nous marchions les quelques derniers milles avant d'arriver au Saint des Saints.

Ayant pénétré dans la ville, ils gagnent un monastère orthodoxe. Abandonnant leurs sacs dans la cour, ils gagnent immédiatement l'église, achètent des bougies qu'ils allument devant les icônes. Lorsque le prêtre se présente la Bible à la main, chacun se précipite pour porter le Livre saint. Ils entonnent le *Mnogia Lieta* (*De nombreuses années*), le chant profond de la fin des offices où les croyants proclament leur foi et leur volonté de se vouer à Dieu en répétant sans cesse « De nombreuses années, De nombreuses années ». Ils exultent : ils sont arrivés. Ils embrassent le sol, se jettent dans les bras les uns des autres, entre rires et pleurs. C'est la ville qu'ils sont venus voir. Avant même d'avoir aperçu le Saint-Sépulcre, ils ont atteint leur but : « Il y avait de la musique dans nos oreilles. Nous étions parvenus à Jérusalem et nos rêves étaient avec les anges. » Ils ne se posent aucune question sur la Jérusalem réelle, ne s'interrogent pas sur le programme du lendemain, ne se questionnent pas sur les lieux à visiter. Ils sont, pour quelques heures encore, aux portes du paradis, y réfléchir serait aller au-devant de hautes déceptions. Alors, ils s'abandonnent à une joie fiévreuse : « Pour tous, cette nuit de rêves dorés était un sursis et Jérusalem un symbole. Et Jérusalem, la symbolisée, en était un aussi. Heureux, heureux ! »

Le lendemain, ils gagnent le Saint-Sépulcre. À l'entrée, ils embrassent la pierre de l'onction, celle qui a accueilli le corps de Jésus pendant qu'il était oint d'aromates. Ils approchent à genoux du Tombeau. Ils rampent « le long du passage vers le Saint des Saints ». Que ressentent-ils ? Graham est incapable de le décrire : « Seule la musique pourrait dire ce que le paysan comprenait dans cette chambre tandis qu'il s'agenouillait à l'endroit où le Corps sacré reposait, et embrassait le creux dans le rocher. » Il ne se moque pas de ces gestes qu'en d'autres temps il aurait trouvé ridicules, car il se sent aussi marqué : « J'ai véritablement retenu mon souffle alors que je suivais le pèlerin. » Mais il regrette sa culture, sa raison, son esprit qui sont autant de barrières à une totale communion : « Pour moi, le lien était lâche ; je ne crois pas comme les paysans. » Il s'applique pourtant à les suivre. Il sent qu'il n'est pas loin du véritable aboutissement de sa démarche. S'il reste sur le seuil de l'expérience mystique, il en sent le souffle car il est porté par la foule : « Même la conscience semblait éloignée et nous marchions comme dans un rêve. Je me souviens de ma surprise quand j'ai levé la tête après m'être agenouillé, j'ai soudainement senti un jet d'eau sur mon visage, un picotement dans mes yeux et un souffle de parfum. » Ce n'est que l'aspersion d'eau bénite d'un prêtre, mais il n'y pense pas. Ils s'installent, comme les autres, pour passer la nuit. Il approche un peu plus du mystère, car, si près des lieux de la mort de Jésus, « nous étions dans le ventre de la mort ». Les pèlerins sont au-delà des mots, des réflexions, même des sentiments. Ils sont hors du temps : « Nous entrâmes dans le mystère de la mort. Nous vîmes notre propre mort comme dans un tableau devant nous, notre séjour dans la tombe jusqu'à la résurrection. » Au petit matin, quand les portes s'ouvrent, le sentiment ne s'est pas évanoui : « Une sorte de réconfort est venu que je ne peux pas analyser, c'est l'innommé. J'ai senti que tout l'univers était décédé, mais nous, qui étions perdus, nous nous étions tous retrouvés. » Alors qu'il s'apprête à sortir, il remarque un petit pèlerin, âgé, bossu, portant des lunettes bleues. Il lit une Bible à voix basse. Et Graham entend : « Je suis Alpha et Omega, le premier et le dernier, qui était et qui est, et qui doit venir. » Il est au bord des larmes. Qu'un pèlerin miséreux murmure l'Apocalypse (22, 13) ne l'étonne pas. Il entend la phrase qu'il voulait. Celle qui donne une dimension cosmique à la nuit. La magie opère toujours : « La lumière du jour et le sentiment de vivre dans le moment présent avaient disparu. Des myriades d'étoiles baissaient les yeux et nous parlaient de l'éternité du passé. »

Les jours qui suivent sont consacrés à la région. La mer Morte, le Jourdain, Béthanie et autres lieux marqués par la Bible : « Nous avons vécu avec la vie de Jésus telle que l'histoire la raconte. C'était un deuxième pèlerinage, une façon de souligner les choses essentielles du premier. » Retour à Jérusalem pour la Semaine sainte. La foule est partout. Les « hôtelleries étaient pleines à craquer. Cinq cents hommes et femmes dormirent dans le hall dans lequel j'étais logé ». La ville n'est qu'une rumeur permanente de prières et de supplications. Il s'agit de se préparer au grand moment : « Nous examinâmes nos âmes avant le Vendredi saint ! Nous allâmes à la Sainte Communion annuelle maintenant investie d'une solennité étrange et terrible. » Le Vendredi saint, les pèlerins se prosternent devant la Croix au Golgotha et assistent au miracle du « Feu Sacré, le symbole de la Résurrection ». Le matin de Pâques :

> Il nous sembla, quand nous nous sommes tous embrassés, que nous avions survécu à tout, à notre propre vie, à notre propre mort ? Nous étions dans le Ciel. Symboliquement, nous avions atteint au bonheur. Le cortège processionna autour de l'église au moment d'émotion suprême. Nous étions tous montés au lieu saint le plus haut de la terre et regardâmes dehors le Paradis pour un instant. Nous avions attrapé la lueur du soleil d'un autre univers.

Graham fait maintenant totalement partie du groupe. Il ressent comme les paysans, les vrais croyants.

Mais Jérusalem est aussi une ville où il faut vivre. La réalité efface alors le rêve. En discutant, les pèlerins s'avouent que le Saint-Sépulcre était plus empli de vermine que les paillasses de l'hôtellerie. Les rues ne sont plus celles de la Passion mais des artères commerçantes, un peu crasseuses. Les étals des boutiques ne proposent plus des supports de ferveur mais de pauvres souvenirs pour tenter de conserver la mémoire. La ville est décevante. Graham regrette les commerçants et les échoppes, les moines bavards et les hôteliers tâtillons. Il aide ses amis escroqués par des boutiquiers avares. Il triture les objets qui ne sont que des babioles bon marché. Il se plaint du taux de change très en défaveur du rouble. Il s'étonne des dialogues avec les marchands :

> Le pèlerin : Je veux une croix de baptême avec une figure du Christ d'un côté, et sur les autres les morceaux des sept bois sacrés incrustés.
>
> Le marchand : Ce sera 40 kopecks !

Le pèlerin : Vous ne négociez pas sur les choses sacrées ; je ne propose donc pas de réduction. Cependant, j'ai une commande. Je n'en veux pas une seule. Cela fait sans doute une différence pour toi ? Maintenant, si je devais dire que j'en voulais dix, je suppose que ce serait différent ?

Le marchand : Oh oui, ce serait tout à fait différent. Comme il n'y aura pas de marchandage, je dirai un prix minimum. Je dirai 30 kopecks chacun, et je vous donnerai même une grande croix spéciale, pour vous, en guise de prime.

Tout se négocie donc ? Tout est affaire d'argent ? Graham est brutalement revenu dans le monde réel.

Jérusalem est néanmoins « la ville que nous cherchons ». La difficulté est de « trouver la ville en arrivant à Jérusalem ». Il faut faire un effort. À ce prix, « même le globe-trotter le plus endurci est, dans une certaine mesure, un chercheur ». Seul le pauvre est un vrai croyant : « Jérusalem est un lieu de désillusion pour le touriste qui aimerait ressentir ce que vit un pèlerin ; mais, ici, plongé dans la culture paysanne, il y a une nouvelle route et même une nouvelle Jérusalem. » En accompagnant ces pèlerins russes, Graham a approché une expérience, se rendant compte qu'il n'a pas pu la vivre totalement. Les paysans venus des steppes de Russie sont les vrais pèlerins : « Dans un sens, c'est la Russie qui est à genoux ; dans un sens, c'est vous, moi et tout le monde. »

Graham quitte la Terre sainte profondément marqué : « Quoi qu'il puisse m'advenir dans le cours futur de ma vie, je peux difficilement douter que, même vieux et blanchi par les ans, lorsque j'y repenserai, ce voyage restera pour moi l'épisode le plus étonnant vécu durant toute ma vie. » Chaque pèlerin fait la même expérience tout en sachant la difficulté de revenir dans sa vie : « Et après ? Le voyage est fini, la lueur de la vision s'efface et nous retournons tous à la vie dont nous sommes venus. Nous descendons de ce que les pèlerins appellent le plus haut lieu saint de la terre et revenons au niveau ordinaire de vie. Comment pouvons-nous revenir et vivre à nouveau dans le quotidien ? Ne serons-nous pas comme le Lazare dépeint dans l'histoire de Browning, gâté pour la terre car ayant vu le ciel ? Le Russe appelle le pèlerin revenu chez lui *polu-svatoe*, un demi-saint : cela signifie peut-être que la vie est gâtée pour lui ? » Il lui reste l'expérience vécue : « C'est la foi du vrai pèlerin. Il atteindra Jérusalem à maintes reprises. Il peut oublier, mais il se souviendra toujours de nouveau ; il se lèvera toujours de nouveau à la lumière du souvenir. »

Jérusalem est au cœur de la vie chrétienne : « Pour ceux qui ne l'ont pas atteint, elle est le plus haut point de tout ce qui est sur la terre, c'est une promesse. Pour ceux qui y sont allés, c'est un souvenir et une possession. ». Mais ce souvenir est bien différent de la ville vécue : « Nous trouvons réellement Jésus lorsque nous cessons de regarder Jérusalem et permettons à l'Évangile de nous regarder. »

1927
La mélancolie de Jérusalem selon Arthur Koestler

> « Je n'ai jamais vécu dans une telle promiscuité avec la divinité et ne m'en suis jamais senti plus éloigné. »

Arthur Koestler (1905-1983) vient de loin. Il est né à Budapest dans une famille juive de langue allemande, d'un père industriel. Lors de ses études à l'école polytechnique de Vienne, il fréquente les milieux politiques judaïques de l'Unitas et adhère au sionisme. Le 1er avril 1926, abandonnant l'Europe, il se rend en Terre sainte. Son but est une petite exploitation agricole communautaire (*Kvutsa*) perdue dans la vallée de Jezreel, un désert pierreux parcouru par le vent étouffant du khamsin. Il accepte d'y être *khalut* (« pionnier »), de mener une « existence de pauvreté héroïque et de luttes farouches aux limites de l'endurance humaine ». Il supporte le travail épuisant cinq semaines avant d'abandonner ce rêve. Il retourne à Haïfa pour une vie de misère. Il y souffre de la faim, tentant de travailler pour un architecte, de vendre des limonades sur les marchés, d'œuvrer comme secrétaire, de faire vivre un journal. Finalement, la plume le sauve : il devient journaliste pour des agences de Berlin ou de Paris. Avec trois articles par semaine, il vit très bien.

Les contradictions de Jérusalem

Il y alors trois villes importantes. Haïfa, le port ouvert avec ses usines et sa population mêlée. Tel-Aviv, « la première ville hébraïque fondée depuis la destruction de Jérusalem par Titus, un vieux rêve soudain réalisé ». Elle est la porte d'entrée pour les immigrants. Au loin brille Jérusalem avec « ses lieux saints, son Université, ses monastères et ses couvents ». Il s'y installe rue des Prophètes, dans le quartier arabe. Il ne fréquente pas les Lieux saints, mais il réside entre la Via Dolorosa et la mosquée d'Omar.

Jérusalem l'ennuie ; avec son passé qui fige le présent, ses rues étroites compassées. Avec surtout sa violence confessionnelle. Les Husséniistes assassinent des Nahashibites ; les deux factions s'unissent pour tuer des juifs. Entre eux, les juifs se détestent. Les Anglais n'aiment pas les Arabes, se méfient des juifs et craignent tout le monde. Entre ces murs où s'accumulent ressentiments et espoirs, il n'y a pas de cafés, pas de night-clubs, pas de cocktails, pas de concerts modernes, pas d'expositions enthousiasmantes.

Tout avait pourtant commencé de manière euphorique. En novembre 1917, la Grande-Bretagne avait promis l'établissement d'un foyer juif national en Palestine. En décembre, le maire palestinien avait offert les clés de la ville aux armées anglaises. Il y avait une volonté de *statu quo*. Le gouverneur, Ronald Storrs, promit de ne toucher à aucun bâtiment ancien et de respecter l'intégrité sacrée de la ville. En 1922, la Société des Nations octroya un mandat aux Anglais sur la Palestine, avec Jérusalem pour capitale. Le texte prévoyait pour les populations un processus « de développement tel que leur existence comme nations indépendantes peut être reconnue provisoirement, à la condition que les conseils et l'aide d'un mandataire guide leur administration ». Un futur d'émancipation se dessinait. Mais selon quelles modalités ? Les attentes de chacun étaient trop fortes pour qu'un équilibre se maintienne. Musulmans et chrétiens avaient proposé que la cité intègre une Grande Syrie (1919). Se sentant menacés, les juifs avaient créé une ligue d'auto-défense, la Haganah (1920). Chacun s'armait et ressassait ses déconvenues. Les communautarismes s'affirmèrent et la violence éclata. Les pèlerinages, avec leurs circulations dans l'ensemble de la cité, leurs traversées de quartiers divers, devinrent les lieux d'affrontements. En avril 1920, lors du pèlerinage musulman de Nabi Musa, sur la tombe de Moïse, juifs et Arabes se battirent devant des forces anglaises incapables de maintenir l'ordre ; ils laissèrent six morts et plusieurs centaines de blessés. Sans le comprendre, les Britanniques avaient empêché toute affirmation d'une forme de laïcité qui aurait pu créer une plate-forme où tous auraient pu gérer leurs conflits. Ainsi, ils détruisirent la tour de l'Horloge, seul repère non confessionnel pour dire le temps aux habitants ; elle avait été érigée en 1907 par la municipalité dans une volonté interconfessionnelle. En mars 1918, ils avaient créé un conseil municipal de six membres : deux juifs, deux musulmans, deux chrétiens. Un geste qui confessionnalisa la gestion urbaine. La dérive fut renforcée par le règlement des élections municipales de 1926 qui prévoyait des scrutins sur une base confessionnelle. Tout devint religieux. Après la sécheresse de 1925, les Anglais détournèrent une partie des eaux destinées à un village palestinien vers la cité. Le Comité exécutif arabe dénonça un « geste sioniste ». L'affaire fut portée devant le Council de Londres. Cela créa une tribune où fut dénoncée l'immigration juive puisqu'en cette année 35 000 immigrants étaient arrivés.

Koestler est plongé au cœur de ce maelstrom, essayant de se tenir à l'écart de ces débats. Ici, le sacré le fascine et l'inquiète : « La Terre promise exerce une forte attraction sur les excentriques, les maniaques et les réformateurs ; il y a probablement plus de toqués au kilomètre carré à Jérusalem que dans toute autre ville. »

En décembre 1927, il se rend aux portes du désert. Loin des murs de Jérusalem s'élèvent les Tombeaux des Juges, 70 espaces funéraires taillés dans le roc il y a plus de deux mille ans. Il a appris qu'y vit un ermite, protégé par les Boukhariens, juifs venus d'Asie centrale. Ils avaient vécu pendant des siècles comme une enclave de la diaspora, espérant que leur rigueur et leur austérité leur permettraient de rejoindre Jérusalem. C'est fait. Ils ont fui l'URSS pour arriver dans les faubourgs de la Ville sainte. L'ascète correspond à leur image d'une véritable piété. Son abri n'est pas facile à trouver. Koestler est perdu. Un petit enfant le guide dans un champ de ruines antiques. Après lui avoir désigné un grand trou dans un mur cyclopéen, il s'enfuit. Koestler pénètre dans un espace sombre et boueux, empli d'odeurs de pourriture et d'ordures. Un homme se dresse devant lui. Il est petit, ses cheveux noirs emmêlés retombent sur ses épaules. Son corps exsangue est mal dissimulé par une chemise infecte. Son air est très doux. Parlant d'une voix menue, il raconte son histoire. Il a 30 ans et a été médecin. Depuis l'âge de 4 ans, il jouit d'un perturbant pouvoir de prédiction. Il voit l'avenir et s'en inquiète. Torturé par ces chimères spirituelles, il a plusieurs fois essayé de se suicider. Pour fuir ces tourments, il s'est installé au désert, d'abord le Sinaï puis au mont Nébo où Moïse vit la Terre sainte. Les Bédouins le dérangeant, il a déménagé et rejoint Jérusalem où il attend la fin du monde prévue pour 1928. Les temps sont arrivés. Jésus va revenir. Il marchera dans les rues de Jérusalem, glorieux et terrible. Dieu le suivra : femme de la tête à la ceinture ; homme plus bas. Son courroux frappera sept personnes sur neuf. Mais l'ermite rassure Koestler : « Toi, tu seras parmi les deux survivants. »

Son discours débité paisiblement, il s'assoit et réclame une cigarette. Il accuse son visiteur d'être un sceptique, de le soupçonner de mensonge, de le croire fou. Il réclame sa confiance. S'il l'obtient, il lui délivrera « tous les secrets de l'univers auxquels la Bible ne donne que des allusions obscures ». Brusquement, il se détourne vers le mur pour chantonner des hymnes juifs tristes et irrésistibles. L'effet est étonnant, dans cette grotte alors que la pluie tambourine à l'extérieur. Aussi brutalement, il cesse son chant et fixe Koestler : « Je sais qu'il te faut des preuves. C'est simple. Pense au tremblement de terre [il y avait eu, cette année-là, l'un des tremblements de terre les plus violents de l'histoire de la Palestine]. Quatre cents morts ! C'est moi qui l'avais fait. C'était facile. Comme ça… » Il frappe deux pierres l'une contre l'autre : « Voilà comment j'ai fait le tremblement de terre. Tu es convaincu maintenant ? » Koestler acquiesce, pressé de retrouver l'air pur. Il glisse une miche de pain détrempé dans les mains du dévot, lui promet de revenir le voir, jure qu'il le croit, assure qu'il sera le porteur de sa parole. Et s'enfuit.

Pataugeant sur des chemins détrempés, il est en proie « à cette espèce d'abattement que j'avais baptisé par-devers moi de mélancolie de Jérusalem ». C'est le sentiment du gâchis, de la déception devant des croyants prisonniers de leurs rêves, incapables de communiquer. Souvent prêts à se trahir. Quelques jours après sa visite, il apprend qu'une jeune fille qui venait régulièrement nourrir le saint est enceinte. Les Boukhariens trompés décident de le lapider. Heureusement, un rabbin néerlandais les en dissuade après leur avoir dévoilé des formules cachées du Talmud.

Bien plus tard, en janvier 1951, alors qu'il est revenu en Europe, Koeslter reçoit une lettre écrite sur du très beau papier à en-tête. C'est le prophète de 1928. Il vient de lire un article de Koestler et le félicite pour son récit. Il lui rappelle leur entrevue et lui annonce qu'il a fini le livre des prophéties qu'il avait jadis évoqué. Il tient un exemplaire à sa disposition et se fera un plaisir de le lui envoyer contre la somme de 5,50 $. Il lui conseille également de rejoindre son Église qui se réunit toutes les semaines dans la vallée de San-Leandro, en Californie. Une fois de plus, Koestler subit un accès de la mélancolie de Jérusalem. C'est « une maladie locale due à l'effet combiné de beauté tragique et d'atmosphère inhumaine qui règne dans la ville ». L'affection n'est pas nouvelle. Au Ier siècle, Flavius Josèphe constatait : « L'union du divin et du mortel est pénible. »

Une ville de violence

Jérusalem est marquée par le « visage furieux de Jéhovah » mais Koestler n'y voit aucun appel, aucune élévation. Il se souvient des siècles de viols, de pillages et de meurtres qui marquent l'histoire de ces murs. Aucune cité n'a autant souffert. Les fidèles l'exaspèrent, une mosaïque qui de loin peut apparaître chatoyante ; de près, un puzzle de médiocrités et d'esprits enfermés. Il déteste encore plus les clergés qui prêchent la haine et la violence.

Il se souvient de ce petit boutiquier musulman, paisible et aimé de tous, qui, de retour chez lui après une prédication enflammée un vendredi, a saisi un couteau et tenté d'égorger son voisin juif. Il se désole des divisions fratricides des chrétiens qui se battent pour savoir si les Grecs ont le droit, dans l'église de Bethléem, de dresser une échelle contre un mur pour nettoyer une corniche. Ils s'affrontent à propos du rideau que les Grecs accrochent au clou n °2 de l'escalier de gauche qui mène à la crèche. Doit-il être attaché pour rassembler ses pans ou se déployer librement ? Doivent-ils imiter les catholiques romains auxquels un règlement ordonne de « laisser tomber leur rideau naturellement le long de la colonne en ménageant un espace de 16 cm entre lui et celui des orthodoxes grecs » ? Deux exemples de conflits parfaitement vrais qui illustrent les tensions. Seul le respect aveugle de traditions immémoriales empêche les dérives. C'est un passé érigé en dogme qui fixe le présent et engage l'avenir ; il solidifie le temps qui ne peut s'écouler.

Koestler n'a pas plus de sympathie pour les juifs. Ils se disputent avec les musulmans à propos de l'accès au Mur des lamentations. Entre eux, ils se querellent à cause des rites à appliquer pour l'abattage rituel des animaux. Les plus religieux frappent les laïcs qui, lors de sabbat, fument dans la rue et jettent des cailloux aux voitures qui roulent ce jour-là. Il se lasse des efforts désespérés pour faire revivre l'hébreu, une langue négligée depuis près de deux mille ans. Elle exclut la communauté juive de ses racines européennes et de son histoire, car « sa structure et son vocabulaire archaïque la rendaient tout à fait impropre à servir de véhicule à la pensée moderne ».

Sans renier sa judaïté, Koestler s'affirme loin de toute religion. Il en subit cependant le joug. Il a une passion pour les bergers allemands et ne peut vivre sans en avoir un à ses côtés. À Jérusalem, c'est Jessy. Mais ces animaux sont impurs pour les musulmans. Quel drame quand elle bouscule une femme voilée ou se perd dans le jardin d'une mosquée.

Jérusalem lui semble engluée. Ici tout est figé dans un temps jugé sacré ; le mouvement ne débouche que sur l'invective, la violence et la mort. Rien ne doit évoluer pour que le sacré s'accomplisse, même si c'est au détriment de la vie quotidienne des hommes. Koestler est épuisé par « le romantisme arabe et la mystique juive ». En juin 1929, au moment de prendre à Haïfa un bateau pour Trieste sans aucune idée de retour, le bilan est amer :

> Je n'ai jamais vécu dans une telle promiscuité avec la divinité et ne m'en suis jamais senti plus éloigné. Toute l'histoire de la ville [...] est une illustration de la puissance destructrice de la foi, de la faillite de l'homme dans ses tentatives d'entente avec Dieu et des résultats pénibles de l'union du mortel et du divin.

Il revient pourtant en Palestine en 1948, comme journaliste du *Figaro* pour lequel il doit couvrir la naissance d'Israël. Haïfa est déserte. La ville, abandonnée par ses chefs, est tombée après huit heures d'affrontement ; 70 000 arabes ont fui. Le long des routes, sillonnées par les camions de l'armée, les fellahs arabes cultivent paisiblement leurs terres. Tel-Aviv est bruyante ; « un mélange unique d'enthousiasme délirant vis-à-vis de l'État encore au berceau, et d'une dose considérable d'amertume additionnée de méfiance ». Au loin : Jérusalem. S'y joue un drame séculaire. Les soldats juifs sont bien démunis. Ils ouvrent la bataille avec à peine quatre vieux mortiers de 20 pouces. Mais ils sont animés d'une passion mystique. Leur lutte ferme une histoire. Flavius Josèphe avait raconté que lors de la chute de la cité en 586 av. J.-C., des prêtres avaient jeté au ciel les clés du Saint des Saints ; une main divine les avait emportées, signe de la fin de la bénédiction octroyée au Temple. En mai 1948, une rumeur court plus vite que les ombres. Pendant les combats contre la Légion arabe, la main de Dieu a surgi des nuées pour rendre les clés aux soldats juifs. Jérusalem n'échappe pas aux symboles, elle demeure enfermée dans son histoire. Koestler pense-t-il au verset de 1 Samuel (15, 29) que se récitent les soldats : « Celui qui est la force d'Israël ne ment point et ne se repent point, car il n'est pas un homme pour se repentir. » Lui est frappé du retour de l'histoire, du poids d'une actualité qui mélange les temps, d'une fatalité qui pèse sur la ville :

Cette guerre est certainement la plus extraordinaire de l'histoire moderne. Elle est toute chargée de réminiscences historiques : la Guerre Sainte et les Mille et Une Nuits d'un côté ; la Bible et les Macchabées de l'autre. Chaque endroit où les hommes font le coup de feu et lancent des bombes confectionnées en Palestine même, a été le témoin soit du geste de Josuah arrêtant le soleil, ou d'un miracle du Christ. C'est peut-être ce qui donne une impression de rêve, d'irréalité à tout ce chaos.

1967
Moshe Dayan conquiert Jérusalem

« Aux peuples de toutes croyances, nous garantissons
la pleine liberté dans l'exercice de leur culte
et de leurs droits religieux. »

Lorsque la guerre des Six-Jours éclate (5 au 10 juin 1967), le sort de Jérusalem n'est pas clairement fixé. Depuis la première guerre israélo-arabe (1948), les Jordaniens occupent la partie orientale où se trouvent les principaux lieux sacrés ; le Mur des lamentations est interdit aux juifs. La ville est scindée en deux, division matérialisée par des barbelés, des chicanes, des postes militaires et un long *no man's land*. Cette partition a été voulue par Israël et les pays arabes. Elle évite que la cité soit *corpus separatum* comme le rêvaient les puissances occidentales, c'est-à-dire une zone internationale. Elle empêche aussi qu'un des camps s'empare totalement de la ville. La partition correspond aux faits, car, depuis les émeutes sanglantes des années 1930, les quartiers se sont polarisés. La division existe donc bien avant 1948 : d'un côté, la Ville moderne, israélienne ; de l'autre, la Vieille Ville aux mains des Jordaniens qui interdisent l'arrivée des pèlerins juifs.

En 1967, cette division peut-elle durer ?

La conquête

Au sein du gouvernement israélien, le ministre Menahem Begin (1913-1992) espère l'annexion de toute la ville ; le président, Levi Eshkol (1895-1969), est plus prudent, craignant la réaction de ses alliés occidentaux. Finalement, les opérations militaires décident. Dans la matinée du 6 juin, sans ordre formel, les troupes israéliennes pénètrent dans la cité en grande partie évacuée par les soldats jordaniens. Le lendemain, Moshe Dayan (1915-1981), général et ministre de la Défense, fait son entrée dans la Ville sainte par la porte des Lions, située à l'est, face au mont des Oliviers. Il y avait vécu quelque temps en 1948. Il y avait été étouffé dans les rues grouillantes de marchands et de touristes, s'était perdu dans les escaliers et les dédales obscurs des ruelles. Tout lui avait semblé étranger, lui qui avait grandi au kibboutz Degania, près du lac de Tibériade, au milieu de la steppe et des cultures si difficiles à entretenir. Des espaces dangereux mais largement ouverts. Tout a changé en ce 7 juin. Il vient en libérateur. Les combats sont toujours intenses, les tirs d'artillerie résonnent, les parachutistes israéliens sont aux prises avec les troupes de la Légion arabe, tous les itinéraires ne sont pas sécurisés. Mais il ne peut pas attendre. Voilà dix-neuf ans qu'il rêve de ce moment. Depuis le mont Scopus, il contemple la Vieille Ville, le mont du Temple, les mosquées, le mont des Oliviers : un panorama d'une éblouissante indifférence aux colères des hommes. Ce farouche combattant est ému aux larmes : « Je craindrais de dissiper l'émotion inspirée par la vue de la ville libérée. Jamais Jérusalem n'a été plus proche de moi. Jamais nous n'en serons séparés. »

De la porte des Lions, il tourne à gauche pour rejoindre le Haram al-Sharif, esplanade des Mosquées et site du Temple.

Au sommet du Dôme du Rocher claque dans le vent un drapeau israélien. Il appelle immédiatement un aide de camp et fait enlever le symbole qui pourrait blesser les musulmans : « Un drapeau national est à sa place sur le palais du gouverneur, mais non pas sur un tombeau sacré. » Puis, par la porte des Maghrébins, il gagne le Mur occidental, si longtemps défendu aux juifs. Des centaines de soldats y sont déjà, touchant les pierres sacrées les mains tremblantes, plongés dans la prière. Dans la soirée, il est rejoint par son collègue Yitzhak Rabin (1922-1995), puis par divers ministres. La conquête militaire est devenue une appropriation religieuse. La dimension sainte de la ville est rappelée par les faits. Le 11 juin, les habitants du quartier proche du Mur sont expulsés, leurs maisons rasées et une esplanade aménagée devant le lieu saint. Trois jours plus tard, fête de Chavouot, 250 000 juifs s'y pressent pour prier. C'est un tournant essentiel. Le rêve sioniste a longtemps négligé la dimension religieuse ; désormais, la Ville sainte, et plus particulièrement le Mur, est au cœur de l'existence de l'État juif. Si la dimension symbolique est immédiatement acquise, la dimension politique se met en place plus lentement puisque Jérusalem n'est proclamée « capitale entière et unifiée » que par la loi du 30 juillet 1980, malgré les oppositions internationales. Lors du vote de la résolution 267 de l'ONU, le 3 juillet 1969, l'ambassadeur américain avait déjà dénoncé les expropriations et les démolitions dans la « partie occupée ». Depuis, bien des soubresauts politiques font de Jérusalem une question épineuse qui divise les gouvernements et les opinions.

Pour l'heure, en 1967, comment gérer un espace qui, pendant des siècles, a vu cohabiter tant de religions ? L'aumônier de l'armée, Shlomo Goeren (1917-1994), suggère de raser les mosquées et autres sanctuaires du Haram al-Sharif, l'espace saint de l'islam. Il rêve de restaurer le service du Temple. Proposition immédiatement repoussée par la classe politique et Moshe Dayan. En la refusant, il ne manifeste pas une forme d'athéisme ou d'indifférence pour le passé sacré. Toute son action militaire est inscrite dans le temps religieux. À ses oreilles, la Samarie et la Judée libérées par ses armées résonnent de leurs noms bibliques : Siloé où les tribus d'Israël s'étaient réunies devant l'Arche d'Alliance ; Thécué, patrie du prophète Amos ; Béthel, associée à Abraham ; Anathot, où était né Jérémie… Les populations qui y vivent ne « s'interposent pas entre moi et le pays ». Elles sont le présent qui ne peut dissimuler le passé et le sacré. Pour le moment, le printemps s'attarde. Alors qu'en cette période de l'année les vallées devraient être étouffantes, en juin 1967, tout est vert et frais ; le moindre espace de terre est fertilisé, planté de ceps, d'oliviers ou de figuiers. Moshe Dayan y voit un gage d'espoir !

Retrouver les Lieux saints

Ses tournées d'inspection du front l'autorisent à visiter des lieux saints. Lorsque ses officiers lui annoncent la prise de Jéricho, il sait que la Bible l'appelle la « cité des palmiers », que la courtisane Rahab y cacha les messages de Josué, qu'Élisée y changea les eaux saumâtres en eau douce. Tant de conquérants s'en sont emparés et, aujourd'hui, c'est entre ses mains qu'elle tombe.

À Hébron, le couvre-feu a été instauré. Les rues sont désertes. Il se présente à la mosquée élevée il y a des siècles au-dessus de la grotte de Makpela. Selon le Livre de la Genèse, Abraham acheta le terrain à Ephron, fils de Zoar, pour y enterrer son épouse Sarah. Y seraient inhumés les patriarches Abraham, Isaac et Jacob, ainsi que les matriarches Sarah, Rébecca et Léa ; un cénotaphe supplémentaire est attribué à Joseph. Une légende locale assure que ce fut aussi le tombeau d'Adam et Ève. Au Ier siècle avant notre ère, un mur fut dressé autour du site et une synagogue sans doute installée. Les Byzantins y érigèrent une église au Ve siècle, les musulmans une mosquée au VIIe, les croisés l'église Saint-Abraham au XIIIe. Les juifs appellent le lieu « grotte de Makpela » et les musulmans « caverne d'Ibrahim ». Tous le considèrent comme un des principaux lieux saints. Lorsque Moshe Dayan s'y présente, un soldat monte la garde : interdiction d'entrer. Lorsque le garde le reconnaît, il murmure : « Je suppose que vous, vous pouvez entrer. » C'est la première fois qu'il y pénètre. L'Empire ottoman pendant quatre siècles, les Britanniques pendant les trente-trois ans de leur mandat et les Jordaniens pendant dix-neuf ans avaient interdit aux juifs de se rendre dans la grotte. Tout au plus pouvaient-ils y jeter un coup d'œil en descendant sept marches de l'escalier extérieur : impossible pour eux d'aller plus loin. Maintenant, il peut y prier, se laisser aller à la méditation dans l'ombre fraîche, pleurer discrètement.

Mais la force de la piété doit composer avec les réalités géopolitiques. Moshe Dayan, contre l'avis du maire juif et du ministre de l'Intérieur, ordonne d'enlever toutes les entraves à la circulation dans Jérusalem. Il sait la fragilité des conquêtes et l'obligation de rassurer : « Les murailles de la Vieille Ville sont une œuvre magnifique dont la majesté m'impressionne plus que n'importe quel monument au monde, mais je ne veux pas qu'elles servent de barrières aux communautés. Je veux que leur porte soit ouverte sur le vieux et le nouveau avec tout ce que cela signifie. » Il faut que juifs, musulmans et chrétiens puissent se rendre au Dôme du Rocher, au Mur des lamentations et au Saint-Sépulcre. Pendant près de dix-neuf ans, les Jordaniens avaient multiplié les entraves. Il n'est que justice qu'Israël accorde ce qu'il avait si longtemps demandé : un accès libre aux lieux de prière. Face aux doutes de ses amis, Moshe Dayan endosse toute la responsabilité d'éventuels débordements. Agir ainsi est, selon lui, un gage à donner aux Arabes et un moyen d'assurer la réputation du vainqueur.

Il n'est pourtant pas naïf. Il sait qu'un site crispe toutes les communautés : le mont du Temple ou Haram al-Sharif, aussi vénéré par les musulmans. L'endroit est sacré pour tous. Comment le gérer ? Comment permettre aux juifs de prier sans froisser les musulmans ? Face aux risques d'embrasement des passions, la plus grande prudence est de mise.

Le premier samedi après la guerre, au petit matin, Moshe Dayan passe devant le Mur des lamentations. Ils sont aujourd'hui des milliers à y prier, « exultants, extatiques ». La joie y règne. Il passe la porte des Maghrébins et pénètre dans la zone musulmane. Le silence l'oppresse. Ici, ce n'est que tristesse et crainte. Il gagne l'esplanade des Mosquées. Le cheikh Abdul Hamid Sa'iah, principal juge musulman, le mufti de Jérusalem et le gardien de la mosquée l'attendent, solennels mais tristes. Comment permettre le dialogue ?

Moshe Dayan se déchausse et ordonne aux officiers qui l'accompagnent de faire de même, puis de laisser leurs armes dehors. Commence une visite bien touristique, sans chaleur ; une série brute d'informations. Le général s'assoit alors à terre, en croisant les jambes. Il en appelle symboliquement au dialogue à la mode arabe. Ses hôtes sont obligés de l'imiter. La conversation s'engage. D'abord sur des points matériels, le rétablissement de l'alimentation en eau et en électricité. Les esprits commencent à se détendre.

L'attention de tous étant maintenant fixée, Moshe Dayan commence une longue harangue, sans doute une des plus importantes de son existence. Il demande que les prières musulmanes aient lieu le vendredi suivant. Il assure que le sermon ne sera pas censuré par les autorités, comme les Jordaniens le faisaient si souvent. Il glisse qu'il espère que nul n'en profitera pour lancer des propos enflammés. Nouveau signe d'apaisement ; il annonce que tous les soldats seront retirés. Si les autorités israéliennes seront responsables de la sécurité générale, elles n'interviendront pas dans les questions liées aux prières et au culte. Face à la surprise générale, il prouve sa bonne foi en expliquant qu'il a fait retirer le drapeau du Dôme du Rocher. Avant de conclure, il exige que les juifs puissent accéder librement au site « sans restriction, ni paiement ». Les musulmans bougonnent mais reconnaissent la générosité du vainqueur. Dans le camp juif, des oppositions s'élèvent. Le 16 août, jour d'un jeûne en souvenir de la destruction du Temple, Shlomo Goren, avec quelques amis, vient prier au Haram al-Sharif avec Torah et Arche d'Alliance. Moshe Dayan fulmine ; il interdit que cela se renouvelle. Plus que jamais, il rappelle la nécessité de laisser à chacun la possibilité de mener ses dévotions dignement et sereinement. Il veut parvenir à des compromis « sans que les musulmans eussent à souffrir ce qu'ils nous avaient fait souffrir pendant des siècles ».

Pour trouver des solutions, il s'entretient longuement avec la commission ministérielle des Lieux saints, mais il décide seul. La tâche est ardue tant les croyances s'enchevêtrent. Gérer un Lieu saint, c'est prendre en compte l'espace, le temps et les gestes. Ainsi, à Hébron, la grotte chère aux juifs est dans la partie ouest de l'édifice alors que la salle de prière de la mosquée est à l'est. Donc une séparation spatiale est envisageable, mais comment gérer les circulations : les juifs prient trois fois par jour mais l'affluence est plus grande lors du sabbat et pour certaines fêtes, spécialement les dix Jours de Repentance, entre le Nouvel An et le jeûne de Yom Kippour ; les musulmans ont cinq prières quotidiennes mais ils sont presque tout le temps présents au cours du ramadan. S'ajoute la question des pratiques ; ainsi, les musulmans enlèvent leurs chaussures. Le 1er août 1967, Dayan réunit les représentants musulmans pour leur proposer un arrangement respectueux de tous à condition que chacun l'accepte : autorisation pour les non-musulmans de pénétrer dans l'édifice de 7 heures à 11 heures et de 13 heures à 17 heures ; autorisation pour les musulmans de prier dans la mosquée de 13 heures à 17 heures ; ouverture d'entrées séparées ; aménagement d'une cour pour que les musulmans puissent prier pendant les fêtes juives ; obligation d'être vêtu de manière convenable ; interdiction de fumer et de vendre des cierges. La difficulté n'est pas de trouver des solutions mais de les faire admettre.

Le *statu quo* instauré par Moshe Dayan en 1967 sera confirmé par l'article 9 du traité de paix israélo-jordanien de 1994 concernant les « sites de portée historique et religieuse ». Il est stipulé :

> 1. Chacune des deux parties contractantes donnera la liberté d'accès aux sites ayant une signification religieuse et historique.
> 2. À cet égard, en accord avec la déclaration de Washington, Israël respecte le rôle particulier qu'assume actuellement le Royaume Hachémite de Jordanie concernant les Lieux Saints musulmans de Jérusalem. Lorsque se tiendront les négociations sur le statut permanent, Israël donnera la haute priorité au rôle historique de la Jordanie dans ces lieux saints.
> 3. Les parties agiront conjointement afin de faciliter les rapports entre les trois confessions monothéistes, dans le but d'œuvrer à une entente religieuse, à un engagement moral, à la liberté de culte, à la tolérance et à la paix.

Le temps montrera que la bonne volonté affirmée se heurte trop souvent aux intérêts politiques. Mais, en 1967, l'espoir est permis. Moshe Dayan sait respecter l'autre. Quand, à Hébron, l'accès est limité pendant le ramadan, « j'estimais qu'Abraham, Isaac, Jacob et nous, leurs descendants modernes, étions assez forts pour supporter ces restrictions ». Quand il se rend dans une mosquée, il se déplace, déchaussé, sur la pointe des pieds. Il attend que les musulmans fassent de même quand un juif, les yeux fermés, face au Mur des lamentations, fait monter sa prière vers le Ciel. Alors qu'il quitte le quartier du Temple, le 7 juin 1967, Moshe Dayan s'empare d'un mégaphone :

> Nous sommes venus dans le lieu le plus sacré pour nous et jamais plus nous n'en serons séparés. À ses voisins arabes, Israël tend une main pacifique et aux peuples de toutes croyances nous garantissons la pleine liberté dans l'exercice de leur culte et de leurs droits religieux. Nous sommes venus non pour conquérir les lieux saints des autres, ni pour diminuer en quoi que ce soit leurs droits religieux, mais pour assurer l'unité de la ville et y vivre en harmonie avec les autres.

1977
La parole courageuse d'Anouar el-Sadate

« La cité qui a été et qui sera toujours l'incarnation vivante de la coexistence entre les fidèles des trois religions. »

Il a fallu beaucoup de courage au président égyptien Anouar el-Sadate (1918-1981) pour faire cette prière à la mosquée al-Aqsa le matin du 20 novembre 1977. Son pèlerinage est le résultat d'un long processus entamé quelques mois plus tôt de l'autre côté de l'Atlantique. En avril 1977, le président américain Jimmy Carter (né en 1924) lui avait fait part de ses rêves de paix entre le monde arabe et Israël. Cela l'a-t-il ébranlé ? La situation ne semble pas favorable. Les élections ont amené au pouvoir à Tel-Aviv les « faucons » du Likoud menés par Menahem Begin (1913-1992). Mais les temps arrivent. En septembre, au Maroc, Moshe Dayan, ministre israélien, rencontre Hassan Touhami, vice-Premier ministre égyptien, qui assure que son pays pourrait envisager des pourparlers. Sadate se méfie. Puis, lentement, une espérance naît : pourquoi ne pas aller en Israël ? Le 9 novembre, il fait un discours devant l'Assemblée du peuple, en présence du leader palestinien Yasser Arafat (1929-2004). Son propos surprend :

Je suis prêt à aller jusqu'aux confins de la terre si cela peut empêcher qu'un seul soldat, un seul officier, parmi mes fils soit tué ou simplement blessé. Je le répète, je suis prêt à aller au bout du monde. Les Israéliens seront stupéfaits de m'entendre dire, maintenant devant vous, que je suis disposé à aller chez eux, à la Knesset elle-même.

Prier à Jérusalem

La surprise est universelle. Dans la nuit, les fonctionnaires égyptiens tentent d'empêcher la presse de reproduire cette déclaration. Quand il l'apprend, la colère de Sadate est terrible. Il assume ce qu'il a dit. Il attend les réactions israéliennes. Elles lui parviennent le 11 novembre : « Ce serait un plaisir d'accueillir votre président », assure Begin. Sadate accepte l'invitation à condition de s'exprimer à la Knesset, le Parlement israélien.

La panique s'empare des officiels israéliens : où trouver la partition de l'hymne national égyptien qu'il faudra jouer ? Comment produire les drapeaux des deux pays ? Quelle langue va-t-on utiliser ? L'anglais, l'arabe ou l'hébreu ? Dans le monde arabe, la colère éclate. Les ambassades égyptiennes d'Athènes, Beyrouth et Tripoli sont visées par des attentats. Au sein de son gouvernement, Sadate fait face à une vague de démissions. Il appelle à ses côtés Boutros Boutros-Ghali (1922-2016). Ce juriste, né dans une famille copte, est nommé ministre d'État aux Affaires étrangères. Le lendemain de sa nomination, un journal titre : « Aucun musulman n'acceptant d'accompagner Sadate à Jérusalem, on a choisi un chrétien dont l'épouse est juive. »

Le vendredi 18 novembre, au moment de monter dans l'avion, son épouse supplie Sadate de porter un gilet pare-balles. Il refuse. Tout au long du voyage, il affiche le plus grand calme et une profonde sérénité. Il atterrit à 20 heures. Il fait nuit. Sadate sort de la carlingue : « Il était debout, baignant dans une lumière aveuglante... Sa présence était comme une vision biblique. » Il sait cacher son trouble. Plus tard, il dira à son épouse : « Quand j'ai posé le pied sur le sol d'Israël, j'ai eu l'impression de n'être plus de ce monde et de planer dans les airs. »

Les musiques officielles et les drapeaux des deux États disent l'importance du moment. Sadate surprend tout le monde par son aisance. Il plaisante avec ses hôtes, reconnaît l'un, salue l'autre qu'il avait jadis affronté sur un champ de bataille. Immédiatement commencent les discussions.

Jérusalem n'est pas le sujet, mais elle est le lieu le plus symbolique du voyage. Depuis 1967, elle est totalement occupée par les Israéliens. Pendant un temps, ils ont espéré que la réunification géographique accompagnerait un apaisement des tensions entre les communautés. Dix ans plus tard, l'espoir est mort. La condamnation internationale est toujours ferme. Sur le terrain, les Palestiniens boycottent les instances municipales, considérant qu'ils sont les dupes de cette politique d'occupation. La destruction du quartier maghrébin, en juin 1967, pour dégager le Mur des lamentations entraîne l'expulsion de 3 000 personnes. L'accès à l'esplanade des Mosquées est réglementé. Et, dans les banlieues de la cité, comme dans tous les territoires occupés, la colonisation commence. Dans un article donné au *Jerusalem Post* en 1973, le journaliste Gideon Weigert constate : « L'espoir, la coopération et l'enthousiasme se sont évanouis, laissant place au désespoir et à l'amertume. » La violence ensanglante les rues de la cité : une bombe tue 14 personnes le 4 juillet 1975 dans la rue Ben-Yéhuda. En ce mois de novembre 1977, plus que jamais, la Ville sainte résonne des conflits politiques.

Le dimanche 20 novembre est jour de la fête musulmane de l'Aïd al-Adha, souvenir du sacrifice d'Abraham, figure commune aux trois monothéismes. C'est le moment clé du voyage. Sadate se lève de très bonne heure pour arriver tôt sur l'esplanade des Mosquées. Il sort son chapelet à 99 grains pour compter les attributs de Dieu, s'assoit sur le sol, s'associe à la prière et écoute une prédication enflammée en faveur de la Palestine. Boutros Boutros-Ghali est admiratif et inquiet :

> Dans ce lieu saint, l'émotion me submergea et j'étais au bord des larmes. Pour les maîtriser, je pensais à mes chaussures que j'avais laissées à l'extérieur de la mosquée. Et si je ne les retrouvais plus parmi toutes celles qui étaient déposées à l'entrée ? Je ne pouvais non plus m'empêcher de penser à Abdallah de Jordanie, assassiné par un Palestinien en 1951 alors qu'il entrait à al-Aqsa pour la prière. On l'accusait de collaboration avec Israël. Le président Sadate risquait le même sort.

Aucun coup de feu mais des cris de rage : *« Falastin, Falastin, ya Sadate ! »* (« Palestine, Palestine, ô Sadate ! »). Il faut maintenant gagner le Sépulcre. Il y est reçu par Amba Basiliys, l'archevêque de la communauté copte, qui se lance immédiatement dans un interminable plaidoyer. Le lieu saint des Coptes égyptiens à Jérusalem est le monastère Deir es-Sultan, installé sur le toit de la chapelle Sainte-Hélène du Sépulcre. Il est occupé par les Coptes éthiopiens que le gouvernement refuse d'expulser, espérant ainsi plaire à l'Éthiopie pour qu'elle permette qu'une partie de sa population, les Falachas, rejoigne Israël. Sadate l'écoute « d'un air impassible » pendant que résonnent autour de lui les cris de « Traître ! » et de « Vendu ! ».

Troisième étape, voulue par Menahem Begin, le mémorial de Yad Vashem. Sadate refuse la kippa qui lui est présentée. Nouveau trouble pour Boutros Boutros-Ghali : « J'avais visité Auschwitz et étais bouleversé par la tragédie de l'Holocauste. Le président Sadate, lui, ne montra aucun signe d'émotion. » En quittant le lieu, il signe le livre d'or : « Puisse le Seigneur guider nos pas sur le chemin de la paix afin que prennent fin à jamais les souffrances de toute l'humanité. »

Le discours de la Knesset

L'après-midi est bien avancé quand Sadate se présente à la Knesset. Il est ovationné par les députés debout pendant qu'il prend place. Personne ne s'attend à ce qu'il va dire. Le message politique trouble l'assistance :

> Paix à tous sur la terre arabe, en Israël et partout dans ce vaste monde, un monde tourmenté par ses conflits sanglants, foisonnant de contradictions aiguës, menacé périodiquement par des guerres dévastatrices menées par l'homme pour détruire l'homme, son compagnon. À la fin de ces affrontements, parmi les ruines de ce qui avait été édifié et parmi les restes des victimes humaines, il ne peut y avoir ni vainqueur ni vaincu. L'éternel vaincu est l'homme, la suprême création de Dieu – l'être humain créé par Dieu. [...]
>
> Je suis venu à vous aujourd'hui sur deux pieds assurés, afin que nous puissions construire une vie nouvelle, afin que nous puissions établir la paix pour nous tous sur cette terre, la terre de Dieu – nous tous, musulmans, chrétiens et juifs, de la même façon – et afin que nous puissions adorer Dieu, un dieu dont les enseignements et les commandements sont l'amour, la rectitude, la pureté et la paix.

Le sujet principal est la paix future :

> Je ne suis pas venu chez vous pour conclure un accord séparé entre l'Égypte et Israël. Le problème n'est pas entre l'Égypte et Israël, et une paix séparée entre l'Égypte et Israël, ou entre un quelconque des États de la confrontation et Israël, n'apporterait pas une paix juste à la région tout entière. De plus, si la paix était établie entre tous les États de la confrontation et Israël, sans qu'intervienne une juste solution du problème palestinien, cela ne conduirait jamais à la paix permanente. [...] Je vous dis, en vérité, que la paix ne sera réelle que si elle est fondée sur la justice et

non sur l'occupation des terres d'autrui. Il n'est pas admissible que vous demandiez pour vous-mêmes ce que vous refusez aux autres.

La ville de Jérusalem est au cœur de son propos :

Jérusalem où je suis venu comme dans une cité de paix, la cité qui a été et qui sera toujours l'incarnation vivante de la coexistence entre les fidèles des trois religions. Il est inacceptable que quiconque puisse penser à la position spéciale de Jérusalem en termes d'annexion ou d'expansion. Jérusalem doit être une ville libre, ouverte à tous les fidèles. Plus important que tout cela, la ville ne doit pas être coupée de ceux qui s'y sont rendus durant des siècles.

Plutôt que de réveiller des haines du type des croisades, nous devrions ressusciter l'esprit d'Omar el-Khattab et de Saladin, l'esprit de tolérance et de respect du droit. [...] Je suis venu ici pour transmettre un message. Et, Dieu m'en est témoin, j'ai transmis le message.

Je répète, avec Zacharie : « Amour, droit et paix. » Du Coran sacré, je tire le verset suivant : « Nous croyons en Dieu, en ce qui nous a été révélé et en ce qui a été révélé à Abraham, à Ismaël, à Isaac, à Jacob et aux tribus et dans les Livres donnés à Moïse, à Jésus et au Prophète par le Seigneur. Nous ne faisons aucune distinction entre eux et nous nous soumettons à la volonté de Dieu. »

Que la paix soit avec vous !

Le discours, prononcé en arabe, n'a pas d'effet immédiat. Le général Ezer Weizman (1924-2005), qui connaît cette langue, glisse un mot à Dayan : « Il faut s'attendre à la guerre. » Mais les applaudissements pleuvent. Menahem Begin lui répond : « Non, Monsieur, nous n'avons pris aucune terre étrangère. Nous sommes revenus dans notre patrie ! »

Dans les deux délégations, la déception est grande. Le repas est sinistre. Les sourires ne réapparaissent qu'un peu plus tard autour de verres d'alcool.

Le lendemain, lors d'une discussion, le général Weizman attire Sadate vers une fenêtre pour lui montrer le Dôme du Rocher : « Regardez Jérusalem ! Dites-moi comment pouvez-vous la diviser ? Contemplez-la toute ! » Sadate lui murmure : « Mais le sol arabe est sacré. »

Le retour en Égypte est triomphal. Mais, chez les diplomates, la déception est certaine. Un processus est cependant lancé. Il aboutit le 17 septembre 1978, lorsque Begin et Sadate signent, sous le regard de Jimmy Carter, les accords de Camp David qui instaurent la paix entre les deux pays. Un mois plus tard, ils reçoivent le prix Nobel de la paix. Sadate le paiera de sa vie. Le 6 octobre 1981, il est assassiné par un membre du Djihad islamique égyptien, groupe fondé par les Frères musulmans.

Bien évidemment, l'essentiel de ces discussions porte sur la paix au Proche-Orient et l'avenir des Palestiniens. Jérusalem cristallise cependant les pensées et les actes. Elle est au cœur du voyage de 1977. Pas uniquement parce que la ville est le symbole de l'occupation des territoires par Israël. Sadate sait jouer sur les symboles. Trois édifices pour trois religions : la mosquée al-Aqsa puisqu'il est musulman ; le Sépulcre pour les chrétiens ; pas le Mur des lamentations juif qui pourrait être assimilé à un acte de foi mais le mémorial de la Shoah, manifestation du drame vécu par la communauté juive. La Ville sainte est sacrée et politique. Si le président égyptien prie, il écoute des revendications. Le sacré est-il passé au second plan, remplacé par le politique et les revendications ? Opposer ces deux réalités serait négliger une situation complexe depuis des siècles. En cette fin du XXe siècle, ce qu'on pense être la sécularisation des relations internationales est une fiction. Les divisions confessionnelles demeurent une donnée essentielle. Jérusalem est la triste vitrine des relations religieuses que l'Occident aimerait négliger, pensant depuis le XVIIe siècle que les relations diplomatiques ne seront régulées que par le politique et l'économique. Il s'est lourdement trompé. Jérusalem en est la meilleure preuve. Elle n'est pas seulement une ville, c'est un passé. Sadate ne cesse de rappeler l'histoire, de décrire les moments de cohabitation, de présenter les trois religions enfants d'un même Père. En septembre 2000, la seconde intifada débutera après qu'Ariel Sharon (1928-1014), chef de l'opposition israélienne, est venu sur l'esplanade des Mosquées, ce qui est considéré comme une provocation par les Palestiniens et la population arabe.

Jérusalem n'est pas une cité neutre. Elle demeure chargée des peurs et des espérances de chacun. En descendant de l'avion qui les ramène au Caire, en novembre 1977, Boutros Boutros-Ghali est interpellé par l'homme politique Moustapha Kahlil (1920-2008) :

> Moustapha Kahlil : Croyez-vous qu'ils nous rendront Jérusalem ? Tout ce qu'ils y ont construit ! J'ai bien peur que Jérusalem soit perdu pour les Arabes.
>
> Boutros Boutros-Ghali : Même si c'est vrai, nous devons croire le contraire. Autrement, tout est perdu. Au bout de la route qui va au-delà de Jérusalem, nous retrouverons Jérusalem.

Épilogue

« Un port pour l'éternité. »

Depuis Salomon, combien de millions de personnes sont venues prier à Jérusalem ? Les uns y sont arrivés les armes à la main, d'autres les bras ouverts. Les uns se sont cachés derrière des observations scientifiques, d'autres ont pleuré. Les uns sont arrivés en rêvant d'y installer le peuple juif, d'autres ont espéré détruire la diversité confessionnelle. Les uns ont des âmes de bâtisseurs, les autres de contemplatifs. Ils ont attendu la fin des temps ou sont rentrés chez eux emplis d'une nouvelle espérance. Ils sont allés au Saint-Sépulcre, au Mur des lamentations ou sur l'esplanade des Mosquées : qu'ont-ils trouvé ?

Une ville hors du temps

Le sacré se vit de tant de manières. Il sépare du quotidien, élève et permet de se fondre dans une communauté, réelle ou rêvée. Il exige la pureté, celle des lieux, celle du corps et celle de l'esprit nettoyé par l'ascèse ; l'autre nom de Jérusalem est Sion, ce qui veut dire « ceux qui ont le cœur pur ». Il s'ancre dans une multitude de lieux. Il vit de rites et de calendriers collectifs. Sur ces modalités, chaque époque, chaque confession, chaque individu construit sa vision du sacré. Il se vit avec des larmes et des cris ; il nécessite le toucher, les baignades ou les embrassades. Nos personnages ont la même quête mais ils la vivent personnellement. Certains s'abandonnent totalement, d'autres n'y parviennent pas, d'autres encore sont méfiants envers ce laisser-aller. Beaucoup acceptent les légendes qui, en d'autres lieux, leur apparaîtraient dénuées de sens. Tous croisent des illuminés perdus sur le seuil du divin, des déçus, des touristes qui retrouvent la foi à l'ombre d'un Lieu saint, des curieux avides d'enrichir la liste des endroits où ils sont allés.

Chaque pèlerinage est un geste historique qui prend en compte les conditions géopolitiques, les équilibres spirituels et les attentes de chaque période. Ils sont le reflet de leur temps. La chronologie ne doit pas être négligée. Depuis Salomon, trois mille ans ne peuvent pas être effacés. Mais ce sont aussi des hommes et des femmes dont l'expérience humaine transcende l'histoire.

N'essayons surtout pas de la résumer en un mot. Il serait si aisé de les classer : les sceptiques comme Pockocke ou Koestler qui en arriveraient à maudire les religions ; les exaltés tels Victoire Cochet du Vaubesnard ou Mujīr al-Dīn al-ʿUlaymī qui y rencontrent le merveilleux générateur d'émotions ; les guerriers, Moshe Dayan ou Omar ibn al-Khattâb, soucieux de maintenir l'ordre et l'équilibre. Égérie se réfugie dans le rituel chrétien, Zorobabel rêve de reconstituer celui des juifs. Qu'il serait agréable de réduire le parcours de chacun d'un seul mot. C'est impossible. Tous sont des pèlerins, c'est-à-dire des voyageurs qui ont accepté d'être surpris et saisis par le lieu, en quête d'un ailleurs, qu'il soit communion avec l'histoire, la tradition ou Dieu. Qu'il l'admette ou non, chacun est successivement touriste avide de curiosités et dévot priant. Ils sont tous confrontés au légendaire et au poids de l'histoire, aux ruines et à la volonté de construire. Jérusalem est un « port pour l'éternité », selon les mots du poète Yehuda Amichaï (1924-2000). Il chante cette ville qui entraîne loin de ce monde :

Le Mont du Temple est un immense navire,
un magnifique bateau de plaisance.
Des hublots du Mur occidental guettent
de joyeux saints en partance.
Hassidim sur le quai agitant les mains, criant bon voyage.
Jérusalem est toujours en train d'arriver et de partir.

Si Jérusalem invite aux croisières qui défient le temps, les tempêtes sont fréquentes :

La pierre de Jérusalem est la seule qui sache souffrir.
Qui possède un système nerveux.
De temps en temps Jérusalem dégénère en manifestation
comme la Tour de Babel.
Elle se fait alors matraquer par Dieu-la-Police.
Ses maisons sont détruites, ses murs blessés et puis la ville
se disperse en murmurant des prières de doléances et des cris
qui jaillissent d'églises, de synagogues et de mosquées stridentes.

Malgré les soubresauts, les lâchetés et les violences, les hommes, quelles que soient leurs croyances et leur foi, ne doivent jamais désespérer de l'avenir :

Parfois Jérusalem est une ville de couteaux :
Même les espoirs de paix sont affûtés pour trancher dans
La difficile réalité, ils s'émoussent ou se cassent.

Les cloches des églises font tellement d'efforts de paix
Qu'elles deviennent lourdes, comme un pilon qui broie
Dans le mortier
Des voix lourdes et remuantes.

Et lorsque
Le chantre et le muezzin entonnent leur chant
Surgit un cri tranchant :
Notre Seigneur notre Dieu à tous est un Dieu
Un et affûté.

Aujourd'hui, l'actualité résume la ville à des conflits, aux bruits des attentats, aux pleurs des victimes et des déplacés. Elle fait oublier qu'elle demeure un lieu de prière pour tous. Le chanteur Michel Delpech (1946-2016) en a fait l'expérience. Il est catholique et va chercher son Dieu au Sépulcre. Juif, il serait allé au Mur des lamentations ; musulman, il se serait humilié au Dôme du Rocher. Son expérience n'est pas celle d'une religion ; elle est celle de tout croyant quels que soient le dogme et les rites qui le font vivre.

La foi de Michel Delpech

Il est un chanteur à succès depuis qu'en 1967 Johnny Stark (1922-1989) l'a associé à la tournée de Mireille Mathieu et qu'il est passé sous le label Barclay. L'année suivante, il obtient le Grand Prix du disque de la chanson française. Les tubes s'enchaînent : *Et Paul chantait Yesterday* (1970), *Les Divorcés* (1973), *Le Chasseur* (1974), *Quand j'étais chanteur* (1975), *Le Loir-et-Cher* (1977)... Le succès le grise : « J'étais adulé, idolâtré. Mes concerts, ces grands-messes, réunissaient des milliers de fans ; ils étaient semblables à des rituels religieux. Sur scène, je ne sais pas si je me prenais pour Dieu, mais tout au moins pour ce qu'il y a de plus important, de plus haut, de plus lumineux. » Plus tard, il jugera sévèrement cette phase de sa vie : « Je vivais sans aucune morale, sans aucune éthique, sans retenue, je n'avais de comptes à rendre à personne parce que j'étais le roi tout-puissant de ma propre vie, et je ne me privais de rien. [...] Ma vie était vaine, vide. »

Puis l'ombre s'abat sur lui. Son divorce avec Chantal Simon et le suicide de celle-ci l'abîment dans la dépression. Il essaie de rejaillir. Il se transforme, coupe ses cheveux longs et laisse pousser sa moustache. Il abandonne l'alcool et les drogues. Il essaie les spiritualités douces du bouddhisme et de l'hindouisme, les cures de sommeil, les rendez-vous chez les psychiatres, la consultation des voyants... Il arrive péniblement à la trentaine dans « un chaos intérieur dans lequel j'ai littéralement sombré ». Rien ne le sauve.

Il se rappelle alors qu'il est né catholique. Il se souvient de sa première émotion spirituelle, le jour de sa première communion : « La sensation d'une présence m'a brusquement semblé évidente. » Depuis, il s'est éloigné des églises. Il est peut-être temps d'y retourner. Un reportage à la télévision l'attire à l'abbaye Saint-Wandrille. Il s'y rend et se laisse emporter par la splendeur des chants grégoriens, fabrique du pain, avoue ce qu'il est, mêle la joie au recueillement. La religion n'est pas une conséquence de sa dépression. Elle est le résultat d'une quête débutée enfant ; il l'avait juste oubliée. Il se rend compte que Dieu ne s'est jamais éloigné de lui ; c'est lui qui avait arrêté de le regarder.

Il lit beaucoup : Issac le Syrien, le grand mystique de l'Église d'Orient ; l'exigeant saint Jean de la Croix ; l'optimiste saint François de Sales. Il ne s'enferme pas dans le passé. Il aime Hans Küng, si souvent critique envers la hiérarchie catholique, et Hans Urs von Balthasar, chantre de la beauté de la foi. Il prie aussi, Dieu, les anges, les saints, selon les circonstances et les besoins. Il en parle peu mais médite et prie tous les jours : « Je suis juste un type normal. Un disciple du Christ. [...] J'admets que je suis un fou de Dieu. ».

Encore lui faut-il sentir et vivre pleinement sa foi. Le pèlerinage permet cet approfondissement.

En 1985, il épouse dans une église copte Geneviève, artiste et voyante, catholique peu pratiquante qui aime le kitch des objets pieux mais va peu à la messe. Pour leur lune de miel, ils veulent changer d'horizon, découvrir un lieu qui a du sens. Ils partent à Jérusalem. Ce n'est pas un pèlerinage mais un « voyage touristico-spirituel ». Ils enchaînent les sites, juifs, musulmans, chrétiens. Ils veulent « voir ». C'est dans cet esprit qu'ils entrent au Sépulcre, comme ils le feraient dans un musée. Michel Delpech est déçu. Les moines qui règlent la circulation d'un air renfrogné l'inciteraient à faire demi-tour. Mais il s'avance dans la queue qui se forme devant le Tombeau :

> Derrière moi, dans la foule, des Portugais poussaient pour prendre des photos. Je me suis retrouvé devant la pierre du tombeau. Et d'un seul coup, devant cette pierre, j'ai eu la sensation d'être arrivé à destination. Je me suis agenouillé, l'espace d'un instant. Et Jésus est entré dans ma vie, dans mon cœur. Je n'ai pas ressenti de choc, je n'ai pas été foudroyé : c'était au contraire très doux. Jésus était là. Je l'ai rencontré. C'était Jésus, j'en suis sûr ; ce n'était pas le Père. Ce n'était pas une hallucination non plus. J'ai immédiatement eu la sensation que j'étais sauvé, du simple fait de cette rencontre. Tout ce qui m'était arrivé auparavant devenait caduc.

Rentré à son hôtel, il ouvre le Nouveau Testament pour se plonger dans les Évangiles : « Je les ai compris de manière intime, de l'intérieur. Je connaissais les personnages, je les ai découverts autrement. » Le pèlerinage a cette force. Le saisir quand il s'y attend le moins, lui faire approfondir ce qu'il croyait connaître, lui assurer une présence.

Au même endroit, en 384, Égérie avait entonné des hymnes, en 1106 Daniel assura avoir vu le Saint-Esprit, en 1531 Dom Loupvent crut entendre les cris d'agonie, en 1879 Victoire

Cochet du Vaubesnard s'effondra en larmes, la même année Józef Lubomirski fut déçu, en 1894 Pierre Loti pensa retrouver la foi… Et combien d'autres ont ressenti la puissance du lieu. Tous murmurent les mots de Maurice Barrès dans *La Colline inspirée* (1913) :

> Il est des lieux où souffle l'esprit. Il est des lieux qui tirent l'âme de sa léthargie, des lieux enveloppés, baignés de mystère, élus de toute éternité pour être le siège de l'émotion religieuse. […] Ici, nous éprouvons, soudain, le besoin de briser de chétives entraves pour nous épanouir à plus de lumière. Une émotion nous soulève ; notre énergie se déploie toute, et sur deux ailes de prière et de poésie s'élance à de grandes affirmations.

Jérusalem est le plus haut de ces lieux car s'y croisent près de trois mille ans de prières lancées vers le Ciel par des croyants de toutes les religions. Le chemin est toujours ouvert.

En mars 2019, Philippe Cormier décide de le suivre. Catholique, français, il marche pendant quarante jours en Terre sainte, les Évangiles à la main. C'est une découverte : « Je suis devant tes portes Jérusalem, ville de toutes les divisions, ville de toutes les rencontres. Comment ne pas t'aimer ? » Le Saint-Sépulcre lui semble beau non par son architecture, mais « par son mystère que chaque pierre et chaque ombre expriment ». Les rencontres sont multiples : Palestiniens et Israéliens trop souvent dressés les uns contre les autres ; l'immense océan des communautés chrétiennes. Des gens qui prient, d'autres qui attendent à l'image d'une Danoise qui n'arrive pas à lui expliquer pourquoi elle ne peut pas rentrer en Europe. Il apprend l'art des subtilités, comment distinguer juif et Israélien, comment entendre la messe en un nombre infini de langues, comment aimer ceux qui l'aident à passer le Mur de séparation qui fragmente la ville. Vient l'heure du départ qui rend Jérusalem encore plus vivante :

> Ça y est, j'ai fait mes adieux à Ecce Homo, je suis parti, la Ville est encore là, à deux pas de l'autre côté du rempart, elle continue d'exister de sa vie propre, tandis que la mienne expire d'elle.

Glossaire

Abraham : patriarche honoré par les juifs, les chrétiens et les musulmans. Père du monothéisme et de l'alliance avec Dieu.

Aïd al-Adha : aussi appelée Aïd el-Kebir ou fête du Sacrifice ; c'est la plus importante fête musulmane. Elle commémore le sacrifice d'Abraham.

Aliya (pluriel *Aliyot*) : le mouvement de juifs revenant en Palestine s'explique d'abord par les pogroms d'Europe orientale : 1881-1890 pour 10 000 personnes ; 1903-1914 pour 40 000 ; 1919-1923 pour 35 000 ; 1924-1928 pour 80 000 ; 1929-1939 pour 180 000 ; 1939-1948 pour 80 000. Après 1948, le mouvement s'amplifie, avec, par exemple, 700 000 personnes entre 1948 et 1952. Les raisons de ces migrations sont religieuses, politiques, économiques… Tous les nouveaux arrivants ne se rendent pas à Jérusalem.

Apocryphes : Évangiles qui ne sont pas retenus dans le Canon ; celui-ci comprend les Évangiles selon Matthieu, Marc, Luc et Jean.

Arche d'Alliance : coffre de bois doré qui renferme les Tables de la Loi données à Moïse sur le mont Sinaï.

Béthanie : village de Judée où habitent Marthe, Marie et Lazare, amis de Jésus.

Bethesda : appelé aussi Bezatha, Bethesda ou Belsetha ; bassin entouré de cinq portiques où Jésus guérit un paralytique selon l'Évangile de saint Jean.

Chavouot : une des trois fêtes juives de pèlerinage prescrites par la Torah. On célèbre la réception de la Torah sur le mont Sinaï. Elle marque aussi le début de la saison de la moisson du blé.

Gethsémani : lieu où Jésus prie avant son arrestation ; épisode mentionné dans les Évangiles selon Marc, Matthieu et Luc.

Golgotha : petite colline située hors de la ville durant l'Antiquité. Les condamnés à mort y sont crucifiés. Lieu de la mort de Jésus, reconnu par sainte Hélène au IVe siècle.

Guerres israélo-arabes : conflits ayant opposé Israël à ses voisins : 1948 ; crise de Suez de 1956 ; guerre des Six-Jours en 1967 ; guerre du Kippour en 1973 ; première guerre du Liban en 1982 ; seconde guerre du Liban en 2006.

Haram al-Sharif : aussi appelé esplanade des Mosquée, c'est le troisième Lieu saint de l'islam. Espace presque rectangulaire d'environ 150 000 mètres carrés. S'y élèvent le Dôme du Rocher et la mosquée al-Aqsa. Il correspond au mont du Temple.

Knesset : Parlement de l'État d'Israël créé en 1949. Il est installé à Jérusalem depuis 1950.

Madrassa : ou médersa ; est une école théologique musulmane.

Mishna : recueil de la Loi juive orale.

Mur des lamentations : aussi appelé Mur occidental ; c'est le mur de soutènement de l'esplanade du Temple de Jérusalem. Il mesure un peu moins de 20 mètres de haut.

Pâque : fête chrétienne pour commémorer la résurrection de Jésus. Elle est précédée de la Semaine sainte.

Passion : ensemble des événements qui précèdent et accompagnent la mort de Jésus.

Pessa'h : une des trois fêtes juives de pèlerinage prescrites par la Torah. On célèbre l'Exode hors d'Égypte. Elle marque aussi le début de cycle agricole annuel.

Pharisien : groupe juif rigoriste apparu au IIe siècle av. J.-C. en opposition à l'hellénisation.

Samaritain : groupe religieux qui s'est séparé du judaïsme entre le VIe et le IVe siècle av. J.-C. Il compte aujourd'hui un millier de membres.

Siloé : bassin construit au VIe siècle av. J.-C. par Ézéchias ; Jésus y guérit un aveugle de naissance.

Sion : lieu où vivent ceux qui ont le cœur pur. Le mot a pu désigner plusieurs sites : le « sanctuaire de l'Éternel » dans les Psaumes ; la Cité de David dans le Livre des Rois… Il est étroitement lié à Jérusalem.

Souccot : une des trois fêtes juives de pèlerinage prescrites par la Torah. On célèbre l'aide de Dieu lors l'Exode. Elle marque aussi la fin du cycle agricole annuel.

Via Dolorosa : ou Chemin de souffrance ; rue de Jérusalem que Jésus aurait empruntée pour se rendre sur le lieu de son supplice. Le trajet actuel s'étend sur 500 mètres. S'y trouvent les neuf premières stations du chemin de croix (les cinq autres sont dans l'église du Saint-Sépulcre).

Waqf (pluriel Awqaf) : en droit musulman, biens donnés à une institution caritative ou pieuse ; ils sont gérés en fiducie.

Chronologie sur le pèlerinage

XIXe siècle av. J.-C. : apparition du nom « Jérusalem ».
XVIIIe siècle av. J.-C. : forteresse dont les vestiges ont été retrouvés.
Xe siècle av. J.-C. : période dite « de David » avec la construction du Temple.
586 av. J.-C. : Babylone s'empare de la ville ; destruction du Temple.
521 av. J.-C. : reconstruction du Temple.
167 av. J.-C. : profanation du Temple par Antiochos IV.
54 av. J.-C. : pillage du Temple par Crassus.
30 (vers) : exécution de Jésus.
70 : destruction du Temple par les Romains.
129 : fondation de la colonie romaine d'Ælia Capitolina.
325-327 : Hélène à Jérusalem pour « découvrir » les Lieux saints.
335 : bénédiction de l'église du Saint-Sépulcre.
614 : destruction du Saint-Sépulcre par les Perses.
621 : date supposée du Voyage nocturne de Mahomet depuis Jérusalem.
637 : prise de la ville par les armées d'Omar ibn al-Khattâb.
650 (vers) : travaux pour la mosquée al-Aqsa.
690 (vers) : construction du Dôme du Rocher.
1012 : reconstruction du Saint-Sépulcre.
1099 : prise de la ville par les croisés.
1187 : prise de la ville par les armées de Saladin.
1261 : prise de la ville par les Mamelouks.
1335 : réouverture du culte chrétien au Saint-Sépulcre ; installation des Franciscains au couvent du Cénacle.
1516 : prise de la ville par les Ottomans.
1808 : incendie du Saint-Sépulcre.
1870 : premier maire de Jérusalem.
1882 : première *aliya*.
1890 : fondation de l'École d'études bibliques.
1897 : congrès sioniste de Bâle.
1917 : déclaration Balfour sur un futur État d'Israël.

1923 : mandat britannique.
1948 : création de l'État d'Israël ; partage de Jérusalem.
1967 : guerre des Six-Jours ; réunification de Jérusalem.
1977 : visite du président égyptien Anouar el-Sadate.
1987 : début de la première intifada.
2004 : Master Plan pour l'organisation de la ville (pas appliqué).
2012 : la Palestine admise à l'ONU comme membre observateur.
2017 : le président américain Donald Trump reconnaît Jérusalem capitale d'Israël.
2024 (été) : revendication de partis d'extrême droite israéliens pour construire une synagogue sur l'esplanade des mosquées.

Bibliographie

La bibliographie sur Jérusalem est phénoménale ; on la retrouvera développée dans les ouvrages dirigés par Vincent Lemire et Tilla Rudel. Nous nous contentons, ici, de quelques titres essentiels.

Arnould-Béhar Caroline, Lemaire André (dir.), *Jérusalem antique et médiévale*, Paris-Louvain, Peeters Publishers, 2011.

Aud Sylvia, Hillenbrand Robert (dir.), *Ottoman Jerusalem. The Living City*, Londres, Altajir World of Islam Trust, 2000.

Bahat Dan, *The Illustrated Atlas of Jerusalem*, Jérusalem, Carta, 1996.

Biddle Martin (dir.), *Die Grabeskirche in Jerusalem. Zeugnisse aus 2000 Jahren*, Stuttgart, Belser, 2000.

Boas Adrian J., *Jerusalem in the Time of Crusades*, Londres/New York, Routledge, 2001.

Breger Marshall J., Hammer Leonard, Reiter Yitzhak, *Holy Places in the Israeli-Palestinian Conflict*, Londres/New York, Routledge, 2010.

Bresc-Bautier Geneviève, « Les imitations du Saint-Sépulcre de Jérusalem (ixe-xve siècle). Archéologie d'une dévotion », *Revue d'histoire de la spiritualité*, t. 50, 1974, p. 319–342.

Chelini Jean, Branthomme Henry, *Les Pèlerinages dans le monde*, Paris, Hachette, 2004 (rééd.).

Cohen-Hattab Kobi, Shoval Noam, *Tourism, Religion and Pilgrimage in Jerusalem*, Londres/New York, Routledge, 2015.

Deluz Christiane, « L'accomplissement des temps à Jérusalem », *Fin des temps et temps de la fin dans l'univers médiéval*, Aix-en-Provence, Presses universitaires de Provence, 1993, p. 187-198.

Elad Amikam, *Medieval Jerusalem and Islamic Worship. Holy Places, Ceremonies, Pilgrimage*, Leyde, Brill, 1995.

Frank Georgia, « The Pilgrim's Gaze in the Age before Icons », *Visuality Before and Beyond the Renaissance Seeing as Others Saws*, Robert S. Nelson (dir.), New York, Cambridge University Press, 2000, p. 98-115.

FRITZ Jean-Marie, « Empreintes et vestiges dans les récits de pèlerinage : quand la pierre devient cire », *Moyen Âge*, 2012/1, t. CXVIII, p. 9-40.

GABRIELI Francesco, *Chroniques arabes des croisades*, Arles, Actes Sud, 1999.

GOMEZ-GÉRAUD Marie-Christine, *Le Crépuscule du Grand Voyage. Les récits des pèlerins à Jérusalem (1458-1612)*, Paris, Honoré Champion, 1999.

GOODMAN Martin, *Rome et Jérusalem*, Paris, Perrin, coll. « Tempus », 2009 (rééd.).

GRYNBERG Anne, *Vers la terre d'Israël*, Paris, Gallimard, coll. « Découvertes », 1998.

HALBWACHS Maurice, *La Topographie légendaire des Évangiles en Terre sainte, étude de mémoire collective*, Paris, PUF, 2008 (rééd.).

JASMIN Michaël, *Histoire de Jérusalem*, Paris, PUF, coll. « Que sais-je ? », 2018.

LEMIRE Vincent (dir.), *Jérusalem 1900. L'âge des possibles*, Paris, Armand Colin, 2013.

–, *Jérusalem. Histoire d'une ville monde*, Paris, Flammarion, coll. « Champs Histoire », 2016.

LODGE David, *Therapy*, Londres, Secker and Warburg, 1995.

MAGNESS Jodi, *The Archaeology of the Holy Land. From the Destruction of Solomon's Temple to the Muslim Conquest*, New York, Cambridge University Press, 1992.

MARAVAL Pierre, *Lieux saints et pèlerinages d'Orient*, Paris, CNRS Éditions, 1985.

–, *Récits des premiers pèlerins chrétiens au Proche-Orient*, Paris, Cerf, 2002.

MARTIN Philippe, *Pèlerins (XVe-XXIe siècles)*, Paris, CNRS Éditions, 2016.

MEDDEB Abdelwahab, *Mutiple Jérusalem*, Paris, Maisonneuve & Larose, 1996 (rééd.).

MENTRÉ Mireille, « L'image de la Jérusalem céleste dans l'art des XIe et XIIe siècles », *Jérusalem, Rome, Constantinople. L'image et le mythe de la ville au Moyen Âge*, Daniel Poirion (dir.), Paris, PUPS, 1986, p. 17-32.

MURPHY-O'CONNOR Jerome, *Keys to Jerusalem*, Oxford, Oxford University Press, 2012.

PIVA Paolo, « Die „Kopien" der Grabeskirche im romanischen Abendland. Überlegungen zu einer problematischen Beziehung », *Die Zeit der Kreuzzüge. Geschichte und Kunst*, Roberto Cassanelli (dir.), Stuttgart, Theis, 2000, p. 96-117.

PIXNER Bargil, *Paths of the Messiah and Sites of the Early Church from Galilee to Jerusalem. Jesus and Jewish Christianity in Light of Archaeological Discoveries*, San Francisco, Ignatius Press, 2010.

ROCH Martin, « Lieux saints, lieux odorants ? Le témoignage d'Égérie et du Pèlerin de Plaisance (IVe et VIe siècles) », *Moyen Âge*, 2015/3, t. CXXII, p. 609-628.

RUDEL Tilla (dir.), *Jérusalem. Histoire, promenade, anthologie et dictionnaire*, Paris, Robert Laffont, coll. « Bouquins », 2018.

TAGLIACOZZO Eric, TOORAWA Shawkat, *The Hajj. Pilgrimage in Islam,* New York, Cambridge University, 2016.

TAYLOR Joan E., *Christians and the Holy Places. The Myth of the Jewish-Christian Origins*, Oxford, Clarendon Press, 1993.

TURNER Edith et Victor, *Image and Pilgrimage in Christian Culture. Anthropological Perspectives*, Oxford, Blackwell, 1978.

VERHELST Stéphane, « Les lieux de station du lectionnaire de Jérusalem », *Proche-Orient chrétien*, vol. 54, 2004, p. 13-70, p. 247-289.

WILKINSON John, *Jerusalem Pilgrims before the Crusades*, Warminster, Aris & Phillips Ltd., 2002 (rééd.).

WINKLER Alexandre, *Le Tropisme de Jérusalem dans la prose et la poésie (XIIe-XIVe siècle). Essai sur la littérature des croisades*, Paris, Honoré Champion, 2006.

ZAPPONI Elena, *Marcher vers Compostelle. Ethnographie d'une pratique pèlerine*, Paris, L'Harmattan, 2011.

SOURCES DES CITATIONS

Pour redonner vie à ces pèlerins, nous leur avons laissé la parole en citant leurs propos. Leurs voix, venues d'horizons si différents, résonnent des siècles d'une histoire de ferveur. Bien d'autres auraient pu être convoqués ici. Ils ne sont que quelques dizaines sur les milliers de pèlerins à avoir prié à Jérusalem.

Chapitre 1 : JOSÈPHE Flavius, *Œuvres complètes. Antiquités judaïques*, Julien Weill (trad.), Paris, Ernest Leroux, 1900-1905, livre VIII ; *Livre des Lamentations*, Jean-Marc Droin (trad.), Genève, Labor et Fides, 1995.

Complément : FINKELSTEIN Israël, SILBERMAN Neil Asher, *La Bible dévoilée : les nouvelles révélations de l'archéologie*, Paris, Bayard, 2002.

Chapitre 2 : JOSÈPHE Flavius, *Œuvres complètes. Antiquités judaïques*, Julien Weill (trad.), Paris, Ernest Leroux, 1900-1905, livre XI.

Complément : TOURNAY Raymond Jacques, *Voir et entendre Dieu avec les psaumes ou la liturgie prophétique du Second Temple à Jérusalem*, Paris, J. Gabalda et Cie, 1988 ; HADAS-LEBEL Mireille, *Flavius Josèphe. Le Juif de Rome*, Paris, Fayard, 1989 ; FINKELSTEIN Israël, SILBERMAN Neil Asher, *La Bible dévoilée : les nouvelles révélations de l'archéologie*, Paris, Bayard, 2002.

Chapitre 3 : Bible : Nouveau Testament

Complément : MARGUERAT Daniel, *Paul de Tarse. L'enfant terrible du christianisme*, Paris, Seuil, 2023.

Chapitre 4 : *Égérie. Journal de voyage (Itinéraire)*, Pierre Maraval (trad. et éd.), Paris, Sources chrétiennes 296, 2002 (rééd.).

Chapitre 5 : *Récits des premiers pèlerins chrétiens au Proche-Orient*, Pierre Maraval (éd.), Paris, Cerf, 1996, p. 203-235.

Complément : MILANI Celestina, *Itinerarium Antonini Plancentini. Un viaggio in terra santa del 560-570 d. C.*, Milan, Vita e Pensiero, 1977.

Chapitre 6 : « Pact of Umar, 7th Century », sur fordham.edu, Internet Medieval Sourcebook, Fordham University Center for Medieval Studies. Texte original en arabe dans Muhammad Fatḥī Abū Bakr (éd.), *Sirāğ al-mulūk*, Le Caire, 2006, p. 542-543.

Chapitre 7 : *Itinéraires russes en Orient*, Sofiia Petrovna Khitrowo (trad.), Genève, Imprimerie Jules-Guillaume Fick, 1889, p. 4-83.

Chapitre 8 : *The Itinerary of Rabbi Benjamin of Tudela*, Adolph Asher (trad. et éd.), Londres/Berlin, A. Asher, 1840-1841, 2 vol. ; *The Itinerary of Benjamin of Tudela*, Marcus Adler (trad. et éd.), Londres, Oxford University Press, 1907.

Complément : *Libro de Viajes de Benjamín de Tudela. Versión castellana, introducción y notas*, José Ramon Magdalena Nom De Déu (éd.), Barcelone, Riopiedras Ediciones, « Biblioteca Nueva Sefarad », vol. VIII, 1989 ; SIBON Juliette, « Benjamin de Tudèle, géographe ou voyageur ? Pistes de relecture du *Sefer massa'ot* », Henri Bresc et Emmanuelle Tixier du Mesnil (dir.), *Géographes et voyageurs au Moyen Âge*, Paris, Presses universitaires de Paris-Nanterre, 2010, p. 207-223.

Chapitre 9 : IMAN AD-DÎN, « *al-Fath al-Qussi fî al-Fath al Qudsi* [*Éloquence cicéronienne sur la conquête de la Ville Sainte*] », *Chroniques arabes des Croisades*, Francesco Gabrielli (éd et trad.), Arles, Actes Sud, 1996, p. 142-200.

Chapitre 10 : *Itinéraires russes en Orient*, Sofiia Petrovna Khitrowo (trad.), Genève, Imprimerie Jules-Guillaume Fick, 1889, p. 167-191.

Chapitre 11 : MUJĪR AL-DĪN, *Histoire de Jérusalem et d'Hébron*, Henry Sauvaire (trad.), Paris, Ernest Leroux, 1876.

Chapitre 12 : *Dom Loupvent : le voyage d'un Lorrain en Terre sainte au XVIe siècle*, Jean Lanher et Philippe Martin (éd.), Nancy, Éd. Place Stanislas, 2007.

Chapitre 13 : ZUALLART Jean, *Le Très Dévot Voyage de Jérusalem*, Anvers, Arnold s'Coninck, 1608.

Complément : ZILLI Luigia, « Un voyage en Terre Sainte : Jean Zuallart et Natale Bonidacio », *Perspectives (Jérusalem)*, n° 2, 1995, p. 171-188 ; TEDESCO

Alessandro, « Rinfrescatura, ricomposizionee nuova tiratura di un'edizione secentesca de *Le Très Dévot Voyage de Jérusalem* di Jean Zuallart », *Festschrift zum 550. Todestag Johannes Gutenbergs*, Mayence, 2018, p. 228-242.

Chapitre 14 : SCHOLEM Gershom, *Sabbataï Tsevi. Le messie mystique (1626-1676)*, Lagrasse, Verdier 1983 (trad., rééd., 1re éd. 1957).
Complément : SCHOLEM Gershom, « Le mouvement sabbataïste en Pologne », *Revue de l'histoire des religions*, 1953, 141-1, p. 30-90.

Chapitre 15 : POCOCKE Richard, *A Description of the East and Some other Countries*, Londres, W. Boyer, 1745.
Complément : DAMIANI Anita, *Enlightened Observers. British Travelers to the Near East, 1717–1850*, Beyrouth, American University of Beirut, 1979.

Chapitre 16 : CHATEAUBRIAND, *Itinéraires de Paris à Jérusalem*, Tours, Mame, 1891 (rééd.).
Complément : CLÉMENT Jean-Paul, *Chateaubriand. Biographie morale et intellectuelle*, Paris, Flammarion, 1998.

Chapitre 17 : *Diaries of Sir Moses and Lady Montefiore…*, Louis Loewe (éd.), Chicago, Belford-Clarke Co., 1890, 2 vol.
Complément : HALIMI Suzy, « Sir Moses Montefiore (1784-1885), défenseur de la foi », *Revue française de civilisation britannique* [En ligne], XVIII-1 | 2013. URL : http://journals.openedition.org/rfcb/3638; DOI : https://doi.org/10.4000/rfcb.3638

Chapitre 18 : NEYRAT Alexandre Stanislas, *Pèlerinage en Orient*, 1856, manuscrit conservé à la bibliothèque des OPM de Lyon, n° FAX222.

Chapitre 19 : LUBOMIRSKI Józef, *Jérusalem*, Paris, Calmann-Lévy, 1882.

Chapitre 20 : COCHET DU VAUBESNARD Victoire, *Jérusalem si jamais je t'oublie ! Pèlerinage français en Terre sainte, septembre 1879. Souvenirs d'une pèlerine bretonne*, Sarlat, Imprimerie Michelet, 1880.

Chapitre 21 : LOTI Pierre, *Jérusalem*, Paris, Calmann-Lévy, 1898 (rééd.).
Complément : DUGAS Guy, « Loti, le monde arabe et les Juifs », *Loti en son temps*, Rennes, PUR, 1994, p. 155-168 ; BUISINE Alain, *Pierre Loti : l'écrivain et son double*, Paris, Tallandier, 1998.

Chapitre 22 : lettre de Yusuf Dia Khalidi au grand rabbin de France Zadoc Kahn, publiée dans : https://revue-conditions.com/correspondance

Complément : Zorgbibe Charles, *Theodor Herzl. L'aventurier de la terre promise*, Paris, Tallandier, 2001.

Chapitre 23 : Graham Stephen, *With the Russian Pilgrims to Jerusalem*, Londres, Macmillan et Co., 1913.

Complément : Platov Ilya, « Le pèlerinage en Terre sainte et la société russe au xixe siècle », *Slavica Occitania*, Toulouse, 36, 2013, p. 79-110 ; Hugues Michael, *Beyond Holy Russia. The Life and Times of Stephen Graham*, Cambridge, Open Books Publishers, 2014.

Chapitre 24 : Lagerlöf Selma, *Jérusalem en Dalécarlie*, Paris, Stock, 1988 (rééd.) ; *The Dream of Jerusalem. Lewis Larsson and the American Colony Photographers*, Stockholm, Gösta Flemming, 2005.

Complément : Ariel Yaakov, Kark Ruth, « Messianism, Holiness, Charisma, and Community : The American-Swedish Colony in Jerusalem, 1881-1933 », *Church History*, 65 (4), 1996, p. 641-657.

Chapitre 25 : Koestler Arthur, *La Corde raide*, Paris, Calmann-Lévy, 1953 ; article paru dans *Le Figaro* du 16 juin 1948 repris dans *Analyse d'un miracle*, Paris, Calmann-Lévy, 1949.

Complément : Buckard Christian G., *Arthur Koestler : Ein extremes Leben (1905-1983)*, Munich, C. H. Beck, 2004.

Chapitre 26 : Dayan Moshe, *Histoire de ma vie*, Paris, Fayard, 1976 (trad.).

Complément : Cuau Yves, *Israël attaque : 5 juin 1967*, Paris, Robert Laffont, coll. « Ce jour-là », 1968.

Chapitre 27 : Boutros-Ghali Boutros, *Le Chemin de Jérusalem*, Paris, Fayard, 1997.

Complément : Solé Robert, *Sadate*, Paris, Perrin, coll. « Tempus », 2015 (rééd.).

Épilogue : Delpech Michel, *J'ai osé Dieu…*, Paris, Presses de la Renaissance, 2013 ; Amichaï Yehuda, *Frôler la grâce*, 2000 (cité dans Rudel Tilla [dir.], *Jérusalem. Histoire, promenade, anthologie et dictionnaire*, Paris, Robert Laffont, coll. « Bouquins », 2018, p. 905-910) ; Cormier Philippe, *Itinéraire de Jérusalem à Jérusalem. Récit d'un pèlerinage*, Paris, L'Harmattan, 2023.

Table des crédits

p. 13
Le Temple de Salomon, gravure dans Joseph-Romain Joly, *La Géographie sacrée*, Paris, Jombert, 1784. © Coll. part.

p. 14
Jérusalem au Moyen Âge, gravure dans Chateaubriand, *Itinéraires de Paris à Jérusalem*, Tours, Mame, 1891. © Coll. part.

p. 16
« Wailing-Place of the Jews. A Portion of the Ancient Wall of the Temple Enclosure », 1864, The New York Public Library Digital Collections, Dorot Jewish Division, https://digitalcollections.nypl.org/items/510d47e4-755b-a3d9-e040-e00a18064a99

p. 19
Le Saint-Sépulcre, dans Chateaubriand, *Itinéraires de Paris à Jérusalem*, Tours, Mame, 1891. © Coll. part.

p. 20
Le Dôme du Rocher et le minaret de la mosquée d'Omar, gravure de 1891, dans Chateaubriand, *Itinéraires de Paris à Jérusalem*, Tours, Mame, 1891. © Coll. part.

Table des cartes

TABLE

PEFC/10-31-1510

Achevé d'imprimer en septembre 2024 par Corlet imprimeur
14110 Condé-en-Normandie

Réalisation : Nord Compo à Villeneuve-d'Ascq
Dépôt légal : octobre 2024
ISBN : 979-10-210-6163-7
Numéro d'impression : 24070277
Numéro d'édition : 5109
Imprimé en France